KI – die neue Intelligenz im Vertrieb

AF172895

Livia Rainsberger

KI – die neue Intelligenz im Vertrieb

Tools, Einsatzmöglichkeiten und Potenziale von Artificial Intelligence

Livia Rainsberger
WISSENCE, Eichgraben, Österreich

ISBN 978-3-658-31772-0   ISBN 978-3-658-31773-7   (eBook)
https://doi.org/10.1007/978-3-658-31773-7

Die Deutsche Nationalbibliothek verzeichnet diese Publikation in der Deutschen Nationalbiblio-
grafie; detaillierte bibliografische Daten sind im Internet über http://dnb.d-nb.de abrufbar.

Planung/Lektorat: Manuela Eckstein
Springer Gabler ist ein Imprint der eingetragenen Gesellschaft Springer Fachmedien Wiesbaden
GmbH und ist ein Teil von Springer Nature.
Die Anschrift der Gesellschaft ist: Abraham-Lincoln-Str. 46, 65189 Wiesbaden, Germany

Eine Reise in die KI-Welt

Mit ihren faszinierenden und zahlreichen Möglichkeiten erweckt die Künstliche Intelligenz den Eindruck eines Wunderlandes: Vieles scheint möglich, wie auch zugleich unmöglich, ganz nah und unterdessen auch in weiterer Ferne zu sein. Dieses Buch begleitet Sie auf einer Reise in die Welt der Künstlichen Intelligenz und versucht dabei, eine Ordnung im Chaos der Möglichkeiten zu schaffen, damit Sie einen Einblick in das KI-Potenzial im Vertrieb gewinnen und für sich wichtige und relevante Bereiche für den KI-Einsatz identifizieren können. So, wie das weiße Kaninchen in Alices Wunderland in Eile ist und glaubt, zu spät zu sein, will Ihnen das Buch auch vermitteln, dass Sie sich nicht mehr viel Zeit mit dem Thema lassen sollten … Denn die Künstliche Intelligenz liegt nicht irgendwo auf der anderen Seite der Welt oder in ferner Zukunft, sie ist inzwischen eine greifbare Realität für jede Vertriebsorganisation, unabhängig ihrer Größe oder des Geschäftsfeldes. Künstliche Intelligenz im Vertrieb ist kein Traum und auch keine Zukunftsvision, sondern erreichbare Wirklichkeit: sie schafft mehr Geschäftsmöglichkeiten, steigert die Effizienz und verstärkt die Wirksamkeit im Vertrieb durch eine neue Dimension an Intelligenz, die sie mit sich bringt.

Die künstliche Intelligenz (KI) scheint heutzutage *das* neue große Ding zu sein. Man hört, sieht und liest darüber. Sie ist zum Schlagwort des Tages geworden und ist buchstäblich überall: in den Medien, in der Literatur, auf Konferenzen, bei Events, Webinaren … Über KI wird geschrieben, diskutiert, debattiert und es werden Filme gedreht. Sie polarisiert und Experten sind sich uneinig, ob sie gut oder schlecht für die Menschheit ist. Aber eins steht fest: Sie ist gekommen, um zu bleiben, und wird unsere Zukunft stark beeinflussen.

Apropos Zukunft … KI wurde schon immer mit der Zukunft in Zusammenhang gebracht. Seit Jahrzehnten beflügeln KI-Technologien die Fantasie der Menschen, denken Sie nur an HAL-9000 oder den Terminator. Der Kerngedanke dabei: irgendwann – in der Zukunft – werden Maschinen die Kontrolle über die Menschheit übernehmen und die einzige Lösung scheint zu sein: den Stecker zu ziehen. In Wirklichkeit sind wir allerdings lange noch nicht so weit und werden, Experten zufolge, es auch für eine Weile noch nicht sein.

KI ist schon da

Fakt ist aber, dass die KI-Technologie kein Zukunftsthema mehr ist, sondern greifbare Realität. Sie hat längst Einzug in unser Leben und unser Zuhause genommen, allerdings auf eine andere Art und Weise als in unserer Fantasie. Und die meisten von uns sind sich dessen nicht bewusst. Tatsache ist, dass wir inzwischen von einer Fülle an ausgeklügelten KI-Tools umgeben sind, die dafür entwickelt wurden, alle Aspekte unseres modernen Lebens zu vereinfachen.

Denn wir leben in einer neuen digitalen Welt und sind dadurch Schnelligkeit und Komfort gewohnt. Wir erleben ständig etwas Neues, lassen uns davon faszinieren, und es ist alltäglich geworden, dass alles, was wir brauchen, mehr oder weniger sofort greifbar ist: meist nur wenige Klicks entfernt. KI ist die perfekte Antwort auf unsere moderne Welt: Sie kann uns begeistern, stillt unsere Ungeduld und erfüllt unsere Wünsche auf eine subtile und äußert komfortable Art und Weise, sodass wir es gar nicht mitbekommen. So ist sie auch in unserem Leben herzlichst willkommen, auch wenn wir von ihrer Existenz in dieser Form nicht wissen.

Wir wissen es nur nicht

Tatsache ist, dass wir alle tagtäglich KI-Algorithmen verwenden, vor allem, wenn wir online etwas kaufen. KI-Programme filtern Ihre Suchergebnisse, empfehlen Ihnen Lieder, Bücher und Duschgels und blocken unerwünschte E-Mails. Auf Ihren Smartphones warten sie auf Sprachbefehle und registrieren sehr aufmerksam jedes Gespräch und jeden Ortswechsel. In den sozialen Medien analysieren sie genauestens Ihr Verhalten und spielen anhand dessen personalisierte Werbung für Sie aus. Sie entscheiden, welche Banner Sie beim Besuch einer Webseite und sogar welche Version dieser Webseite Sie zu sehen bekommen, und KI-Chatbots fordern Sie zu einer Konversation auf oder beantworten Ihre Fragen. Wenn Sie nach einem Flugticket suchen, entscheiden sie, welcher Preis Ihnen angezeigt wird, und wenn Sie dabei sind, etwas zu kaufen, schlagen sie Ihnen passende ergänzende Produkte vor. Wenn Sie in einem Callcenter anrufen, hören KI-Algorithmen zu und werten das von Ihnen Gesagte und Ihre Emotionen aus, und auch Ihre Bewerbung bei einem Konzern wird womöglich bereits von KI-Algorithmen aussortiert. Algorithmen entscheiden, ob Ihre Bewerbung in die nächste Runde kommt, und nicht ein Mitarbeiter aus der Personalabteilung.

Wir wachen mit KI auf und gehen mit ihr ins Bett: Sie entscheidet, welche Nachrichten Sie bei Ihrem Morgenkaffee lesen werden, sagt Ihnen das Wetter voraus, rechnet die optimale Route ins Büro aus, hält die Spur auf der Autobahn und abends schlägt sie Ihnen interessante Filme zum Streamen vor…

Amazon, Google, Facebook, Zalando, Netflix, Spotify … all die Plattformen, auf denen wir uns tagtäglich bewegen, verwenden KI-Technologie, um unser Verhalten zu analysieren und unser Erlebnis als Kunde zu verbessern. Denn das Ziel des Einsatzes von KI ist es, unsere Zufriedenheit als Kunde zu steigern und uns noch stärker an einen Anbieter zu binden. Zusätzlich gestaltet sie die Prozesse auf der Anbieterseite effizienter und spart Kosten und Ressourcen ein.

Wie macht sie das?

Die Antwort auf diese Frage ist das Ziel dieses Buches: die Geheimnisse hinter den KI-Algorithmen zu lüften und für Sie ein klares Verständnis darüber zu schaffen, welche Möglichkeiten und Potenziale die künstliche Intelligenz für Sie und Ihr Unternehmen birgt. Nach dem Lesen dieses Buches werden Sie eine bessere Vorstellung davon haben, wie Sie aus einem Schlagwort gelebte Vertriebspraxis in Ihrer Organisation machen können.

Es ist Zeit – **jetzt** – diese Technologie im eigenen Unternehmen einzusetzen, um von ihren vielfältigen Potenzialen bestmöglich zu profitieren. Denn als Kunde nutzen wir KI-Technologie bereits täglich – auch wenn wir es oft gar nicht wissen – und schaffen damit auch eine hohe Akzeptanz für diese Technologie im Markt. Warum sollten wir dies für unsere Kunden auch nicht tun?

Was Sie erwartet

Um eine übersichtliche Struktur zu schaffen, ist die Thematik in folgende Schritte unterteilt:

Zuerst wird im Kapitel „**Erklärung**" (Kap. 1) der Begriff KI entmystifiziert, sodass Sie besser verstehen, was sich hinter dem Schlagwort verbirgt. Dieses Buch erhebt nicht den Anspruch, KI-Funktionalität genau zu beschreiben, sondern ein Verständnis für die Möglichkeiten der KI im Vertriebsbereich zu schaffen. So wird in diesem Sinne auf technische Erklärungen möglichst verzichtet und nur das technische Wissen mitgegeben, das für das Verständnis des KI-Potenzials für den Vertrieb als notwendig erachtet wird.

Dem Ziel, KI-Potenziale aufzuzeigen, dient das Kapitel „**Nutzen**" (Kap. 2), indem die zahlreichen Vorteile der KI für Vertriebsorganisationen erläutert werden. Damit sollten Sie ein besseres Verständnis dessen gewinnen, was KI für den Vertrieb generell tun kann und welche Chancen sie birgt, sodass Sie den Nutzen für Ihr eigenes Unternehmen ableiten können.

Es ist unbestritten, dass KI viele Bereiche unseres Lebens revolutioniert, und der Vertrieb bleibt dabei nicht verschont: KI verändert nachhaltig Vertriebsansätze, -tätigkeiten und -prozesse. Sie gestaltet den Vertrieb neu, und zwar auf mehreren Ebenen. Die Revolution hat begonnen und ihr ist der Abschnitt **„KI-Revolution"** (Abschn. 2.5) gewidmet.

KI kann inzwischen den gesamten Vertriebsprozess in allen seinen Einzelteilen unterstützen. Der Darstellung ihrer Möglichkeiten anhand des Vertriebsprozesses dient das Kapitel **„Relevanz"** (Kap. 3). Hier bekommen Sie einen Eindruck davon, wie KI den Vertriebsprozess von A bis Z unterstützt, inklusive der Vertriebssteuerung und der Vertriebseffizienz.

Im Kapitel **„Praxis"** (Kap. 4) erhalten Sie einen Gesamtüberblick über die heute im Markt verfügbaren KI-Tools und ihre Anwendungen. Ziel dieses Kapitels ist es, eine gute Übersicht über die vielfältigen Möglichkeiten der KI für den Vertrieb in möglichst komprimierter Form zu schaffen. Sie finden dort eine Übersicht der aktuell bekannten KI-Tools sowie Tool-Kategorien in den einzelnen Unterkapiteln inklusive Praxisbeispielen. Damit sollten Sie konkrete Ideen gewinnen, wie KI auch für Ihr Unternehmen nützlich sein kann. Durch den Aufbau des Kapitels können Sie jederzeit die jeweiligen Bereiche nachschlagen bzw. schnell entscheiden, ob das Thema für Sie relevant ist.

Danach wird ein **„Blick in die Zukunft"** (Kap. 5) geworfen, um zu sehen, wie KI den Vertrieb und die Vertriebsrolle beeinflussen wird und wie die Vertriebsorganisation der Zukunft aussehen könnte. Hier wird auch auf die klassische Frage, eingegangen, über die so oft debattiert wird: *Wird KI den Vertriebsmitarbeiter ersetzen?*

Am Ende unserer gemeinsamen Reise finden Sie konkrete **„Handlungsempfehlungen"** in Kap. 6, wie Sie sich mit Ihrem Vertrieb auf eine eigene KI-Reise begeben können, um aus einem Schlagwort konkretes Geschäftspotenzial zu schöpfen.

An wen richtet sich das Buch?

Dieses Buch wendet sich primär an Vertriebsleitung, Geschäftsführung und Führungskräfte im Vertrieb und Marketing, die sich ein Verständnis über das Potenzial der KI für den Vertrieb kleiner und mittelständischer Unternehmen verschaffen wollen. Vertriebs- und Marketingmitarbeiter, sowie auch alle anderen, die sich für das Thema interessieren, werden selbstverständlich ebenfalls von der Lektüre dieses Buches profitieren.

Im Grunde richtet sich das Buch an all diejenigen, die einen komprimierten Überblick über die Möglichkeiten der KI für den Vertrieb wünschen. Es verzichtet weitgehend auf Theorie und erhebt auch keinen Anspruch auf Vollständigkeit. Primär sollen Führungskräfte angesprochen werden, die keine Zeit und Möglichkeit haben, sich neben dem Tagesgeschäft mit diesen komplexen Themen ausgiebig zu beschäftigen. Dieses Buch sollte ihnen die Entscheidung darüber, ob und inwiefern sie sich mit dem Thema KI im Vertrieb vertiefend beschäftigen wollen, erleichtern.

Lassen Sie sich also am besten unvoreingenommen auf die spannende Reise in das Wunderland der Künstlichen Intelligenz ein. Manches wird Sie erstaunen und faszinieren, manches wird sich abenteuerlich anhören und manches sogar zu gut, um wahr zu sein. Aber keine Sorge, das Buch wird Sie dabei unterstützen, Ihren eigenen goldenen Schlüssel zu finden: zu einer klaren Vorstellung davon, was KI für Sie und Ihr Geschäft tun kann. Das Buch wird Ihnen viele Potenziale vor Augen führen – kleine und große –, die Sie für Ihren Vertrieb erschließen können, und Ihnen helfen, die richtigen Möglichkeiten für sich und Ihr Unternehmen zu identifizieren.

Ich möchte Sie dazu ermuntern, aufgeschlossen dem weißen Kaninchen mit der Taschenuhr zu folgen und vielleicht in einem weiteren Schritt den Mut zu fassen, die für Ihr Unternehmen vorhandenen KI-Potenziale auch umzusetzen.[1]

---

[1]Ich bitte um Nachsicht, dass in diesem Buch zum Zweck der leichteren Lesbarkeit auf das Gendern verzichtet und die gewohnte männliche Sprachform verwendet wird. Dies impliziert selbstverständlich keine Benachteiligung des weiblichen Geschlechts, sondern soll im Sinne der sprachlichen Vereinfachung als geschlechtsneutral zu verstehen sein.

Inhaltsverzeichnis

1   **Erklärung: Was ist neu und anders an KI?** 1
    1.1   Warum jetzt? 3
    1.2   Warum nicht in KMU? 6
    1.3   ANI, AGI, ASI: Die Begriffe hinter dem Mythos KI 8
    1.4   ANI: Die schwache, aber einzige KI 10
        1.4.1   Symbolische KI 11
        1.4.2   Machine Learning 11
        1.4.3   Deep Learning 12
    1.5   Wie lernen Algorithmen? 13
    Literatur 16

2   **Nutzen: Was KI für den Vertrieb tun kann** 17
    2.1   KI: Fähigkeiten und Grenzen 18
    2.2   KI: die Lösung für das hohe Datenaufkommen im Vertrieb 18
    2.3   Vorteile von KI für den Vertrieb 21
    2.4   KI-Analysemöglichkeiten 26
    2.5   Von der KI-Revolution zur Vertriebs-Evolution 29
        2.5.1   Effizienz: Erhöhung von Produktivität und
                Leistung im Vertrieb 29
        2.5.2   Wirksamkeit: Erfolgsmuster zur Steigerung von
                Performance 31
        2.5.3   Kompetenz: Konservierung und Transfer von
                Know-how 32
        2.5.4   Strategie: Optimierungspotenziale zur
                Unterstützung der strategischen Vertriebssteuerung 33
    Literatur 34

3   Relevanz: Wie KI den Vertriebsprozess unterstützt   35
   3.1   Lead   35
   3.2   Deal   37
   3.3   Abwicklung   39
   3.4   Entwicklung   40

4   Praxis: KI Tools und ihre Einsatzmöglichkeiten   43
   4.1   Callcenter Intelligence   45
   4.2   Sales Analytics   50
   4.3   Price Intelligence   53
   4.4   Product Configuration Intelligence   56
   4.5   Pipeline Management Intelligence   59
   4.6   Quote Generation Intelligence   62
   4.7   Communication Intelligence   64
   4.8   Contract Lifecycle Management   66
   4.9   Sales Enablement   69
   4.10 Forecast Intelligence   72
   4.11 Sales Automation   74
   4.12 Social Media Intelligence   77
   4.13 Sales Coaching Intelligence   79
   4.14 Sales Efficiency   82
   4.15 Sales Management Intelligence   84
   4.16 Inside Sales Intelligence   87
   4.17 Customer Relationship Management Intelligence   91
   4.18 Conversational Intelligence   95
   4.19 Lead Intelligence   99
   4.20 Sales Prospecting Intelligence 103
   Literatur 105

5   Blick in die Zukunft: Wie KI die Vertriebsrolle verändern wird ... 107
   5.1   Wird KI den Vertriebsmitarbeiter ersetzen? 108
   5.2   Wie KI den Vertrieb von morgen beeinflussen wird .. 112
   5.3   Wie KI Kundenbedürfnisse und -erwartungen neu gestaltet 115
   Literatur 117

6   Was tun: Handlungsempfehlungen für Vertriebsorganisationen ... 119
   6.1   Die richtige Perspektive schaffen 120
      6.1.1   Die wahren Potenziale der KI liegen im Ausbau
         des Geschäfts und der Umsatzgewinne 121

6.1.2 KI verändert Go-to-Market-Strategien und
Vertriebsmodelle 121
6.1.3 Die Transformation von Geschäftsprozessen und
der Kunde stehen im Vordergrund 122
6.1.4 KI ist als eine strategische Vertriebsressource zu
betrachten 123
6.2 KI-Strategie entwickeln 123
6.2.1 Potenzial-Erhebung: Was kann KI und wie
beeinflusst sie das Marktumfeld? 124
6.2.2 Strategie-Evaluierung: Ist die Vertriebsstrategie
zeitgemäß? 125
6.2.3 KI-Prioritäten und Zielsetzung: Wie kann KI die
Umsetzung der Vertriebsstrategie unterstützen? 125
6.2.4 Voraussetzungen: Sind die Voraussetzungen für die
Implementierung von KI erfüllt? 126
6.2.5 Implementierung: Wie sieht der Umsetzungsplan
aus? 127
6.2.6 Change Management: Welche Veränderungen
bringt die Strategie mit sich? 127
6.3 Akzeptanz bei den Mitarbeitern fördern 129
6.4 KI-Projekte im Vertrieb entwickeln 130
6.4.1 Kundenperspektive 130
6.4.2 Vertriebsperspektive 133
6.5 Voraussetzungen schaffen 135
6.5.1 Budget und Ressourcen 135
6.5.2 Technologie-Zugang 136
6.5.3 Infrastruktur 139
6.5.4 Prozesse 139
6.5.5 Daten-Ökosystem 140
6.5.6 Ethik und Regulatorien 142
6.5.7 Fähigkeiten und Kompetenzen 142
6.6 Den Erfolg des ersten KI-Projekts sichern 144
6.6.1 Fünf Erfolgsfaktoren für das Gelingen des ersten
KI-Projekts 145
6.6.2 Drei Umsetzungsfallen beim ersten KI-Projekt, die
Sie vermeiden können 147
Literatur 148

Schluss: Die neue Intelligenz 149

Literatur 151

Über die Autorin

Frau Mag. Lic. Livia Rainsberger
fokussiert sich in ihrer Tätigkeit auf die Optimierung von Vertriebsorganisationen in digitalen Zeiten. Mit dem WISSENCE SALES INDEX © Konzept und den dazu passenden Dienstleistungen unterstützt sie Unternehmen dabei, die digitale Transformation ihrer Vertriebsorganisationen erfolgreich zu meistern. Die Expertin bringt mit Keynotes, Vorträgen, Lehrveranstaltungen und individuellen Beratungen das komplexe Thema den Unternehmen näher und hilft ihnen dabei, aus dem Mehrwert moderner Technologien zu schöpfen. Außerdem lehrt sie Künstliche Intelligenz im Vertrieb und Marketing an mehreren Fachhochschulen.
Kontakt:
Mag. Lic. Livia Rainsberger
WISSENCE Enabling Sales Performance
livia.rainsberger@wissence.at

Abkürzungsverzeichnis

AGI	Artificial General Intelligence
AI	Artificial Intelligence
ANI	Artificial Narrow Intelligence
API	Application Programming Interface
AR	Augmented Reality
ASI	Artificial Super Intelligence
BI	Business Intelligence
bzw.	beziehungsweise
CLM	Contract Lifecycle Management
CPQ	Configure Price Quote
CPU	Central Processing Unit
CRM	Customer Relationsship Management
DSGVO	Datenschutzgrundverordnung
ERP	Enterprise Planning
FAQ	Frequently Asked Questions
GAFA	Google Apple Facebook Amazon
GPU	Graphic Processing Unit
IT	Informationstechnologie
KAM	Key Account Management I Key Account Manager
KI	Künstliche Intelligenz
KPI	Key Performance Indicator
ML	Machine Learning
NLP	Natural Language Processing
NLU	Natural Language Understanding
NPS	Net Promoter Score
ROI	Return On Investment

SaaS   Software as a Service
SEO   Search Engine Optimisation
TAM   Total Addressable Market
VR   Virtual Reality

▶ Der Begriff Künstliche Intelligenz ist überstrapaziert und die meisten von uns nehmen die tatsächlichen Fähigkeiten der KI falsch wahr. Künstliche Intelligenz ist nicht neu, aber erst in den letzten Jahren hat sie an Relevanz gewonnen, da erst die jüngsten technologischen Entwicklungen ihre Ausbreitung und Weiterentwicklung ermöglicht haben. KI findet schon längst bei den weltweit führenden Unternehmen Einsatz, die ihr unter anderem auch ihre Marktführerschaft zu verdanken haben. Während Google, Facebook, Amazon & Co tagtäglich von der KI-Technologie profitieren, ist sie im Mittelstand immer noch ein Mythos, der zu weit von der Realität der Unternehmen entfernt zu sein scheint. Großer Irrtum, denn KI kann heute schon auch in den kleinsten Unternehmen eingesetzt werden und dort zusätzliche oder neue Potenziale erschließen. Die fantasievolle Vorstellung, die wir über KI pflegen, hat nichts mit der Realität der Algorithmen zu tun.

Beim Begriff KI stellen wir uns immer noch menschenähnliche Roboter vor, mit voll ausgeprägtem Bewusstsein, die so sprechen und denken wie wir und, wenn schon nicht die Welt, dann sicherlich unsere Jobs übernehmen werden. Irgendwie ist KI in unseren Köpfen mit einer höheren Intelligenz verbunden, die uns überlegen ist, und dadurch macht sie uns auch Angst.

Diese Vorstellung, die auf Science-Fiction-Filmen und Fernsehsendungen beruht, ist allerdings ein gutes Stück von der Realität im wirklichen Leben entfernt. Tatsache ist, dass wir heute – noch – keine Roboter erschaffen können, die uns Menschen wirklich ähneln. Aber was wir können und auch längst umsetzen:

© Der/die Autor(en), exklusiv lizenziert durch Springer Fachmedien Wiesbaden GmbH, ein Teil von Springer Nature 2021
L. Rainsberger, *KI – die neue Intelligenz im Vertrieb*,
https://doi.org/10.1007/978-3-658-31773-7_1

Tab. 1.1 Entwicklungsschritte der künstlichen Intelligenz

Periode	Entwicklungsschritt KI	Funktionsprinzip
<1960	Native Algorithmen	Ich wiederhole
<2010	Machine learning	Ich imitiere
<2018	Deep learning	Ich lerne
2020	Deep reinforcement learning	Ich lerne lernen
Zukunft	Swarm deep reinforcement learning	Ich trage bei

KI-Programme schaffen, die endlose Aufgaben in einer Geschwindigkeit ausführen können, die bis vor Kurzem noch ungeahnt war und an sich nur noch durch die physikalische Rechenleistung begrenzt wird.

▶ **Definition** Es gibt lange und komplexe Definitionen zur künstlichen Intelligenz, aber auf den Punkt gebracht handelt es sich um Prozesse, in denen Maschinen lernen, wie man lernt. Computersysteme imitieren menschliche Intelligenz, indem sie intelligentes Verhalten simulieren, das auf bestimmten oder erlernten Mustern basiert.

Im Grunde verwendet die künstliche Intelligenz dieselben grundlegenden algorithmischen Funktionen, die auch beim Programmieren traditioneller Software Anwendung finden, wendet sie aber auf andere Weise an.

Eine Standard-Software kann zum Beispiel die Vertriebsleistung der vergangenen Perioden analysieren und die vorgegebenen Kennzahlen berechnen, während ein KI-gesteuertes System Korrelationen in den Kennzahlen finden, die Ursachen für die Über- oder Unterperformance und ihre Auswirkungen offenlegen sowie auch zukünftige Entwicklungen ableiten und sogar Maßnahmen zu ihrer Behebung empfehlen kann.

KI Programme sind im Grunde Computerprogramme, die sich mit der Zeit weiterentwickelt haben. Genauso wie die Menschheit haben sie eine eigene Evolution hinter sich.

Die Entwicklung von KI

- Am Anfang konnten die Computer nur Befehle ausführen, sie jedoch nicht speichern oder „sich merken": Den nativen Algorithmen war es nur möglich, die ihnen auferlegten Aufgaben einfach immer wieder auszuführen. Sie haben lediglich **wiederholt.**

- Es hat 50 Jahre gedauert, bis Machine Learning Algorithmen es Computern ermöglichten zu agieren und datengesteuerte Entscheidungen zu treffen, anstatt explizit für die Ausführung einer bestimmten Aufgabe programmiert werden zu müssen. Sie begannen menschliches Verhalten zu **imitieren.**
- Kurze Zeit später machte es die hohe Rechenleistung möglich, dass Computer unbeaufsichtigt aus unstrukturierten oder unbeschrifteten Daten **lernen** können: Objekte selbst zu erkennen und Sprache in Echtzeit zu übersetzen.
- In ihrem heutigen Entwicklungsstadium lernen die Algorithmen **selbst zu lernen** und demnächst sollen sie selbst einen **Beitrag leisten** (siehe Tab. 1.1).

1.1 Warum jetzt?

Wie man sieht, KI ist nicht wirklich neu. Sie hat ihre Anfänge schon in den 1940–1950er Jahren, aber erst in den wenigen letzten Jahren hat sie einen gewaltigen Sprung in ihrer Entwicklung erlebt. Warum jetzt? Ganz einfach, weil die Technologie es ermöglicht hat. Primär sind es drei Faktoren, die auf drei Gesetzen basieren, die die dafür notwendigen Voraussetzungen geschaffen haben:

- **Die hohe Rechenleistung:** Das Mooresche Gesetz besagt, dass sich die Leistung der Computer zur Verarbeitung von Informationen alle 18 Monate verdoppelt.
- **Die hohe Kommunikationsgeschwindigkeit:** Das Butters Gesetz besagt, dass sich die Menge der über eine einzige Glasfaser übertragenen Daten alle 9 Monate verdoppelt.
- **Die hohe Speicherkapazität:** Das Kryder Gesetz besagt, dass sich die pro Quadratzentimeter einer Festplatte gespeicherte Datenmenge alle 13 Monate verdoppelt.

All diese technischen Entwicklungen haben den rasanten Fortschritt der KI ermöglicht und damit starke Auswirkungen auf unsere Welt bewirkt. Es ist eine Zeit von rasanten Veränderungen auf allen Ebenen der Gesellschaft, der Geschäftswelt und der Technologie, wie es sie in ihrem Zusammenspiel in keiner anderen Ära gab. Das Tempo, in dem sich diese Veränderungen vollziehen, ist so dramatisch, dass wir es mit unserem Gehirn nur schwer begreifen können.

Diese Geschwindigkeit kann grafisch durch einen mathematischen Ausdruck dargestellt werden, der in der Natur nicht oft vorkommt: die Exponentialkurve, die für Menschen schwer vorstellbar ist.

Beispiel

Wenn man ein Stück Papier immer wieder in der Mitte faltet, wie viele Faltungen wären nötig, um ein gefaltetes Blatt zu erhalten, dessen Dicke sich von der Erde bis zur Sonne erstreckt?

Bevor Sie weiterlesen, denken Sie kurz über eine mögliche Antwort nach. *Was sagt Ihre Intuition?*

Typischerweise wird die Antwort sehr unterschiedlich eingeschätzt, wobei Optionen in Millionen oder Milliardenhöhe die Regel sind. Die Überraschung ist groß, wenn man feststellt, dass nur 52 Faltungen notwendig sind, wenn das Blatt Papier 0,01 mm dick ist. Und falls Sie das Blatt Papier 103-mal falten, wird es so dick wie das Universum. Unvorstellbar, nicht wahr? ◄

Wir begreifen exponentielles Wachstum nicht, da unser Verstand darauf konditioniert ist, Wachstum und Veränderung in linearen Begriffen zu erfassen. Das ist uns vertraut, denn das ist das Tempo unseres menschlichen Lebens. Wir altern, ein Jahr nach dem anderen. Bäume wachsen langsam, Zweig für Zweig. Alles in unserem Leben hat seinen, mehr oder weniger geordneten, Lauf und wir sind Situationen nicht gewohnt, in denen sich die Dinge allmählich und dann plötzlich mit unerwarteter Geschwindigkeit verändern.

Das exponentielle Wachstum haben wir alle am eigenen Leib während der COVID-19 Krise gespürt. Die meisten von uns – wenn nicht alle, bis auf die Mathematiker und die Wissenschaftler – haben die Geschwindigkeit der Virusausbreitung unterschätzt. Und das nicht, weil wir weniger intelligent sind als die Wissenschaftler, sondern weil die menschliche Intuition darauf eingestellt ist, lediglich lineare Entwicklungen zu erkennen und unser Gehirn Schwierigkeiten damit hat, exponentielle Wachstumsraten zu erfassen oder sich vorzustellen.

Wir unterschätzen den Fortschritt der Technologie
Bei der technologischen Entwicklung ist es ähnlich: Auch wenn wir alle wissen, dass sich die Technologie rasant weiterentwickelt, können wir das wahre Ausmaß ihres exponentiellen Wachstums nicht begreifen. Auch hier neigen wir dazu, den Fortschritt grundsätzlich zu unterschätzen. Es überrascht daher nicht, dass auch Unternehmen dazu tendieren, die Auswirkungen der Digitalisierung zu unterschätzen oder sogar völlig blind dafür zu sein. Denn wir befinden uns in der Ära des

sogenannten digitalen Darwinismus, in dem die Technologie und die Gesellschaft sich schneller weiterentwickeln, als die Geschäftswelt sich auf natürliche Weise adaptieren kann.

► Unternehmen entwickeln sich linear, wobei sich die Technologie exponentiell entwickelt. Dadurch entsteht eine Lücke zwischen der tatsächlichen Wertschöpfung der Unternehmen und dem, was technologisch möglich wäre. Diese Lücke wird mit der Zeit größer und größer und birgt ein enormes unausgeschöpftes Potenzial (s. Abb. 1.1).

Datenwahn
Denselben Mangel an Vorstellungskraft erbringen wir beim Datenwachstum. Denn auch hier haben wir mit einem exponentiellen Wachstum zu tun. Wir produzieren täglich Unmengen an Informationen, weit mehr, als es uns bewusst ist. Jeder digitale Prozess, jedes System oder jede Interaktion im digitalen Raum erzeugen große Datenmengen und sorgen für ein hohes Datenaufkommen.

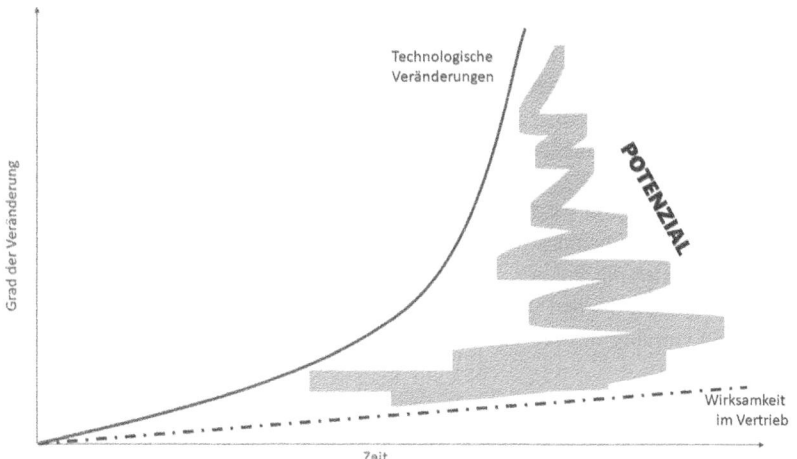

Abb. 1.1 Das Digitalisierungspotenzial im Vertrieb

▶ 90 % aller Daten weltweit wurden in den wenigen letzten Jahren
   generiert. Allein in den letzten zehn Jahren haben wir eine 50-fache
   Steigerung an Datenaufkommen erlebt.

Schätzungen zufolge wird die Menschheit in diesem Jahr 44 Zettabyte an Daten
produzieren. Das entspricht 44 Billionen Gigabyte. Ein Gigabyte kann den Inhalt
von genügend Büchern aufnehmen, um ein zehn Meter langes Regal zu füllen.
Multiplizieren Sie das mit 44 Billionen. Auch diese Vorstellung wird für unser
Gehirn zu einer Herausforderung.

Und es geht noch weiter: Demnach soll das weltweite Datenaufkommen bis
zum Jahr 2025 auf ganze 175 Zettabytes – das ist eine 175 mit 21 Nullen – her-
anwachsen. Speicherte man diese Datenmenge auf herkömmliche DVDs, würde
der Stapel mit Datenträgern 23 Mal die Entfernung zwischen Erde und Mond
übertreffen.

Wir leben in Zeiten von Daten: in der Big Data Ära. Oft wird der Vergleich
von Daten im 21. Jahrhundert mit dem Öl im 18. Jahrhundert aufgestellt: eine
unermesslich wertvolle, aber noch weitgehend unerschlossene Quelle an Möglichkeiten. Und wie beim Öl, wird es ein langer Prozess sein, in dem wir zuerst
den Wert von Daten erkennen, dann lernen, sie zu fördern, später dann auch zu
nutzen und davon zu profitieren.

Jetzt – weil es endlich geht
All diese Entwicklungen – die hohen Rechenleistung, Speicherkapazität, Kommunikationsgeschwindigkeit und Datenwachstum – haben in ihrer Kombination
die perfekten Voraussetzungen für den rasanten Fortschritt der künstlichen Intelligenz geschaffen. Sie wird sich aller Voraussicht nach rapide weiterentwickeln,
und wenn die Unternehmen nicht bald beginnen, ihre Vertriebsorganisationen dem
anzupassen, wird die Potenzial-Lücke nur noch größer. So wie beim Öl wird es
diejenigen geben, die den fundamentalen Wert der Daten als Erste erkennen und
dafür auch gewaltig belohnt werden, viele andere werden auf der Strecke bleiben.

1.2   Warum nicht in KMU?

Diese Entwicklung können wir jetzt schon live mitverfolgen. Die GAFA Unternehmen (Google, Apple, Facebook, Amazon) haben diese Potenziale längst
erkannt und profitieren inzwischen tagtäglich davon. Unter anderem ist das auch
der Grund für ihren Erfolg. Traurig, aber wahr, dass hier die Großen den Kleinen

einiges voraus sind. Die KMUs hinken weit hinterher, und dafür gibt es in Wahrheit nur einen Grund: die Unwissenheit, die das größte Hindernis beim Einsatz
von KI in Unternehmen ist.

Auch wenn viele unterschiedliche Hindernisse bei der Einführung von KI
in den Unternehmen von Experten identifiziert werden – wie Datenmangel,
Datenqualität, Prozesse, Fachwissen, Kosten, fehlende Strategie, Datenschutz,
Cybersecurity, Ethik, etc. – liegen die Hauptursachen für die schleppende Adop-
tion der KI-Technologie im Mittelstand im Mangel an Verständnis, Vertrauen und
Ressourcen.

> **Die Top 3 Hindernisse beim Einsatz von KI in Unternehmen**
> - Mangelndes Verständnis über den Mehrwert der Technologie
> - Mangelndes Vertrauen der Technologie gegenüber
> - Mangelnde Ressourcen und Budgets, um die Technologie zu implemen-
>   tieren

Das Haupthindernis für den Einsatz von KI Unternehmen ist das mangelnde
Verständnis über die Technologie und ihr Potenzial zur Lösung von Geschäftsproblemen. Die meisten Führungskräfte betrachten die künstliche Intelligenz als
ein Schlagwort, das sich nur schwer mit tatsächlichen Geschäftsproblemen in
Verbindung bringen lässt. Abgesehen von ihrer Mythos-Vorgeschichte, dass KI
irgendwann die Welt übernehmen wird, wissen die meisten von uns nicht, was
diese Technologie für das eigene Unternehmen tun kann. So führt diese Kombination dazu, dass KI für die kleineren Unternehmen einfach nicht erreichbar zu
sein scheint. Die Unternehmen haben das Gefühl, das Thema sei zu weit weg von
ihrer Realität. Dies ist allerdings ein Irrtum.

Das zweite Hindernis liegt im mangelnden Vertrauen gegenüber den Maschinen. KI polarisiert stark und ist Gegenstand heftiger Debatten. Es gibt Bedenken
darüber, wie sich die Technologie auf alles auswirken wird, beginnend mit unseren
Jobs bis hin zu unserer Menschlichkeit. Es werden ständig Fragen darüber auf-
geworfen, inwieweit wir dieser neuen Welle der künstlichen Intelligenz vertrauen
können. So spiegeln sich diese Zweifel auch in der Bereitschaft der Unternehmen
wider, sich mit der KI-Technologie zu beschäftigen.

Das dritte Hindernis basiert auf dem Glauben, dass KI zu teuer und zu kom-
plex im Einsatz sei. Es herrscht die allgemeine Annahme, dass hohe Investitionen
sowie viele hochkarätige Spezialisten notwendig seien, um KI zu implementieren.
Auch dies ist ein Irrtum, da es inzwischen viele Anbieter gibt, die fix und fertige

Lösungen anbieten, die ohne großen Aufwand und Ressourcen eingesetzt werden können.

▶ All diese Hindernisse haben Eines gemeinsam: Sie sind in Wirklichkeit Fehlschlüsse, die Aufgrund von Unwissen entstehen.

In den nächsten Kapiteln (Kap. 2 bis Kap. 6) soll mit diesen Missverständnissen und dem Unwissen aufgeräumt werden, sodass auch die kleinsten Unternehmen es wagen, KI zu implementieren. Denn auch dort kann sie viele neue Potenziale für Geschäftswachstum oder Effizienzsteigerung im Vertrieb offenlegen.

Es ist einfach nicht fair, dass nur die Großen von dieser Technologie profitieren und es ist höchste Zeit, dass auch KMU beginnen, die Potenzial-Lücken in ihren Organisationen zu schließen, denn nur so werden sie auch langfristig bestehen. In Wahrheit kann KI in gewissen Bereichen leichter und schneller eingeführt werden, als die meisten Unternehmen es annehmen. Man muss sich nur das notwendige Wissen verschaffen.

Machen Sie nicht den Denkfehler, den viele machen: KI bietet heute schon reale Anwendungen an, die Ihnen helfen können, Umsätze und Erträge zu steigern und Kosten zu senken – mehr oder weniger ab sofort und das auch noch für wenig Geld.

1.3   ANI, AGI, ASI: Die Begriffe hinter dem Mythos KI

Beginnen wir mit dem ersten Hindernis und entmystifizieren wir den Begriff KI.

Künstliche Intelligenz ist die Idee, dass wir Computer so programmieren können, dass sie Aufgaben ausführen, die normalerweise menschliche Intelligenz erfordern. Das ist in der Theorie eine unglaubliche Idee, und um sie nachzuvollziehen, müssen wir zuerst hinter die Kulissen der unterschiedlichen KI-Begriffe blicken.

▶ **Definition** Bei KI unterscheidet man zwischen:

- **ANI –Artificial Narrow Intelligence:** Algorithmen, die einzelne Aufgaben gut ausführen können
- **AGI – Artificial General Intelligence:** Kann alles, was Menschen können
- **ASI – Artificial Super Intelligence:** Ein Intellekt, der viel intelligenter als die klügsten Köpfe der Menschheit und uns praktisch in allem überlegen ist

Auch wenn AGI und ASI in unseren Vorstellungen den Ehrenplatz eingenommen haben, ist in Wahrheit ANI die einzige Form der Künstlichen Intelligenz, die die Menschheit bisher geschaffen hat. Sie kann gegen den Schach- oder Go-Weltmeister gewinnen, lenkt autonome Fahrzeuge, steuert industrielle Anwendungen, sagt uns das Wetter voraus, macht Kaufempfehlungen und spricht aus den Smart Speakern wie Siri und Alexa. ANI ist zwar in der Lage, vereinzelten menschlichen Fähigkeiten in sehr spezifischen Kontexten nahe zu kommen und sie sogar zu übertreffen, allerdings nur in sehr kontrollierten Umgebungen und mit einem begrenzten Satz von Parametern.

Dagegen ist AGI die Art von künstlicher Intelligenz, die ihre Umgebung so verstehen kann, wie es ein Mensch tun würde. Auch wenn es scheint, als ob AGI jeden Moment soweit wäre, Einzug in unser Leben zu nehmen, ist sie an sich noch ein theoretisches Konzept. Je mehr wir uns mit KI beschäftigen, desto mehr erkennen wir, dass diese Vorstellung schwer umsetzbar ist. Experten meinen, wir werden noch ein Jahrhundert brauchen, um eine AGI zu schaffen.

Mit ASI begeben wir uns in den Bereich von Science-Fiction: Sie hätte das Potenzial, mächtiger zu werden als alles, was unser Planet bisher gesehen hat. Diese Vorstellung inspiriert Experten, Forscher und Ethiker zu Diskussionen und sorgt für heftige Debatten und hochspannende Hollywood-Interpretationen. Aber die Realität ist, dass ASI aus heutiger Sicht noch vager als AGI ist und in noch weiterer Ferne liegt.

▶ **Definition** Im Grunde kann man die drei Arten von KI auch so differenzieren:

- **ANI – Machine Learning:** maschinelles Lernen
- **AGI – Machine Intelligence:** maschinelle Intelligenz
- **ASI – Machine Consciousness:** maschinelles Bewusstsein

Anhand dieser Betrachtung wird ersichtlich, dass sich hinter dem Begriff KI, der eine menschliche Intelligenz impliziert, an sich „nur" Algorithmen verbergen, die selbst lernen. Darin liegt auch ihre sogenannte Intelligenz. Aber von einer Intelligenz, so, wie wir sie verstehen, oder gar einem Bewusstsein, ist die künstliche Intelligenz heute noch weit entfernt. Jede Art von Maschinenintelligenz, die uns heute umgibt, ist eine ANI. Sie wird zwar als „schwache KI" bezeichnet, ist aber die einzige KI, die heute existiert. Sie ist weder bewusst, empfindungsfähig noch von Emotionen getrieben und ist in Wahrheit einer menschlichen Intelligenz noch nicht einmal im Ansatz nahbar.

1.4   ANI: Die schwache, aber einzige KI

Cortana, Alexa, Siri und andere natürliche Sprachverarbeitungsanwendungen sind Beispiele für ANI und mögen den Eindruck erwecken, intelligent zu sein, weil sie mit uns interagieren und menschliche Sprache verarbeiten können. In Wirklichkeit operiert ANI aber nur innerhalb eines vorher festgelegten, vordefinierten Bereichs und kann nicht selbstständig denken.

Obwohl wir die ANI als „schwache" KI bezeichnen, sollten wir sie nicht als selbstverständlich ansehen, denn sie ist eine große Leistung der menschlichen Innovation und Intelligenz und bietet greifbare und reale Möglichkeiten, neue Geschäftspotenziale zu entdecken.

Wenn es darum geht, Daten schnell und fehlerfrei zu verarbeiten, sind KI-Systeme uns Menschen schon längst überlegen. Mit dieser Fähigkeit hat ANI es uns ermöglicht, die Gesamtproduktivität, Effizienz und auch die Lebensqualität zu verbessern. Darüber hinaus hat sie uns eine Menge langweiliger, routinemäßiger, alltäglicher Aufgaben abgenommen und damit unser Leben erheblich verbessert, weshalb wir sie nicht unterschätzen sollten.

Beispiele für ANI

- Ergebnisse in den Suchmaschinen: *Google Suchalgorithmen*
- Wetter-Vorhersage: *Watson von IBM*
- Gesichtserkennungs-Software: *Passkontrolle-Automaten am Flughafen*
- E-Mail-Spamfilter: *Gmail, Spark*
- Social-Media-Feeds: *LinkedIn, Facebook*
- Virtuelle Assistenten: *Siri von Apple, Alexa von Amazon, Cortana von Microsoft*
- Kaufempfehlungen: *Amazon, Zalando*
- Selbstfahrende Autos: *Tesla, Volvo*
- Übersetzungsdienste: *Deepl, Google Translate*
- Streaming Dienste: *Spotify, Netflix, YouTube*
- Navigationsdienste: *Google Maps, Apple Maps, Uber*
- ◄

Wie man sieht, verbirgt sich hinter den gängigsten KI-Anwendungen die ANI. Ganz gleich, ob wir mit unseren Smartphones kommunizieren, im Internet surfen, online einkaufen, Zeit in sozialen Medien verbringen, Wetter abrufen oder ins Büro navigieren … Es ist die ANI, die unser Leben bequemer macht und unsere Entscheidungen auf die eine oder andere Weise beeinflusst.

Um sie besser zu verstehen, müssen wir in der Begrifflichkeit noch einen Schritt tiefer gehen: ANI lässt sich im Wesentlichen in zwei Kategorien einteilen – symbolische KI und maschinelles Lernen.

1.4.1   Symbolische KI

Die *symbolische KI*, auch als „die gute alte KI" genannt – GOFAI: good old fashioned artificial intelligence – gehörte über den größten Teil der KI-Geschichte zum dominierenden Forschungsgebiet. Und obwohl sie in den letzten Jahren etwas in Ungnade gefallen ist, während andere KI-Bereiche, wie z. B. Deep Learning, einen Hype erleben, handelt es sich bei den meisten Anwendungen, die wir heute verwenden, um regelbasierte Systeme.

▶ **Definition**   Bei der **Symbolischen KI** müssen Programmierer die Regeln, die das Verhalten des Systems spezifizieren, akribisch definieren. Die symbolische KI eignet sich für Anwendungen, bei denen die Umgebung vorhersehbar ist und die Regeln klar definiert werden können.

1.4.2   Machine Learning

Das *maschinelle Lernen*, der andere Zweig der ANI, entwickelt intelligente Systeme anhand von Beispielen. Ein Entwickler eines maschinellen Lernsystems erstellt ein Modell und „trainiert" es dann, indem er es mit vielen Beispielen versieht. Auf Basis vorhandener Datenbestände erkennt der Algorithmus Muster und Gesetzmäßigkeiten und entwickelt selbstständig entsprechende Lösungen.

▶ **Definition**   **Machine Learning (ML):** Algorithmen, die Daten analysieren, aus diesen Daten lernen und dann das Gelernte anwenden, um fundierte Entscheidungen zu treffen. Die Intelligenz der Programme liegt darin, dass aus vorhandenen Erfahrungen neues „künstliches Wissen" generiert wird.

In Wirklichkeit tun die Algorithmen nichts anders, als auf Basis vorhandener Daten zu lernen und mögliche Ergebnisse vorherzusagen. Wenn Sie einen Algorithmus mit Tausenden von Banktransaktionen trainieren und ihm das richtige Ergebnis vorerst zeigen (echte oder betrügerische Transaktion), dann lernt die Maschine, in der Zukunft selbst vorherzusagen, ob eine neue, unbekannte Banktransaktion betrügerisch ist oder nicht.

Beispiel

Ein gutes Beispiel für einen Machine Learning Algorithmus ist ein Musik-Streaming-Dienst wie Spotify. Damit der Dienst eine Entscheidung darüber treffen kann, welche neuen Lieder oder Künstler er Ihnen empfehlen soll, ordnen die ML-Algorithmen Ihre Vorlieben anderen Nutzern mit ähnlichem Musikgeschmack zu. Basierend darauf entscheiden sie, was Sie empfohlen bekommen. ◄

Im Gegensatz zur symbolischen KI sind Maschine Learning Algorithmen in der Lage, die Art von Verhalten zu replizieren, die nicht durch symbolisches Denken erfasst werden kann, wie z. B. das Erkennen von Gesichtern, Bildern und Stimmen, also die Arten von Fähigkeiten, die wir durch Beispiele lernen.

1.4.3   Deep Learning

Und hier kommen *neuronale Netze* ins Spiel. Es handelt sich dabei um mehrschichtige Strukturen, die von einer Menge an Daten lernen und die Grundlage für Deep Learning bilden: eine spezielle Form des maschinellen Lernens, das in den letzten Jahren besonders populär geworden ist.

▶ **Definition Deep Learning** strukturiert Algorithmen in mehrere Schichten, um ein „künstliches neuronales Netz" zu schaffen, das selbstständig lernen und intelligente Entscheidungen treffen kann.

Die Struktur eines künstlichen neuronalen Netzes ist vom biologischen neuronalen Netz des menschlichen Gehirns inspiriert und ermöglicht einen Lernprozess, der weitaus leistungsfähiger als die Standardmodelle des maschinellen Lernens ist. Technisch gesehen ist Deep Learning ein Machine Learning und funktioniert auf ähnliche Weise, daher werden die Begriffe manchmal verwechselt. Die Fähigkeiten von Deep Learning unterschieden sich jedoch.

Ein Deep-Learning-Modell ist darauf ausgelegt, Daten mit einer logischen Struktur kontinuierlich zu analysieren und daraus Schlussfolgerungen, ähnlich wie ein Mensch, zu ziehen. Um dies zu erreichen, verwenden Deep-Learning-Modelle eine mehrschichtige Struktur von Algorithmen, die als künstliches neuronales Netz bezeichnet wird. Je mehr Schichten aufgebaut werden, desto „tiefer" und auch leistungsfähiger ist das Programm.

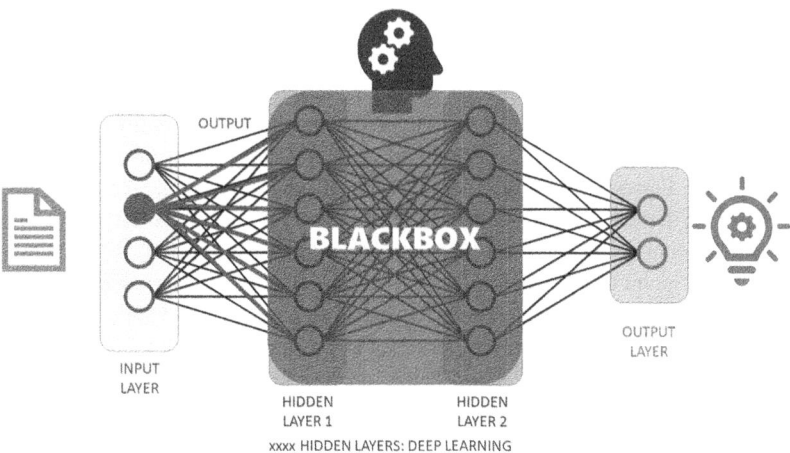

Abb. 1.2 Funktionsweise neuronaler Netze

Im Grunde werden Rohdaten zur Verfügung gestellt und die Maschine soll selbst zum Ergebnis kommen, unabhängig davon, ob das erwartete Ergebnis vorgegeben ist oder nicht. Deswegen ist hier auch die Rede von einer Black Box: Input und Output sind bekannt, was dazwischen passiert, weiß nur die Maschine (s. Abb. 1.2).

Deep Learning eignet sich besonders gut für die Ausführung von Aufgaben, bei denen die Daten ungeordnet sind, wie z. B. Computer Vision, Verarbeitung natürlicher Sprache und von Bildern.

Wichtig ist, den allgemein herrschenden Hype über Deep Learning nicht zu überschätzen. Denn in Wirklichkeit repräsentiert Deep Learning nur einen sehr kleinen Teil des Machine Learnings und Machine Learning wiederum repräsentiert nur einen kleinen Teil der KI. In der Praxis handelt es sich bei den meisten KI-Programmen um regelbasierte Systeme der Symbolischen KI.

1.5 Wie lernen Algorithmen?

Diese Frage ist einfach beantwortet: so wie Kinder. Wie ein Kind aus Erfahrungen lernt, lernen auch die Algorithmen aus den eigenen Erfahrungen (Analysen) bzw. aus den zur Verfügung gestellten Daten. Genau wie Kinder werden sie anfangs beim Lernen beaufsichtigt und es wird ihnen beim Lernen geholfen.

Beispiel

Zuerst muss das Kind mehrere Katzen sehen und erklärt bekommen, dass dies eine Katze ist, bis es irgendwann selbst eine Katze in unterschiedlichen Umgebungen erkennt. Auch beim Fahrradfahren zeigen wir dem Kind, wo das Pedal ist, wie man tritt und stützen es solange, bis es selbst stabil fahren kann. Im nächsten Entwicklungsschritt beginnt das Kind, selbst zu lernen und lernt, selbst zu lernen: Hier wird das Kind von den Eltern und in der Schule für gute Ergebnisse belohnt und für schlechte bestraft. Und später überlässt man Jugendliche im Grunde sich selbst: Sie sollen selbst Lernerfahrungen sammeln und manches davon wird uns Eltern überraschen und uns auf Dinge hinweisen, von deren Existenz wir nichts wussten. Im ganzen Prozess des Lernens leiten und unterstützen wir das Kind, haben aber keine Ahnung, wie sein Gehirn wirklich lernt.◄

So ähnlich funktionieren die Machine Learning Algorithmen, da sie selbstlernend sind. Das heißt, dass die Maschine die Algorithmen selbst zusammensetzt, und es ist für den Programmierer nicht nachvollziehbar, wie das geschieht. Auch wenn sie mit zunehmender Trainingszeit immer besser werden, benötigen Machine-Learning-Modelle immer noch eine gewisse Anleitung. Wenn ein KI-Algorithmus ein ungenaues oder falsches Ergebnis liefert, muss ein Mensch eingreifen und Anpassungen vornehmen. Bei einem Deep Learning Modell kann ein Algorithmus durch sein eigenes neuronales Netz selbst bestimmen, ob das Ergebnis genau ist oder nicht.

Ähnlich den beschriebenen Lernarten von Kindern, wird beim Machine Learning zwischen Supervised, Unsupervised und Reinforcement Learning unterschieden.

► **Definition**

SUPERVISED Learning – Beaufsichtigtes Lernen: Ergebnisse, die die Maschine produzieren soll, sind vorgegeben. Die Maschine wird trainiert, bei neuen Daten richtige Ergebnisse zu produzieren.
REINFORCEMENT Learning – Verstärkendes Lernen: Maschine wird für richtige Ergebnisse belohnt und für falsche bestraft. Die Maschine lernt, richtig zu reagieren.
UNSUPERVISED Learning – Unbeaufsichtigtes Lernen: Ergebnisse sind nicht vorgegeben. Die Maschine erkennt selbstständig Muster in den Daten.

In einem *Supervised Learning Modell* trainieren Sie die Maschine anhand von Daten, die „gut beschriftet" sind. Mit der Beschriftung zeigen Sie der Maschine anfangs das richtige Ergebnis. Damit lernt sie, später das richtige Ergebnis selbst zu produzieren.

Beim *Reinforcement Learning* wird die Maschine trainiert, eine Abfolge von Entscheidungen zu treffen. Sie versucht, nach dem Prinzip von Versuch und Irrtum eine Lösung für das Problem zu finden. Dabei trainiert der Programmierer die Maschine nach dem Zuckerbrot-Peitsche-Prinzip, welches Ergebnis richtig ist. Ihr Ziel ist es, die Gesamtbelohnung zu maximieren.

In einem *Unsupervised Learning Modell* wird die Maschine nicht beaufsichtigt. Man „füttert" die Maschine mit Daten und überlässt es ihr, Muster selbst zu erkennen. Damit wird es möglich, neue und unbekannte Muster zu entdecken, die man sonst vielleicht nicht erkannt hätte (s. Abb. 1.3).

Auf weitere technische Erklärungen zur KI und ihrer Funktionsweise soll an dieser Stelle verzichtet werden. Für das Ziel dieses Buches reichen diese Informationen als Hintergrund aus, und bei Interesse gibt es genug weiterführende Literatur. Auf die Gefahr hin, bei den KI-Experten Unmut zu erzeugen, sei abschließend gesagt, dass man als Vertriebsverantwortlicher oder Führungskraft

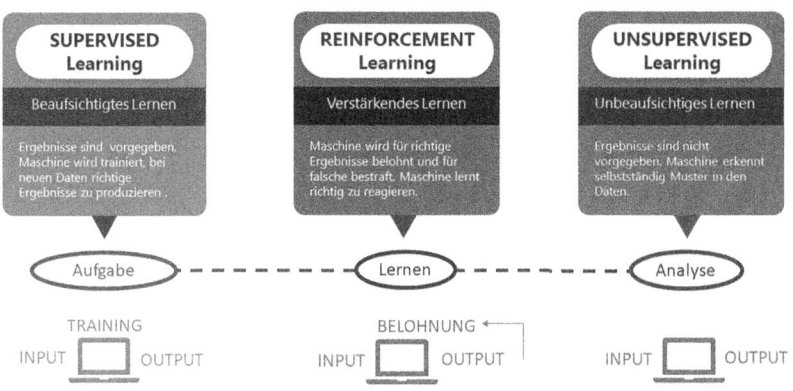

Abb. 1.3 Lernarten von Machine Learning

nicht unbedingt verstehen muss, wie KI technisch funktioniert, um sie einsetzen zu können und davon zu profitieren.

Was wirklich wichtig ist: das Potenzial der KI für die eigene Vertriebsorganisation zu erkennen. Denn darin liegt ihr wahrer Mehrwert. Womit wir uns in den nächsten Kapiteln beschäftigen werden.

Literatur

Patrizio A, Networkworld (2018) IDC: Expect 175 zettabytes of data worldwide by 2025. https://www.networkworld.com/article/3325397/idc-expect-175-zettabytes-of-data-worldwide-by-2025.html. Zugegriffen: 20. Juli 2020

Desjardins J (2019) How much data is generated each day? https://www.weforum.org/agenda/2019/04/how-much-data-is-generated-each-day-cf4bddf29f/. Zugegriffen: 20. Juli 2020

Coughlin T (2018) Forbes (2018) 175 Zettabytes By 2025. https://www.forbes.com/sites/tomcoughlin/2018/11/27/175-zettabytes-by-2025/. Zugegriffen 20. Juli 2020

Nutzen: Was KI für den Vertrieb tun kann

2

▶ **Zusammenfassung** Künstliche Intelligenz ist die perfekte Antwort auf viele Herausforderungen des modernen Vertriebs. Ihre zahlreichen Vorteile lassen sich auf mehreren Ebenen zusammenfassen: Sie generiert nicht nur neue Geschäftsmöglichkeiten und ermöglicht ein besseres Verständnis über Kundenbedürfnisse, sondern übernimmt auch manuelle Aufgaben und erhöht die Produktivität und die Wirksamkeit von Vertriebs- und Planungsaktivitäten. Mit ihren vielfältigen Analysemöglichkeiten generiert sie aus Daten nützliche Erkenntnisse, macht sie zeit- und ortsunabhängig dem Vertrieb verfügbar und unterbreitet sogar konkrete Handlungsempfehlungen zur Zielerreichung. Sie greift auf diverse Daten in unterschiedlichen Systemen zu und transformiert sie zu einer wertvollen Informationsquelle für den Vertrieb. Damit löst sie eine der größten Herausforderungen des Vertriebs in digitalen Zeiten: das hohe und schwer zu bewältigende Datenaufkommen.

Der Vertrieb hat sich in den letzten fünf Jahren mehr verändert als in den letzten zehn und in den letzten zwei mehr als in den letzten fünf. Die Realität ist aber, dass die Vertriebsorganisationen, insbesondere im KMU Bereich, immer noch wie vor 20 Jahren arbeiten, obwohl die Vertriebstechnologie schon sehr fortgeschritten ist. Das darf heute nicht mehr sein.

Technologie bietet dem Vertrieb neue, bis vor Kurzem noch ungeahnte Möglichkeiten, Prozesse zu optimieren und neue Geschäftsmöglichkeiten zu erschließen. Im Vertriebsbereich gilt KI als die fortschrittlichste und wachstumsstärkste Technologie für die kommenden Jahre.

© Der/die Autor(en), exklusiv lizenziert durch Springer Fachmedien Wiesbaden   17
GmbH, ein Teil von Springer Nature 2021
L. Rainsberger, *KI – die neue Intelligenz im Vertrieb*,
https://doi.org/10.1007/978-3-658-31773-7_2

2.1   KI: Fähigkeiten und Grenzen

KI kann in einer bis dato unvorstellbaren Geschwindigkeit Unmengen an Daten analysieren, Muster, Trends und Zusammenhänge darin erkennen, wertvolle Erkenntnisse daraus ziehen und dem Vertrieb eine bessere Entscheidungs- und Handlungsgrundlage liefern. Außerdem bietet sie dem Vertrieb Zugang zu bisher nicht zugänglichen Daten außerhalb der eigenen Unternehmensstrukturen und befähigt die Organisation, schneller, besser und mehr Kunden zu erreichen sowie auch die bestehenden Kunden wirksamer zu bedienen.

In ihrer Fähigkeit, schnell Daten zu verarbeiten, zu analysieren, auszuwerten und Korrelationen darin zu erkennen, ist sie dem menschlichen Gehirn zum Teil bereits überlegen. Sie funktioniert auch ohne Ermüdung und ist in der Lage, innerhalb von Sekundenbruchteilen zu reagieren und genaue Ergebnisse zu liefern. Sie analysiert unterschiedliche Datenarten aus verschiedenen Quellen und generiert daraus für den Vertrieb relevante Informationen. Darin liegt einer ihren größten Nutzen für Vertriebsorganisationen.

Die Grenzen von KI-Systemen liegen in der direkten Interaktion mit Menschen. Derzeit besitzen KI-Systeme keine Emotionen, Empathie oder soziale Intelligenz. Da kommt sie der menschlichen Intelligenz nicht einmal im Ansatz nahe. Auch wenn KI inzwischen natürliche Sprache verarbeiten und mit Kunden bis zu einem gewissen Grad selbstständig kommunizieren kann, ist sie in ihrer Kommunikationsfähigkeit den Menschen weit unterlegen. Solange sie keine Empathie entwickelt, wird sie für den Menschen nicht zur Konkurrenz.

KI entwickelt sich ständig weiter und das wortwörtlich, worin auch ihr größter Vorteil im Vergleich zu regulärer Software liegt. Nicht nur die Technologie an sich entwickelt sich weiter, sondern auch das jeweilige Programm in seinem konkreten Einsatzbereich. Denn jede neue Information, die das Programm erhält, macht es besser. Im Vergleich zu klassischer Software lernen KI-basierte Tools selbstständig weiter und werden mit der Zeit und mit der zur Verfügung stehenden Menge an Daten zuverlässiger. Sie lernen dazu und produzieren mit jedem neuen Bruchteil an Information genauere Ergebnisse.

2.2   KI: die Lösung für das hohe Datenaufkommen im Vertrieb

In unserer digitalen Welt wird auch der Vertrieb vom hohen Datenaufkommen nicht verschont. In Wirklichkeit werden Vertriebsorganisationen mehr und mehr datengetrieben. Darin liegt eine der größten Chancen und gleichzeitig eine der größten Herausforderungen für den Vertrieb. Daten sind das zukünftige Gold der Vertriebsorganisation, liegen aber meistens noch irgendwo tief vergraben und sind unzugänglich. Denn wir generieren heute zwar Unmengen an Daten, aber die Vertriebsmitarbeiter an der Front müssen sich oft noch mit Daten herumschlagen, die nicht aktuell, nicht richtig oder nicht relevant sind.

Die meisten Vertriebsorganisationen stehen vor der Herausforderung, aus ihren Kundendaten aussagekräftige Erkenntnisse gewinnen zu müssen und versinken dabei in unterschiedlichen Datenfeeds. Daten sind nicht greifbar, werden nicht effizient ausgetauscht und bleiben in Endeffekt irgendwo ungenutzt liegen.

Oft wird in Silos gearbeitet. Es werden unterschiedliche und nicht einheitliche Systeme verwendet, wobei konträre Ziele angestrebt werden. Die Klassiker hier: Vertrieb, Service, Call Center, Produktmanagement – alle verfolgen eigene Interessen. In den meisten Fällen kennen die Mitarbeiter einer Abteilung nicht einmal ihre Kollegen aus anderen Abteilungen, geschweige denn haben sie abteilungsübergreifend Zugang zu relevanten Kundendaten. Dies führt oft dazu, dass Kunden den Eindruck gewinnen, das Unternehmen sei zersplittert, unkonzentriert und unterschiedliche Abteilungen hätten eigennützige Absichten. Oft bleibt der Kunde zwischen den sich widersprechenden Interessen stecken.

Der Vertrieb braucht Hilfe, um zum Datengold zu gelangen, und KI kann hier der Kobold sein, der uns zum Ende des Regenbogens führt, wo das ganze Gold zu finden ist. Mit dem Unterschied, dass KI nicht geizig ist und uns Zugang zu mehr Daten bietet, als wir uns vorstellen können oder manchmal wünschen. Tatsache ist, dass KI Daten für den Vertrieb greifbar und nutzbar machen kann:

▶   KI kann die richtigen Daten zum richtigen Zeitpunkt dem richtigen Vertriebsmitarbeiter zur Verfügung stellen.

Damit leistet sie einen wesentlichen Beitrag dem Vertriebserfolg und entwickelt sich zu einer bald unersetzlichen Vertriebsressource in der heutigen datengetriebenen Welt (s. Abb. 2.1).

KI ist die perfekte Antwort auf den Datentsunami, mit dem wir heute im Vertrieb zu tun haben: Kundendaten, Transaktionsdaten, Prozessdaten, Interaktionen, Tracking, Analytics, Performance, Leistung, Kommunikation, Dokumente, Verträge, News etc. Sie kann nicht nur das hohe Datenvolumen bewältigen, sondern auch die Qualität der Daten erhöhen, für ihre Aktualität sorgen und zeit- und ortsunabhängig Zugriff darauf gewähren. Im Grunde nutzen KI-Lösungen interne Datenquellen wie CRM, ERP und diverse andere Systeme, aber auch externe Datenquellen, wie beispielsweise Nachrichtenseiten, Kundenwebseiten

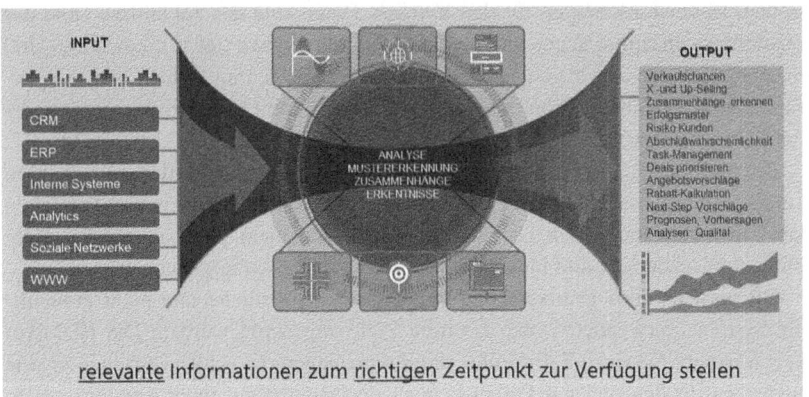

Abb. 2.1 KI-Datenstreams im Vertrieb

und soziale Medien, und fügen die unterschiedlichen unübersichtlichen Daten-fragmente zu einer wertvollen Informationsquelle zusammen.

KI-Systeme analysieren zwar große Datensätze, aber ihr Mehrwert liegt nicht nur in der reinen Datenverarbeitung. KI gewinnt Erkenntnisse aus den Daten: Sie kann Millionen von Daten in kürzester Zeit verarbeiten und analysieren und darin Korrelationen erkennen, die den Menschen oft verborgen bleiben. Daraus werden Erkenntnisse abgeleitet und dazu verwendet, Vorhersagen, Empfehlungen und Entscheidungen im Vertrieb zu treffen.

Machine Learning Systeme können mit bestehenden Daten soweit trainiert werden, dass sie mit völlig neuen Datensätzen immer wieder Ergebnisse selbst-ständig produzieren. Dabei wird das System mit jedem Mal besser, weil es mit jedem Mal dazulernt, was funktioniert und was nicht.

Das bedeutet, dass ein hochentwickeltes KI-System:

- potenzielle Neukunden identifiziert,
- Kunden- und Interessentendaten analysiert,
- Kunden-Interaktionen mit dem Unternehmen überwacht,
- Vorhersagen über das Verhalten von Kunden trifft,
- Wahrscheinlichkeiten eines Abschlusses errechnet,
- die nächsten Schritte im Prozess und optimale Verkaufsmaßnahmen empfiehlt,
- kundenspezifische Produktkonfigurationen prüft,
- ergänzende Produkte aussucht,
- den besten Preis kalkuliert,

- die attraktivsten Konditionen ermittelt,
- die Vertragsbedingungen prüft,
- zum richtigen Zeitpunkt über den richtigen Kanal mit dem Kunden kommuniziert und
- vieles, vieles mehr ...

Kurzgesagt, KI bietet viele Möglichkeiten, Ihre Unternehmensziele schneller zu erreichen oder gar zu übertreffen. Die Aussichten sind groß, und darin finden sich Optionen für jedes Unternehmen, unabhängig von seiner Größe, Branche und seinem Tätigkeitsbereich.

2.3 Vorteile von KI für den Vertrieb

Die Vertriebsorganisation von morgen benötigt mehr als nur traditionelle Verkaufsfähigkeiten, um ihre Ziele kontinuierlich zu erreichen. Sie muss verstehen, welche technologischen Möglichkeiten ihr zur Verfügung stehen und wie sie dadurch profitieren kann, um bessere Geschäftsergebnisse zu erzielen. KI tritt hier an erste Stelle, denn sie ist eine der vielversprechendsten Technologien für den Vertriebsbereich und wird von Experten als die zukunftsweisende Technologie für den Vertrieb angesehen. Sie bietet zahlreiche Vorteile für Vertriebsorganisationen, die sich in fünf übergreifende Kategorien zusammenfassen lassen.

1. KI erlöst die Vertriebsmitarbeiter von repetitiven und administrativen Aufgaben
KI-Systeme können administrative, repetitive und manuelle Aufgaben übernehmen, sodass die Vertriebsmitarbeiter sich rein auf verkaufsrelevante Tätigkeiten konzentrieren können. Sie kann zum Beispiel Kontakte, Leads, Accounts, E-Mails, Telefonanrufe, Meeting-Berichte und Kalenderinformationen automatisch im CRM erfassen. Dadurch wird einerseits der manuelle Aufwand reduziert und andererseits wird sichergestellt, dass die Vertriebsteams immer über aktuelle und genaue Kundendaten verfügen.

> ▶ Im Grunde kann KI alle ungeliebten Aufgaben im Vertrieb übernehmen – Datenerfassung, Datenverarbeitung, Planung, Forecast, Analysen und Recherchen – und dadurch Vertriebsressourcen für direkte Kundeninteraktionen freisetzen.

Neben der Datenerfassung sind Berichterstattung und Erstellen von irgendwelchen Auswertungen das letzte, womit sich ein guter Vertriebsmitarbeiter beschäftigen möchte und auch sollte. Mit KI-Software können alle Teammitglieder aus diversen Abteilungen auf Echtzeit-Analysen und -Informationen zugreifen, ohne mühsam Reports zu erstellen oder ungeduldig darauf zu warten. Auf diese Weise ist die gesamte Organisation – Marketing, Produktmanagement, Einkauf, Finance, Service und Vertrieb – besser in der Lage, ihre Bemühungen zu koordinieren, und der Vertrieb hat mehr Zeit, um das Wichtigste zu tun, nämlich Geschäfte abzuschließen.

2. KI generiert neue Geschäftsmöglichkeiten
Auch wenn KI-Prozesse im Unternehmen sehr gut automatisieren und damit wertvolle Ressourcen freisetzen kann, geht es beim Einsatz von KI im Vertrieb nicht nur um Automatisierung. Richtig eingesetzt, geht KI weit darüber hinaus. Denn ein großer Mehrwert der KI liegt darin, dass sie neue Geschäftschancen generiert und die Abschlusswahrscheinlichkeit bestehender Möglichkeiten erhöht.

KI kann als virtuelles Mitglied in Vertriebsstrukturen integriert werden und eigenständig Kaufsignale identifizieren, Kunden Aufmerksamkeit schenken, neue Leads finden oder Up- und Cross-Selling-Möglichkeiten erkennen. Sie generiert autonom neue Geschäftsmöglichkeiten und leistet damit einen wesentlichen Beitrag zum Vertriebserfolg als Teil der Organisation.

KI bringt nicht nur neue Opportunities, sondern unterstützt auch die Mitarbeiter bei ihrem Abschluss. Zum Beispiel wird KI den Vertriebsmitarbeiter über den optimalen Transaktionszeitpunkt und Handlungsbedarf bei dem jeweiligen Deal alarmieren. Überdies wird sie den Vertriebsmitarbeiter laufend auf die wichtigsten Deals aufmerksam machen und ihm klare Instruktionen geben, was im konkreten Fall als Nächstes zu tun ist. So wird sichergestellt, dass der Vertriebsmitarbeiter den optimalen Handlungszeitpunkt und die Vorgehensweise nicht übersieht.

▶   KI erkennt Geschäftsmöglichkeiten innerhalb bestehender Kundenstämme sowie auch außerhalb der Organisation.

KI-Algorithmen werten laufend Vertriebstransaktionen, Kundenverhalten und Interaktionen aus und können daraus Empfehlungen zum Geschäftsausbau mit bestehenden Kunden ableiten. Sie identifizieren neue Möglichkeiten nach Region, Produkt, Kunden- und Marktsegment, sortieren und priorisieren sie für die Teammitglieder.

3. KI schafft ein besseres Verständnis über Ihre Kunden und deren Bedürfnisse

KI ermöglicht es Ihnen, Ihre Kunden besser zu verstehen. Sie übersieht keine Interaktion Ihrer Kunden mit Ihrem Unternehmen und kann dadurch besser Kundenbedürfnisse vorhersagen, als es je zuvor möglich war. Durch das Sammeln von Daten aus unterschiedlichen Quellen und verschiedenen Interaktionen des Kunden mit Ihrer Marke, befähigt sie Ihren Vertrieb und Marketing, eine sehr persönliche und einprägsame Erfahrung für jeden einzelnen Kunden zu schaffen.

KI macht eine hoch-personalisierte Kundenansprache für jeden einzelnen Kunden realisierbar: ob in Form von E-Mails, per Chat-Bots, über die Webseite oder mit Werbeinhalten. Diese basiert auf den individuellen Interessen und Präferenzen des jeweiligen Kunden – nennen wir ihn Hans – die anhand seines Verhaltens durch KI identifiziert werden. Die Algorithmen sagen voraus, wann und auf welcher Plattform die Chancen größer sind, Hans zu erreichen, und was Sie anders machen sollen, wenn Sie Heidi ansprechen wollen.

Das Potenzial der KI für Marketing und die Verbesserung der Kundenerfahrung ist enorm. KI basierte Analysen zeigen auf, wie unterschiedlich ähnliche Personen auf dieselbe Botschaft reagieren und wie die Reaktion mit einer kleinen Anpassung der Inhalte zum Besseren gesteuert werden könnte.

▶ KI-Systeme ermöglichen es Ihnen, nicht nur die Bedürfnisse Ihrer Kunden viel besser zu verstehen und zu analysieren, sondern mit dem Wandel dieser Bedürfnisse mitzugehen.

Die Bedürfnisse unserer Kunden sind nie statisch, sie verändern sich ständig und KI kann diese Evolution mitverfolgen und uns befähigen, richtig und rechtzeitig darauf zu reagieren. Darüber hinaus kann man mit KI diese Bedürfnisse nicht nur erkennen, sondern sogar antizipieren und ein maßgeschneidertes Kundenerlebnis schaffen.

Ein Unternehmen, das das Potenzial der KI in seinen Marketingaktivitäten erkennt und nutzt, wird seinen Kunden eine bessere Kundenerfahrung bieten können, weil es in der Lage sein wird:

- mit einem dynamischen Zielpersonenprofil die Veränderungen im Kundenverhalten schnell zu erkennen und richtig darauf zu reagieren,
- die Customer Journey für jeden einzelnen Kunden individuell automatisch anzupassen,
- das optimale Angebot dem jeweiligen Kunden im richtigen Moment zu machen,

- den Kunden mit relevanten und personalisierten Inhalten anzusprechen.

Zusammenfassend kann man sagen, dass KI Unternehmen in die Lage versetzt, ihren Kunden besser zuzuhören, ihre Bedürfnisse wirklich zu verstehen und mit der Entwicklung ihrer Erwartungen mitzukommen. Das führt dazu, dass sie Produkte und Dienstleistungen entwickeln und anbieten können, die für ihre Kunden immer relevant und nützlich sind.

4. KI macht Ihre Vertriebsmitarbeiter besser
KI befähigt Vertriebsmitarbeiter, in ihren Jobs besser zu werden, indem sie ihnen hilft:

- effektiver Prioritäten zu setzen,
- Wichtiges nicht zu übersehen,
- Kundenbedürfnisse gründlicher zu verstehen,
- Kundeninteraktionen zu verfolgen,
- Trends im Einkaufsverhalten der Kunden zu identifizieren,
- passende Produkte und Dienstleistungen für Kunden auszusuchen,
- optimale Angebots- und Preisstrategien auszuarbeiten und
- Kunden individuell zu adressieren.

▶ KI befähigt den Vertriebsmitarbeiter, seine Aufgaben besser zu erfüllen, indem sie ihm relevante Erkenntnisse und Empfehlungen rechtzeitig liefert, und unterstützt ihn dabei, seine Ziele schneller und besser zu erreichen.

Zum Beispiel kann sie die Tätigkeiten im Vertrieb anhand ihrer Wichtigkeit und Relevanz priorisieren und demzufolge die Produktivität steigern, weil keine Zeit mit unwichtigen Tätigkeiten vergeudet wird. Der Vertriebsmitarbeiter weiß immer, was höchste Priorität hat und bekommt darüber hinaus Verbesserungsvorschläge für seine Interaktionen mit den Kunden. Zum Beispiel könnten KI-Algorithmen feststellen, dass das Versenden einer Follow-up-E-Mail erst drei Wochen und nicht drei Tage nach dem Erstkontakt mit einem Interessenten sinnvoll ist. Oder sie könnten feststellen, dass die Zusendung eines bestimmten Dokuments (Produktinformationen, Präsentation) oder einer Information (Blog-Artikel, Erklärungsvideo) die Erfolgschancen erhöhen, diesen Interessenten in einen Kunden zu konvertieren.

KI wertet historische Daten von zahlreichen Kunden aus, berücksichtigt dabei ihre Aktualität und kann einen Anreiz, Rabatt oder Kondition identifizieren, die bei ähnlichen Deals gut funktionierten. So benötigt der Verkäufer weniger Arbeitszeit, um die beste Preisstrategie zu ermitteln, und die Wahrscheinlichkeit des Abschlusses wird erhöht. Ähnlich funktionieren KI-basierte Preisoptimierungsmodelle: KI-Algorithmen identifizieren den optimalen Verkaufspreis anhand von wesentlich mehr Kriterien, als die klassische Kostenbasis es zulässt. Damit kann die Profitabilität stark gesteigert werden.

Darüber hinaus kann KI komplexe B2B-Prozesse vereinfachen, indem sie eine anleitende Rolle im Prozess übernimmt und die Vertriebsmitarbeiter durch die richtigen Schritte führt und unterstützt, beispielsweise in der Produkt- und Angebotskonfiguration oder in den Vertragsverhandlungen.

5. KI ermöglicht bessere Prognosen

Mit genauen Prognosen können Vertriebsorganisationen ihre Ziele besser erreichen, Ressourcen adäquat allokieren, Budgets sinnvoll zuweisen und Vertriebsgebiete genau definieren. Sie bilden die Basis einer guten Vertriebssteuerung.

Aber wie ist die Realität in den meisten Unternehmen? Wie funktioniert der Forecast-Prozess heute? Vertriebsleiter führen wöchentlich Meetings und befragen ihre Mitarbeiter zur aktuellen Situation bzw. zu ihren Umsatzeinschätzungen für die kommenden Perioden. Basierend darauf machen sie eine eigene Schätzung. Fakt ist, dass diese Prognosen auf der Meinung, Einschätzung und Intuition von Individuen basieren und das wird zum Problem, wenn die Verkäufer sich bei ihren Einschätzungen täuschen oder sie sogar in ihrem eigenen Interesse anpassen. Und wenn sie tatsächlich ihre Prognosen verfehlen, kann das schwerwiegende Auswirkungen für das gesamte Unternehmen haben.

▶   KI bringt die ersehnte Lösung, wenn es um die Erstellung von genauen Prognosen geht. Damit können Unternehmen Produktionskapazitäten, Beschaffung, Ressourceneinteilung und Investitionen besser planen.

Mit KI müssen Vertriebsleiter die Zahlen ihrer Teams nicht mehr selbst schätzen. Stattdessen können sie sich auf Algorithmen verlassen, die aus wichtigen Daten über Kundeninteraktionen den Umsatz mit einem höheren Grad an Genauigkeit vorhersagen. Neben der Berücksichtigung historischer Daten – traditionelle Prognosemethoden sind in der Regel ausschließlich von historischen Daten abhängig – prognostiziert KI zukünftige Entwicklungen. Durch die Vorhersage der Abschlusswahrscheinlichkeit aller offenen Deals ist KI in der Lage, präzise Umsatzprognosen zu realisieren. Dabei berücksichtigt sie eine Vielzahl an diversen Kriterien und Kennzahlen, passt sie laufend den Veränderungen an und verbessert kontinuierlich ihre Vorhersagen, Empfehlungen und Entscheidungen, je mehr sie davon generiert.

Je genauer die Prognosen, desto besser kann die Führungsebene entscheiden, worauf sie ihre Ressourcen konzentrieren muss, und etwaige Risiken an die Unternehmensführung rechtzeitig herantragen. Überdies profitieren auch die Vertriebsmitarbeiter davon, denn mit genauen Prognosen in ihren Vertriebsgebieten können sie ihre Vertriebsaktivitäten gezielt steuern, um ihre Ziele besser zu erreichen. Aus einer ungeliebten Aufgabe transformiert sich die Prognoseplanung in ein wichtiges Werkzeug für den Vertriebsmitarbeiter bei der Erreichung seiner Vertriebsziele.

2.4 KI-Analysemöglichkeiten

Die ausgesprochene Stärke von KI liegt in ihrer Fähigkeit, Daten zu verarbeiten. Dafür bietet sie diverse Möglichkeiten, Daten zu analysieren und daraus Erkenntnisse zu generieren, wobei unterschiedliche Analysemethoden (Analytics) Einsatz finden. Um spezielle Fragestellungen zu beantworten werden unterschiedliche Analytics-Methoden benötigt (Abb. 2.2).

Möglichkeiten der KI Analytics für den Vertrieb

BESCHREIBUNG	DIAGNOSE	VORHERSAGE	EMPFEHLUNGEN
1	**2**	**3**	**4**
IST?	**WARUM?**	**WIRD?**	**WAS?**
Was IST passiert?	WARUM ist es passiert?	Was WIRD passieren?	WAS sollen wir dafür oder dagegen tun?
Umsatz Evolution Profitabilität Margenentwicklung	Wetter Sonderaktion Produkteinführung	Umsatzentwicklung	Bevorratung Aktion
DESCRIPTIVE ANALYTICS	DIAGNOSTIC ANALYTICS	PREDICTION ANALYTICS	PRESCRIPTION ANALYTICS

Abb. 2.2 Ebenen der KI-Analytics

Vor fast einem Jahrzehnt veröffentlichte Gartner sein Analytic Ascendancy Model, das die unterschiedlichen Analytics-Methoden in vier Kategorien einordnet (Gartner o. J.):

- **Descriptive Analytics – Blick in die Vergangenheit:** *Was ist passiert?*
  - Ziel: vergangenheitsbezogene Auswertung von Daten, um mögliche Auswirkungen auf die Gegenwart zu verstehen.
  - Descriptive Analytics stellen gewisse Entwicklungen in den vergangenen Perioden fest, beispielsweise Umsatzrückgang oder Margenerhöhung.
  - Die deskriptive Analytik findet heraus was geschah, kann allerdings nicht erklären, warum dies geschah. Dafür brauchen wir Diagnostic Analytics.
- **Diagnostic Analytics – Erhebung der Hintergründe des Geschehens:** *Warum ist etwas passiert?*
  - Ziel: Verstehen, was zu den Entwicklungen in der Vergangenheit geführt hat: Gründe, Auswirkungen, Ereignisse und ihre Folgen, sowie auch Trends.
  - Die diagnostische Analytik nimmt die Daten genauer unter die Lupe, indem sie historische Daten anderen Daten gegenüberstellt und somit einen besseren Blick auf sie wirft und kausale Zusammenhänge erkennt. Je nachdem, welcher Kontext gegeben ist, können Antworten auf Fragen wie „Warum ist der Umsatz geringer als im letzten Jahr?" oder „Warum ist die Marge beim Kunden A plötzlich so hoch?" gefunden werden.
  - Zwar ermittelt die diagnostische Analytik die kausalen Zusammenhänge für das Geschehen in der Vergangenheit, kann aber nur begrenzt verwertbare Erkenntnisse für zukünftige Entwicklungen bieten. Hier kommen Predictive Analytics ins Spiel.
- **Predictive Analytics – Blick in die Zukunft:** *Was wird höchstwahrscheinlich passieren?*
  - Ziel: Vorhersagen über mögliche zukünftige Entwicklungen.
  - Prädiktive Analytik sagt voraus, was wahrscheinlich in der Zukunft passieren wird: Umsatz- und Ertrag-Forecasts, Nachfrageprognosen, Absatzentwicklung etc. Zum Beispiel kann sie aufgrund verfügbarer Daten vorhersagen, wie hoch die Nachfrage in der nächsten Periode höchstwahrscheinlich sein wird. Diese Erkenntnisse können zum Beispiel bei der Planung in der Rohstoffbeschaffung oder von Produktionskapazitäten sehr nützlich sein.
  - Prädiktive Analytik ist in der Lage, zukünftige Entwicklungen mit hoher Wahrscheinlichkeit vorherzusagen, aber erst die Präskriptive Analytik gibt auch Empfehlungen, wie man die Trends zwecks Erreichung der Unternehmensziele unterstützen oder ihnen entgegenwirken kann.

- **Prescriptive Analytics – Handlungsempfehlungen:** *Wie muss gehandelt werden, damit gewisse Ergebnisse erzielt werden können?*
  - – Ziel: Handlungsempfehlungen, um gewünschte Ergebnisse zu erzielen
  - – Die präskriptive Analytik baut auf den Ergebnissen der prädiktiven Analytik auf, aber sie sagt nicht nur einfach voraus, was möglicherweise passieren wird. Sie evaluiert die günstigsten Szenarien und macht Vorschläge, welche Maßnahmen ergriffen werden müssen, um ein bestimmtes günstiges Ergebnis zu erreichen. Sie nutzt ein Rückkopplungssystem, um aus der Beziehung zwischen den vorgeschriebenen Maßnahmen und ihren Ergebnissen zu lernen und sie zukünftig zu verbessern.

Ausgereifte Business Intelligence Tools besitzen viele dieser Analytics-Fähigkeiten. Aber nur KI-gesteuerte Systeme können den Level der präskriptiven Analytik erreichen, die alleinig in der Lage ist, die Komplexität in den Veränderungen des Kundenverhaltens und der Markttrends zu verstehen, sodass Unternehmen in der Lage sind, aus ihren Daten Erkenntnisse zu gewinnen und diese in erfolgsversprechende strategische Maßnahmen umzusetzen.

Beispiel

Predictive Analytics zur Erkennung von Up- und Cross-Selling-Möglichkeiten in der B2B-Fertigung

Die Vertriebsstrategie eines Herstellers von Hardware-Produkten im B2B-Bereich basiert darauf, sich auf ausgewählte Ziel- und Schlüsselkunden zu konzentrieren. Die Vertriebsmitarbeiter generieren monatlich etwa 50 neue Opportunities mit unterschiedlichen Auftragsvolumina. Der Umsatz in den vergangenen Jahren ist zwar gesund gewachsen, allerdings wurde das Cross- und Up-Selling-Potenzial bei bestehenden Kunden nicht genutzt.

Um die Problematik zu lösen, entschied sich das Unternehmen für den Einsatz einer Predictive-Analytics-Lösung, wobei damit auch die Steuerung und der Abschluss neuer Opportunities verbessert werden sollte. Die Software griff auf die ERP-Daten zu, automatisierte die Verkaufsanalysen, identifizierte Verkaufstrends und erstellte leistungsstarke Prognosen.

Dadurch konnten innerhalb des bestehenden Kundenstamms verborgene Geschäftschancen visualisiert werden und Key Account Manager konnten direkt Cross-Selling Potenziale identifizieren. Gleichzeitig konnten die Mitarbeiter alle ihre Opportunities besser steuern, was zu einer 15 %gen Steigerung der Produktivität in der Organisation führte. Das Cross-Selling-Volumen wurde verfünffacht und darüber hinaus konnte das durchschnittliche Volumen in Euro pro Opportunity um ca. 12 % erhöht werden. Zusätzlich verringerte sich durch den Anstieg der Vertriebseffizienz der Druck, neue Key Account Manager einzustellen.◄

2.5   Von der KI-Revolution zur Vertriebs-Evolution

Beim Begriff Revolution denken wir für gewöhnlich an schnelle Veränderungen und grundlegende Neuordnung, oft von dramatischen und gewaltvollen Aktivitäten begleitet. Es gibt aber auch die stille Revolution, die im Verborgenen geschieht und sich nicht plötzlich vollzieht, die aber deswegen nicht weniger Kraft zum Wandel mitbringt. Auch wenn wir bei KI für gewöhnlich an dramatischen Aufstand und Welteroberung durch Roboter denken – Stichwort I, Robot – geht die wahre KI-Revolution langsamer und eher geräuschlos vonstatten. Deswegen ist sie nicht weniger radikal oder bedeutend, im Gegenteil.

KI ist längst in viele Bereiche unseres Konsumlebens unvermittelt und unmerklich eingedrungen und ähnlich wird es auch im Vertrieb geschehen. Künstliche Intelligenz revolutioniert den Vertrieb auf mehreren Ebenen und treibt dadurch die Weiterentwicklung des Vertriebs voran. Sie ermöglicht die Steigerung der Vertriebsleistung, bündelt die Kompetenz und konserviert das Know-how der Organisation und fördert den strategischen Vertriebssteuerungsansatz. Somit wird der Vertriebsbereich von KI zur seiner nächsten Evolutionsstufe geführt, wo der Vertrieb effizienter, wirksamer, kompetenter agiert und die Vertriebsführungsebene fundiertere Entscheidungen treffen kann, um den Vertrieb strategisch besser steuern zu können. Diese Veränderungsgebiete lassen sich in vier Dimensionen zusammenfassen: Effizienz, Wirksamkeit, Kompetenz und Strategie (s. Abb. 2.3).

2.5.1   Effizienz: Erhöhung von Produktivität und Leistung im Vertrieb

Geschätzt zwei Drittel seiner Zeit verbringt ein Vertriebsmitarbeiter mit Tätigkeiten, die vom effektiven Verkauf ablenken: Daten erfassen, E-Mails schreiben, Berichte verfassen, recherchieren und nach Informationen suchen, Termine koordinieren und in internen Meetings sitzen. Die meisten dieser Aufgaben – mit Ausnahme der Teilnahme an Meetings – kann KI automatisieren und dem Vertrieb die manuellen und repetitiven Tätigkeiten abnehmen.

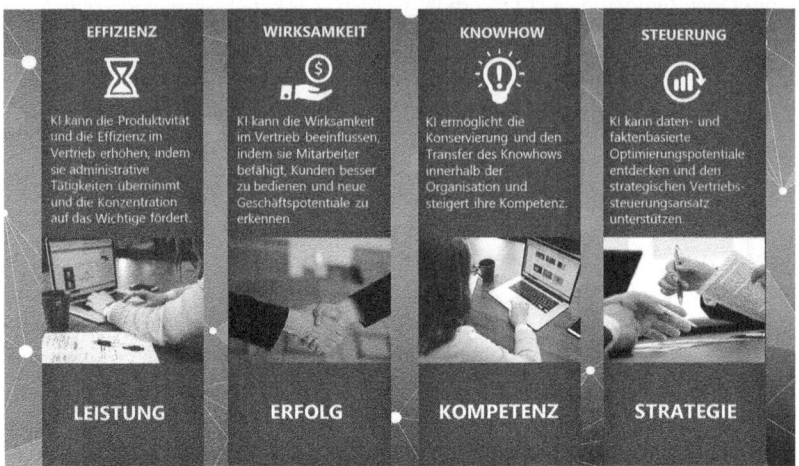

Abb. 2.3 Vier Dimensionen, in denen KI den Vertrieb revolutioniert

Zusätzlich ist sie in der Lage, die Aufgaben, die sie doch nicht selbst ausführen kann, zu sortieren und nach Wichtigkeit zu priorisieren, sodass sich der
Vertrieb auf die relevanten Themen fokussieren kann. Durch den zeit- und orts-
unabhängigen Zugang zu aktuellen und qualitativen Vertriebsinformationen wird
der Zeitbedarf für Informationssuche und -bereitstellung im Vertrieb beträcht-
lich reduziert. Darüber hinaus kann KI den zeitaufwändigen Recherche- und
Leadgenerierungsprozess automatisieren und ineffiziente Abläufe beschleunigen.

▶   KI steigert die Produktivität in der Organisation, ermöglicht eine
      höhere Effizienz in den Abläufen, standardisiert Prozesse und ver-
      kürzt Vertriebszyklen. All dies resultiert unweigerlich in einer höhe-
      ren Vertriebsleistung.

Dank ihrer Fähigkeit, die Vertriebsleistung zu steigern und zu verbessern, schätzen
die Analysten von McKinsey dass KI einen Wert von 1,4 bis 2,6 Billionen Dollar
in Marketing und Vertrieb in den kommenden Jahren erreichen wird (Chui et al.
2018).

▶   KI erhört die Produktivität und die Effizienz im Vertrieb und steigert
      damit die Vertriebsleistung.

2.5.2   Wirksamkeit: Erfolgsmuster zur Steigerung von Performance

Die Steigerung der Produktivität und der Effizienz im Vertrieb ist zwar einer ihrer größten Leistungen, aber was viel wichtiger ist: KI kann die Wirksamkeit im Vertrieb positiv beeinflussen. Denn es gibt einen wichtigen Unterschied zwischen Effizienz und Wirksamkeit: Vertriebseffizienz ermöglicht es den Vertriebsmitarbeitern, ihre Jobs schneller und effizienter ausführen, aber die Vertriebswirksamkeit geht einen Schritt weiter, indem sie die Vertriebsmitarbeiter dazu befähigt, einerseits ihre Interaktionen mit Kunden qualitativ zu verbessern und andererseits neue Geschäftsmöglichkeiten schneller zu ergründen.

Auf beiden Ebenen kann KI die Vertriebswirksamkeit erhöhen. Zum einen kann sie eine Art Business Development Rolle einnehmen, weil sie bestehende und vergangene Geschäftsbeziehungen analysiert und darin neue wertvolle Geschäftsbereiche und -möglichkeiten entdeckt, die ansonsten unerforscht geblieben wären. Sie deckt Verborgenes auf: ob es um Entwicklungen und Trends, Cross-Selling-Möglichkeiten, Kundenabwanderungsrisiken, Kundenverhalten oder Präferenzen geht. Mit diesem Wissen kann der Vertrieb mehr und leichter Geschäft generieren.

Zum anderen erkennt KI nicht nur diese Gelegenheiten, sondern generiert individualisierte Empfehlungen für jeden einzelnen Vertriebsmitarbeiter, wie im Einzelfall umzugehen ist. Beispielsweise würde sie die Kaufwahrscheinlichkeit im konkreten Kundenfall errechnen, dem Vertriebsmitarbeiter auch die Hintergründe dieser Entscheidung beleuchten und ihm explizite Vorschläge und Empfehlungen für den Umgang mit dem Kunden machen, wie etwa Preis- und Konditionsempfehlungen oder Produkt-Konfiguration, und ihm sogar die richtige Sprachwahl, den bevorzugten Kommunikationskanal und die optimale Uhrzeit vorschlagen.

▶ Die durch KI generierten Erkenntnisse und Handlungsempfehlungen befähigen den Vertriebsmitarbeiter, auf richtige Weise zum richtigen Zeitpunkt mit dem Kunden zu interagieren.

Folglich steigt die Vertriebswirksamkeit des einzelnen Mitarbeiters und auch der gesamten Organisation, was zu höheren Umsätzen und Erträgen führt und den gesamten Vertriebserfolg potenziert.

▶ KI entdeckt Erfolgsmuster und beeinflusst die Wirksamkeit im Vertrieb, damit steigert sie den Erfolg der Organisation.

2.5.3 Kompetenz: Konservierung und Transfer von Know-how

Welcher Vertriebsleiter kennt nicht die Angst, dass sein bester Verkäufer jederzeit zur Konkurrenz abwandern könnte? KI kann diese Befürchtung relativieren, denn sie löst eines der größten Probleme in Unternehmen: die Konservierung und den Transfer des Know-hows. Sie ermöglicht einen gezielten und effizienten Erfahrungsaustausch innerhalb der Organisation, bündelt das gesamte Vertriebs-Know-how und senkt das Risiko des Verlusts durch Abgang einzelner Vertriebsmitarbeiter. Denn damit bleibt das Wissen auf der Ebene der Organisation erhalten und wird nicht von einzelnen Mitarbeitern abhängig gemacht. Dadurch ist es auch neuen Mitarbeitern möglich, sich schneller und wirksamer zu integrieren.

▶   KI entdeckt Erfolgsmuster der einzelnen Mitarbeiter und der gesamten Vertriebsorganisation, spiegelt dadurch die kumulierte Erfahrung der Organisation wider und leitet daraus konkrete Handlungsempfehlungen für Individuen ab.

Auf diese Weise verbessern sich die einzelnen Mitarbeiter sowie auch die gesamte Organisation. Darüber hinaus bündelt sie nicht nur die gesamte Organisationskompetenz, sondern erhöht sie, indem sie neues Wissen hinzufügt. Zum Beispiel entdeckt und filtert sie relevante Nachrichten über den Markt und die Kunden: Publikationen, Analysten-Reports, Zitate von Führungskräften, neue Produkterscheinungen, Expansionspläne, Übernahmen, PR-Meldungen usw. Sie kann potenzielle Entscheidungsträger (über LinkedIn-Scans) identifizieren, relevante – alte oder neue – Beiträge von Zielpersonen entdecken und konkrete Inhalte zur Verwendung im Verkaufsprozess vorschlagen. So, wie KI ständig dazulernt, befähigt sie auch die Organisation dazu, sich ständig zu verbessern und die lernende Vertriebsorganisation wird vom Schlagwort zu Realität.

Im Grunde ist das Zusammenspiel zwischen der kumulierten Kompetenz, Erfahrung und Intuition einzelner Mitarbeiter und der strategischen Ausrichtung des Unternehmens für den Vertriebserfolg verantwortlich. Denn die Organisation kann nur so gut sein, wie es ihre einzelnen Mitglieder individuell und im Zusammenspiel sind. Und das kann KI fördern: Sie identifiziert, fördert und konserviert das Know-how innerhalb der Organisation und befähigt damit einzelne Mitarbeiter, diese Kompetenz schneller und leichter zu entwickeln. Folglich steigen die individuelle Kompetenz und auch die gesamte Vertriebskompetenz im Unternehmen.

▶ KI ermöglicht die Konservierung und den Transfer von Know-how innerhalb der Vertriebsorganisation, damit steigert sie die Kompetenz der Organisation.

2.5.4 Strategie: Optimierungspotenziale zur Unterstützung der strategischen Vertriebssteuerung

Letztendlich wird KI zu einer unersetzlichen Entscheidungsressource für die Vertriebssteuerung. Sie kann nicht nur die Planungstätigkeit – ob Forecasts, Budgets oder Ressourceneinteilung – verbessern, sondern befähigt Führungskräfte dazu, bessere Entscheidungen zu treffen. Denn um den Vertrieb richtig steuern zu können, braucht man heutzutage Zugang zu relevanten Daten: Man muss wissen, wo man steht, wie der Markt sich entwickelt und welche Möglichkeiten das Unternehmen hat, um zukunftsträchtige Entscheidungen nicht nur auf der Basis von Intuition und Erfahrung zu treffen. KI birgt hier einen wahren Schatz, weil sie zukünftige Entwicklungen aufgrund von Daten, Fakten und Kundenverhalten vorhersagen kann. Man stelle sich vor, diese Faktoren kombinieren zu können: die persönliche Erfahrung und die Kompetenz der Führungsebene mit faktenbasierten Trends und Entwicklungen sowie auch Vorhersagen über Kundenverhalten …

KI-Technologie macht diese schöne Vorstellung möglich. Sie unterstützt die Vertriebsleitung bei der Steuerung des Vertriebs, indem sie wertvolle Informationen liefert: Zielerreichung und -prognosen, Performance der einzelnen Mitarbeiter, Lead-Konversion, Kunden- und Produktleistung, Gebietsperformance, Vertriebszykluslänge, Marktentwicklungen und Tendenzen, Kundenverhalten, Kundenbedürfnisse, Veränderungen in der Kundenwahrnehmung etc..

KI bietet Einblicke in Ereignisse, identifiziert Trends und Anomalien, erkennt Veränderungen und Entwicklungen über den gesamten Vertriebsprozess, in jedem einzelnen Schritt. Dadurch ermöglicht sie es, den Vertriebsprozess ganzheitlich zu betrachten und Optimierungspotenziale zu entdecken. So muss sich die Führungsebene nicht mehr mit der Beschaffung dieser Daten beschäftigen, sondern lediglich die Erkenntnisse daraus nutzen und kann sich auf strategische Tätigkeiten fokussieren. Folglich unterstützt KI den strategischen Vertriebssteuerungsansatz und befähigt die Organisation, ihre Ziele schneller zu erreichen und die Strategie besser umzusetzen. Zudem bietet sie die Chance, die Notwendigkeit einer möglichen Kursänderung rechtzeitig zu erkennen.

▶   KI entdeckt Optimierungspotenziale und unterstützt den strategi-
    schen Vertriebssteuerungsansatz, damit befähigt sie die Umsetzung
    der Vertriebs- und Unternehmensstrategie.

Die KI-Revolution im Vertriebsbereich geschieht nicht über Nacht, sie vollzieht
sich als eine langsame, stetige und eher stille Evolution und verändert nachhaltig
mehrere Bereiche, in unterschiedlichem Tempo und in verschiedenen Ausprägun-
gen. Damit evolviert auch die Vertriebstätigkeit zu einer neuen Entwicklungsstufe,
die wesentlich effizienter und wirksamer ist und viel mehr Spaß macht.

Fazit: KI-Revolution führt zu einer Vertriebs-Evolution.

Literatur

Chui M, Manyika J, Miremadi M, Henke N, Chung R, Nel P, Malhotra S
    (2018) Notes from the AI frontier: applications and value of deep lear-
    ning. https://www.mckinsey.com/featured-insights/artificial-intelligence/notes-from-the-
    ai-frontier-applications-and-value-of-deep-learning#. Zugegriffen: 24. Juli 2020
Gartner (o. J.) Gartner glossary. Descriptive analytics. https://www.gartner.com/en/inform
    ation-technology/glossary/descriptive-analytics. Zugegriffen: 22. Juli 2020

Relevanz: Wie KI den Vertriebsprozess unterstützt

3

▶ Künstliche Intelligenz bietet eine schöne neue Welt an Möglichkeiten, den Vertrieb über den gesamten Vertriebsprozess zu optimieren. Es gibt zahlreiche Tools und Anbieter, die alle Prozesse im Vertrieb unterstützen können: von der Lead-Generierung und -Qualifizierung, über Deal-Verwaltung und Kundenkommunikation bis zum Account-Management und Business Development.

Mit ihren vielfältigen Anwendungsmöglichkeiten kann KI den gesamten Vertriebsprozess unterstützen und bietet diverse Optimierungswerkzeuge für jeden einzelnen Schritt im Prozess. Abb. 3.1 zeigt die Bandbreite der verschiedenen Anwendungen, die in den jeweiligen Phasen des Vertriebsprozesses angewendet werden können.

3.1 Lead

Lead-Generierung

Ganz zu Beginn steht die Lead-Generierung, die einen der wichtigsten, aber auch besonders herausfordernden Schritte im Vertriebsprozess darstellt und einen erheblichen Teil der Zeit eines Vertriebsmitarbeiters in Anspruch nimmt. Wie war es früher: Verkäufer besuchten Ausstellungen, Messen und Konferenzen, recherchierten, schrieben Akquise-E-Mails und riefen potenzielle Kunden an. Heute ermöglicht uns die Technologie und insbesondere KI, den aufwändigen Prozess der Lead-Generierung zu automatisieren und zu verbessern.

© Der/die Autor(en), exklusiv lizenziert durch Springer Fachmedien Wiesbaden GmbH, ein Teil von Springer Nature 2021
L. Rainsberger, *KI – die neue Intelligenz im Vertrieb*,
https://doi.org/10.1007/978-3-658-31773-7_3

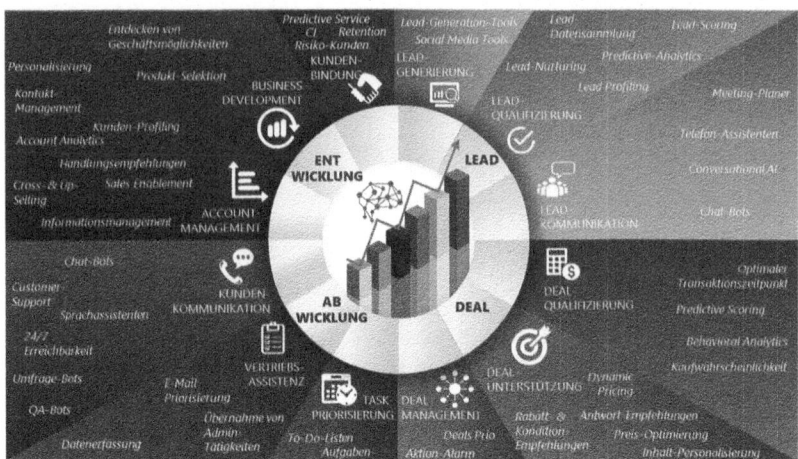

Abb. 3.1 KI im Vertriebsprozess

Zum Beispiel können KI Search Bots die zeitintensive Recherchearbeit übernehmen und Leads im digitalen Raum identifizieren, sodass die Vertriebsmitarbeiter sich rein auf die Interaktion mit diesen Leads konzentrieren können, anstatt auf ihre Suche. Tools wie Frux, Leadfuze und Node nutzen KI, um neue potenzielle Kunden im digitalen Raum zu entdecken. Solche Systeme suchen im Internet nach Verbindungen zwischen Menschen, Unternehmen, Produkten und Orten und entdecken Leads, die mit hoher Wahrscheinlichkeit in Kunden konvertiert werden könnten.

Es gibt auch Bots, die rein auf soziale Medien spezialisiert sind. Ein gutes Beispiel hierzu ist LinkedIn Sales Navigator, der potenzielle Leads auf LinkedIn identifiziert und Sie dabei unterstützt, mit ihnen in Kontakt zu treten. Das System verwendet Algorithmen, um Lead-Empfehlungen für seine Nutzer zu generieren. Es gibt auch weitere Search-Bots, die ähnlich funktionieren, wie zum Beispiel Seamless.AI. Diese Bots können nicht nur in Sekundenschnelle tausende von Leads identifizieren, sondern qualifizieren und priorisieren sie auch. Das führt uns zur nächsten Phase im Vertriebsprozess: Lead-Qualifizierung.

Lead-Qualifizierung
Hier kommen sogenannte Predictive-Lead-Scoring-Tools ins Spiel. Diese KI-basierten Tools bewerten und überwachen historische Daten in Bezug auf die Interaktion mit dem Unternehmen in Zusammenhang mit anderen externen

Datenquellen und Signalen, um die Kaufabsicht eines bestimmten Leads vorherzusagen. Sie können beispielsweise feststellen, ob ein Lead aktiv nach einem bestimmten Produkt oder einer bestimmten Lösung forscht. Basierend auf diesen Absichts- und Kaufsignalen werden die Leads mit der höchsten Kaufwahrscheinlichkeit priorisiert. Gute Beispiele hier sind Salesforce, Insidesales, LinkedIn Sales Navigator und Qualifyer.ai.

Dadurch steht Vertriebsmitarbeitern mehr Zeit zur Verfügung, um sich mit den Leads zu beschäftigen, die voraussichtlich konvertieren und dadurch den Umsatz steigern werden. Sie arbeiten mit weniger Kunden, die aber besser die Voraussetzungen zur Konvertierung erfüllen, und schließen so mehr Geschäfte ab. Dabei wird das System ständig besser: Je mehr Daten gesammelt werden, desto höher wird die Qualität der Vorhersagen, was den Absatz weiter verbessert. Die Vertriebsproduktivität steigt dadurch drastisch an.

Lead-Kommunikation
Hier haben wir Conversational AI am Werken, die mit Leads kommunizieren kann: Ob über die Website, Social Media, E-Mail oder Messenger Applikationen beantworten KI-gesteuerte Chatbots Kundenfragen, empfehlen Produkte, kommunizieren Preise und vereinbaren Termine. Sie können nicht nur eine breite Palette von Fragen beantworten, sondern auch Dialoge mit Leads führen und klärende Fragen stellen. Und wenn dieser Lead eine gewisse Priorität in der Lead-Bewertung erreicht hat, wird der virtuelle Assistent ihn an reale Vertriebsmitarbeiter übergeben und ihn nach Relevanz und Geschäftspotenzial kategorisieren.

Gute Beispiele hierzu bieten Plattformen, wie Exceed.AI, die mit Ihren Leads interagieren, sie mit relevanten Informationen versorgen und qualifizieren.

3.2 Deal

Deal-Qualifizierung
Auf ähnliche Weise kann KI bei der Qualifizierung einzelner Deals unterstützen. Die Software priorisiert auch hier jeden Account nach der Wahrscheinlichkeit des Geschäftsabschlusses und ermittelt, welche spezifischen Lösungen und Rabatte dem Kunden angeboten werden sollten. Diese Empfehlungen erarbeiten die Algorithmen auf der Grundlage früherer Erfahrungen mit ähnlichen Kunden oder mit diesem einen Kunden.

Anhand der errechneten Kaufwahrscheinlichkeit kalkuliert das System den optimalen Transaktionszeitpunkt und alarmiert den Verkäufer rechtzeitig darüber. So bietet die KI-basierte Deal-Klassifizierung zahlreiche Vorteile: Man konzentriert sich auf Geschäfte mit hohen Abschlussaussichten und spart dadurch Zeit, Kosten und Ressourcen.

Deal-Unterstützung

Im nächsten Schritt, wenn es darum geht, den Deal abzuschließen, kann KI ebenfalls Unterstützung leisten. Beispielsweise können KI-basierte Account-Analysen die Geschäftsprioritäten dieses einen Kunden identifizieren und dem Vertriebsmitarbeiter spezielle Empfehlungen unterbreiten, wie etwa individuelle Lösungen und Produkte, die der Kunde benötigt oder an denen er interessiert sein könnte, weil sie speziell für sein Geschäft relevant sind. KI-Algorithmen vergleichen diesen Deal mit vielen anderen, erkennen Muster, die dem Verkäufer helfen können, und stellen ihm die relevanten Kundeninformationen zum richtigen Zeitpunkt zur Verfügung. Sie werten historische Daten von zahlreichen Kunden aus, berücksichtigen dabei ihre Aktualität und schlagen unter anderem einen Anreiz oder Rabatt vor, sodass der Verkäufer weniger Arbeitszeit benötigt, um die am besten geeignete Preisstrategie zu ermitteln.

Darüber hinaus leiten KI-gesteuerte Produkt- und Angebot-Konfiguratoren den Vertriebsmitarbeiter gezielt durch komplexe Angebotsprozesse, Preisoptimierungstools, verbessern seine Margen und Vertragsmanagement-Tools unterstützen ihn bei Vertragsverhandlungen.

Deal-Management

Üblicherweise versinken Vertriebsmitarbeiter in einer Unmenge an offenen Deals, die sie zu verwalten haben, und verlieren oft den Überblick, wodurch wichtige Gelegenheiten verpasst werden können. Hier kann KI Klarheit und Übersicht in den vielen Opportunities, die ein Vertriebsmitarbeiter verwalten muss, schaffen. Sie priorisiert die Deals mit der höchsten Kaufwahrscheinlichkeit und lenkt die Vertriebsressourcen auf die Deals, die das größte Potenzial zum Abschluss besitzen. Dadurch wird nicht nur die Abschlussquote verbessert, sondern auch die Kundenbindung gesteigert, weil man den Kunden immer im richtigen Moment abholt.

3.3 Abwicklung

Task-Priorisierung

Neben der Verwaltung von Opportunities hat der Vertriebsmitarbeiter auch Unmengen an sonstigen Aufgaben und muss täglich oder sogar stündlich Entscheidungen darüber treffen, worauf er sich konzentrieren soll. Oft basieren diese Entscheidungen auf unvollständigen Informationen, Präferenzen und meistens jedoch auf ein Bauchgefühl. KI kann dafür sorgen, dass Ihre Vertriebsmitarbeiter sich nicht mit falschen Themen beschäftigen. Sie lenkt die Aufmerksamkeit der Mitarbeiter auf die Kunden mit dem zum jeweiligen Zeitpunkt größten Potenzial und sorgt dafür, dass deren Zeit richtig investiert ist. Sie erstellt To-do-Listen und priorisiert Aufgaben, sodass der Vertriebsmitarbeiter immer weiß, was die höchste Priorität hat.

Vertriebsassistenz

Jeder Vertriebsmitarbeiter, insbesondere in Senior-Positionen, wie Gebietsleiter oder Key Account Manager, wünschen sich eine Assistenz. KI kann diesen Traum verwirklichen: Sie kann verschiedene administrative Support-Funktionen übernehmen und eine Art Assistenzrolle einnehmen. Sie kann Termine mit Kunden selbstständig koordinieren, Telefonanrufe transkribieren, Meeting-Räume buchen, Terminberichte im CRM automatisch erfassen, E-Mails priorisieren, neue Kontakte identifizieren und Leads erstellen.

In ihrer Assistenz-Funktion hilft KI Vertriebsmitarbeitern, verspätete Reaktionszeiten, unpassende Empfehlungen und unbeliebte oder zeitaufwändige administrative Tätigkeiten zu vermeiden. Sie kann darüber hinaus auch mit Kunden bis zu einem gewissen Grad selbstständig kommunizieren bzw. für die Vertriebsmitarbeiter E-Mail-Antworten entwerfen und den Inhalt für den Kunden personalisieren.

Kundenkommunikation

KI kann über die Rolle der digitalen Vertriebsassistenz hinausgehen und einen gewissen Teil des Verkaufsprozesses sogar übernehmen. Ein Chatbot kann mit Kunden selbstständig virtuell kommunizieren und wird so zum Teil der Vertriebsteams. Er wird daran arbeiten, mit Webseitenbesuchern zu interagieren und sie in qualifizierte Leads umzuwandeln. Dabei steht er den Kunden rund um die Uhr zur Verfügung, ist immer ausgeschlafen und gut gelaunt. Er beantwortet Fragen und bietet After-Sales Support und entlastet so wertvolle Vertriebsressourcen, sodass sich die Vertriebsmitarbeiter auf die tatsächliche Verkaufstätigkeit konzentrieren können.

3.4   Entwicklung

Kundenbindung

Die Kundenbindung kann KI auch auf eine anderen Art und Weise steigern, nämlich indem sie nicht nur erfolgversprechende Accounts und ihre Ausbaumöglichkeiten identifiziert, sondern auch die Risiko-Kunden, die wahrscheinlich abwandern könnten. Sie erkennt Veränderungen im Einkaufsverhalten schneller, als es einem Vertriebsmitarbeiter in der Regel möglich ist, alarmiert ihn darüber und leitet auch einen klaren Handlungsbedarf ab. So kann der Vertrieb rechtzeitig eingreifen und Maßnahmen zur Kundenerhaltung und Stärkung der Geschäftsbeziehung setzen.

Business Development

Durch ihre Fähigkeit, Erfolgsmuster in den Daten zu erkennen, kann KI neue Verkaufschancen entdecken. Sie identifiziert nicht nur Up- und Cross-Selling-Möglichkeiten, sondern auch potenzielle Geschäftsmöglichkeiten anhand von ihr zugänglichen Informationen: Account Analytics, Produktlebenszyklen, Kundennews, Kundenverhalten, Wettbewerbsbeobachtung etc. Damit unterstützt sie den Ausbau des Geschäfts, zum Beispiel über mehrere Produktkategorien und Geschäftsbereiche auf der einzelnen Kundenebene. Die Kunden werden hierdurch stärker an das Unternehmen gebunden und das Geschäft stabiler und ausfallsicherer gemacht.

Account Management

Mit KI-Account-Analytics gewinnt man relevante Erkenntnisse aus Kundendaten, um den Kundenbedürfnissen einen Schritt voraus zu sein. Sie erkennen Kaufsignale und ermöglichen es den Mitarbeitern, schnell darauf zu reagieren. Nicht nur das, sie identifizieren relevante Verkaufsinhalte und ermitteln, auf welche Weise und auf welchem Weg sich der Käufer engagieren möchte. Außerdem können sie Cross- und Up-Selling-Möglichkeiten identifizieren und konkrete Vorschläge machen, um das Kundenerlebnis zu verbessern.

Im Grunde kann die KI-Account-Analyse den beratenden Vertriebsansatz fördern. Zusätzlich unterstützt sie die Kundenorientierung, wodurch sich die Kunden aufgrund hoch personalisierter und relevanter Ansprache und Betreuung wertgeschätzt fühlen.

Ein gutes Beispiel hier ist die XANT Plattform, die mit Amazon-ähnlichen Käuferempfehlungen, Einblicke in das Verhalten von B2B-Käufern bietet.

▶ **Fazit:** Es ist unbestritten, dass KI den Vertriebsprozess heute schon ganzheitlich unterstützen kann und viele neue Optimierungspotenziale mitbringt. So sollten die Vertriebsorganisationen beginnen, das Potenzial der KI für die eigenen Prozesse zu heben, denn davon können sie nur profitieren. Je schneller, desto besser.

Praxis: KI Tools und ihre Einsatzmöglichkeiten

► In diesem Kapitel werden die Möglichkeiten der künstlichen Intelligenz im Vertriebsbereich genauer erläutert und konkretisiert. Dafür werden die unzähligen KI-Tools und ihre Anwendungsmöglichkeiten in 20 Überkategorien zusammengefasst, die detailliert beschrieben werden. Sie erfahren, wie KI-Systeme die jeweiligen Vertriebstätigkeiten und -prozesse verbessern können und welche konkreten Anwendungsmöglichkeiten es für den Vertrieb gibt. Für jede Kategorie werden Beispiele von Tools genannt sowie auch ein konkretes Praxisbeispiel beschrieben. Das Kapitel soll Sie in die Lage versetzen, konkrete Möglichkeiten für den Einsatz von KI-Tools für Ihr Unternehmen zu finden. Zudem ist es das Ziel, dass Sie eine bessere Vorstellung davon bekommen, welche Potenziale die künstliche Intelligenz für den Vertriebsbereich bietet, sodass Sie konkreten Handlungsbedarf für Ihre Vertriebsorganisation ableiten können.

Wir begeben uns nun in das Wunderland der KI-Möglichkeiten, wo Sie einen Blick hinter all die Potenzial-Türen werfen können, um zu erkennen, was sich dahinter verbirgt und wie relevant dies für Sie ist.

Da die KI-Technologie sich mit rasanten Schritten weiterentwickelt, fördert sie damit das Entstehen von vielen innovativen Tools für den Vertriebsbereich. Tagtäglich betreten neue Anbieter den Markt, primär noch im englischsprachigen Raum, aber inzwischen auch vermehrt in deutschsprachigen Ländern. Neben den Pionieren in diesem Bereich erkennen inzwischen viele weitere Anbieter das große Geschäftspotenzial von KI-Lösungen und versuchen, davon zu profitieren. So wird die Landschaft vertriebsrelevanter KI-Tools buchstäblich von Tag zu Tag größer, was dazu führt, dass wir inzwischen mit einer unübersichtlichen Menge

© Der/die Autor(en), exklusiv lizenziert durch Springer Fachmedien Wiesbaden GmbH, ein Teil von Springer Nature 2021
L. Rainsberger, *KI – die neue Intelligenz im Vertrieb*,
https://doi.org/10.1007/978-3-658-31773-7_4

an unterschiedlichen Anbietern und Tools zu tun haben, die äußerst schwer zu überblicken ist. Viele dieser Anwendungen funktionieren ähnlich, haben teilweise genau die gleichen Funktionalitäten und unterscheiden sich lediglich im Markenauftritt und in der Bezeichnung. Viele davon sind Insellösungen, einige dagegen bieten schon komplexere Plattformen an, die mehrere Teile des Vertriebsprozesses abdecken.

Um Klarheit und Übersicht in diesem wahrlichen Chaos an Möglichkeiten, Anwendungen, Funktionalitäten und Tools zu schaffen, werden die heute im Markt verfügbaren Tools in Überkategorien anhand ihrer Funktionalität übergreifend zusammengefasst (s. Abb. 4.1).

Zwischen den einzelnen Kategorien gibt es einige Überschneidungen: Anbieter können mehrere Funktionalitäten innerhalb der einzelnen Anwendungsbereiche abdecken und einige Funktionen haben ähnliche Merkmale. Abgesehen davon werden unterschiedliche Bezeichnungen für dieselben Funktionalitäten verwendet, sowie auch neue Benennungen erfunden, und das bringt noch mehr Verwirrung und Komplexität in das Thema. Die Auswahl ist groß und die Schwierigkeit liegt darin, die richtigen Anwendungen zu finden, die einen relevanten Mehrwert für die eigene Organisation bieten – unabhängig davon, wie sie bezeichnet werden.

Um Ordnung in diese Vielfalt zu bringen, werden auf den nächsten Seiten die einzelnen Tools kurz beschrieben – mit einer Definition, der Zielsetzung und

Sales Tools, powered by AI

Call Center Intelligence	1		11	Sales Automation
Sales Analytics	2		12	Social Media Intelligence
Price Intelligence	3		13	Sales Coaching Intelligence
Product Configuration Intelligence	4		14	Sales Efficiency
Pipeline Management Intelligence	5		15	Sales Management Intelligence
Quote Generation Intelligence	6		16	Inside Sales Intelligence
Communication Intelligence	7		17	CRM Intelligence
Contract Lifecycle Management	8		18	Conversational Intelligence
Sales Enablement	9		19	Lead-Intelligence
Forecast Intelligence	10		20	Sales Prospecting Intelligence

Abb. 4.1   KI-Tools für den Vertrieb

den möglichen Anwendungsbereichen – und mit einigen Beispielen untermauert. Dabei wird nicht allzu sehr ins Detail gegangen, denn die Absicht ist es, in erster Linie ein Verständnis und eine Übersicht über die Anwendungsbereiche und Funktionen der KI im Vertrieb zu schaffen.

An dieser Stelle sei auch erwähnt, dass einige dieser Tools wenig Geld kosten bzw. Freemium-Modelle oder kostenlose Testperioden anbieten. Somit können Sie sie ausprobieren und evaluieren, inwiefern sie für Ihren Vertrieb relevant sind, ohne anfangs Geld investieren zu müssen. Auch in der Nutzung sind manche Tools relativ kostengünstig und widersprechen der Annahme, dass man viel Geld in die Hand nehmen muss, um KI innerhalb der Vertriebsorganisation zu implementieren. In manchen Fällen wird sogar die kostenlose Einstiegsvariante ausreichend sein.

4.1 Callcenter Intelligence

▶ **Definition Callcenter Intelligence Tools** sind Anwendungen, die in Callcentern Einsatz finden, um Prozesse und Aktivitäten dort zu optimieren und zu automatisieren. Dabei fördern sie eine höhere Kundenzufriedenheit und -bindung.

Ziel: Optimierung und Automatisierung der Callcenter Aktivitäten
In der Regel haben Callcenter viele manuelle und ineffiziente Prozesse, die für das Unternehmen sehr zeitaufwändig und kostspielig sein können. KI befähigt Unternehmen dazu, die Qualität und die Leistung in ihren Callcentern stark zu verbessern, indem sie viele der dort typischen Probleme reduziert oder sogar ganz beseitigt.

Anwendungsbereiche

Kundenzufriedenheitsanalysen Mit KI lassen sich Kundenzufriedenheitsanalysen in Echtzeit während des Gesprächs durchführen. Mit dem Einsatz von Transkriptionsdiensten und Stimmungsanalysen quantifiziert sie wichtige Faktoren der Kundenzufriedenheit, wie Einstellungen, Meinungen und Emotionen der Anrufer. Einerseits werden die Kunden nicht „belästigt", indem sie zu einer Umfrage nach dem Gespräch aufgefordert werden, und andererseits können Führungskräfte während der Interaktion eingreifen, anstatt auf Umfrageergebnisse zu warten, die oft auch ungenau sind. Damit ist es möglich, bessere unmittelbare Ergebnisse im Einzelfall zu erzielen und die Kundenzufriedenheit insgesamt zu steigern.

Identifizierung des Anrufers Manchmal ist eine eindeutige Identifizierung des Anrufers notwendig, wie z. B. bei der Kreditvergabe. Hier kann KI anhand der Stimme (voice recognition) oder des Gesichts (face recognition) den Anrufer identifizieren und Kunden sowie Mitarbeitern den langwierigen Prozess der Authentifizierung ersparen.

Personalisierte Ansprache KI kann den Anrufer sofort identifizieren und dem Callcenter Agenten real-time Empfehlungen zur personalisierten und individuellen Ansprache des Kunden unterbreiten. Der Mitarbeiter bekommt live Einsicht in die Interaktionen des Kunden mit diversen Kommunikationskanälen des Unternehmens (Webseite, E-Mail, Chat) sowie in seine Social-Media-Aktivitäten.

Next best action KI-gestützte Lösungen bieten Gesprächsanalysen in Echtzeit und unterstützen damit die Mitarbeiter, den Kunden schneller und besser zu bedienen. Das System nimmt die Gespräche live auf und wertet sowohl den Inhalt als auch den Gesprächston aus. Anhand dieser Analysen macht das System Echtzeitempfehlungen, wie man mit dem Kunden umgehen soll und welcher nächste Schritt der beste wäre.

Einreichen von Dokumenten Kunden kann es ermöglicht werden, Fotos von Dokumenten direkt von ihrem Smartphone aus zu senden. Neben der Reduzierung des internen Papieraufwands werden die Daten sofort digitalisiert, geprüft, daraus die notwendigen Informationen extrahiert und an der richtigen Stelle abgelegt.

Sentiment Erkennung Damit wird der emotionale Zustand der Anrufer analysiert, mit dem Zweck, das Gesprächserlebnis zu optimieren. Emotionsanalysen können verwendet werden, um den Kunden an den richtigen Mitarbeiter weiterzuleiten. Zum Beispiel kann KI einen verärgerten Kunden direkt an das für Kundenbeschwerden gut ausgebildete Reklamationsteam weiterleiten, wogegen ein zufriedener Kunde mit dem Vertriebsteam verbunden wird, das ihm ein neues Produkt oder ein Upgrade anbieten kann.

Informationen real-time bereitstellen Wenn ein Kunde einem Callcenter-Agenten eine Frage stellt, muss dieser oft mehrere Prozessdokumente und Handbücher durchsehen, um die richtige Antwort herauszufinden. Hier kann KI dem Agenten die richtigen Antworten und Informationen real-time bereitstellen und somit die Kundenerfahrung verbessern.

Vorhersage der Kundenabsicht KI kann Kundenabsichten vorhersagen, indem sie unzählige Kundensignale – wie Suchverhalten, Klicks, Interaktion mit der Werbung und Inhalten, vergangene Anfragen und Käufe – analysiert und daraus zukünftiges Verhalten ableitet und vorhersagt. Auf diese Weise ist ein hoher Grad an Personalisierung möglich, ohne dass der Kunde explizit seine Wünsche und Bedürfnisse äußern muss.

Qualitätsmanagement Mit KI lässt sich die schwierige Aufgabe des Qualitätsmanagements in Callcentern leichter bewältigen. Intelligente Systeme stellen Vergleiche unter den Mitarbeitern an, ermitteln den Schulungsbedarf, identifizieren Wissenslücken und Probleme im Bereich von Fähigkeiten sowie auch in der persönlichen Einstellung der einzelnen Mitarbeiter. Des Weiteren helfen sie Führungskräften dabei, Probleme schnell zu diagnostizieren und anzugehen, indem sie zum Beispiel sogenannte Heat-Maps erstellen, die aufzeigen, wo aktuell Handlungsbedarf besteht.

Call Monitoring Die Anrufüberwachung zwecks Qualitätssicherung kann zeitaufwändig sein, da der Prüfer den Anruf zunächst aufnimmt, dann abhört, diesen bewertet und anschließend dem betreffenden Mitarbeiter Feedback und Coaching geben muss. Diesen ganzen Prozess kann KI teilweise oder sogar komplett übernehmen und auch der Führungskraft sofortiges Eingreifen im Bedarfsfall ermöglichen.

Automatisierung von einfachen Anfragen KI-Algorithmen können einfache Kundenanfragen komplett automatisieren und übernehmen, wie zum Beispiel Abfragen zum Auftragsstatus und Kontostand, Abruf von Spezifikationen, Durchführung von Standard-Buchungen und Bestellungen, Änderungen in den Stamm- und Adressdaten, Abfrage von Statusänderungen etc.

Routing der Anfragen Intelligente Anrufweiterleitungssysteme identifizieren den Anrufer und den Grund des Anrufs, um ihn dem richtigen Mitarbeiter zuzuordnen. Nicht nur das, KI-Algorithmen gehen über die einfache deterministische Aufgabe hinaus. Zum Beispiel kann der für diesen speziellen Fall bestqualifizierte Mitarbeiter besetzt sein und je nachdem, wie lange der Kunde schon wartet und wie hoch die Qualifikation des nächstbesten Agenten ist, entscheidet das System, ob er den Anrufer warten lässt oder ihn dem nächstbesten Mitarbeiter zuweist. Intelligentes Routing wird auch bei E-Mail- und Chat-Anfragen verwendet und kann das manuelle Verteilen der Aufgaben unter den Mitarbeitern im Callcenter komplett übernehmen. Dadurch werden Ressourcen freigesetzt bzw. Kosten reduziert.

Persönlichkeitsprofile KI-Algorithmen können den Anrufer anhand seiner Sprachwahl analysieren und anhand des erstellten Persönlichkeitsprofils dem Mitarbeiter live Empfehlungen im Umgang sowie auch in der Sprachwahl mit dem Kunden machen.

Kundenargumentation KI-Algorithmen analysieren die vom Kunden verwendeten Argumente und machen dem Mitarbeiter in Echtzeit Empfehlungen, wie man damit umgehen soll, und finden die passenden Erklärungen und Argumentationen dazu sowie auch relevante Unterlagen und Informationen.

Sprachassistenz KI-Technologie kann Kunden in verschiedenen Sprachen und Dialekten verstehen und den Kunden in der Sprache seiner Wahl auch antworten.

Callcenter Performance KI kann die Leistungsüberwachung und -steuerung im Callcenter optimieren, indem sie automatisch eine Reihe an wertvollen Analysen auf unterschiedlichen Ebenen bietet: Kundenzufriedenheit und -bindung, Umsatz gesamt und pro Mitarbeiter, Kosten pro Anruf, Produktivität, Effizienz in der Bearbeitung der Anfragen, tatsächliche vs. budgetierte Kosten, Mitarbeiter-Performance, Antwortgeschwindigkeit, Gesprächsdauer, Anrufabbruchrate, Servicelevel, Kundenzufriedenheit, Gesprächsqualität, Kommunikations-Etikette, Fehlerquote, Genauigkeit, Einhaltung von Skripten, etc.

Tool-Beispiel

Cogito ist ein Tool, das eine Sprachanalyse während des Anrufs durchführt – Sprechmuster, Wortwahl und andere Gesprächsdynamiken –, um die emotionalen Zustände des Anrufers zu ermitteln und dem Agenten in Echtzeit Hilfestellung zu geben. Es kann zum Beispiel den Agenten anweisen, seine Sprache zu verlangsamen, sich mehr in den Anrufer hineinzuversetzen oder dem Anrufer Raum zum Sprechen zu geben. Das System überwacht die Anrufe live und ermöglicht rechtzeitiges Eingreifen durch den Vorgesetzten. www.cogitocorp.com◄

Höhere Kundenzufriedenheit und Mitarbeiterleistung im Callcenter einer Versicherung

Ein Versicherungsunternehmen führte den Net Promoter Score (Indikator zur Messung der Kundenzufriedenheit) ein, um die Kundenzufriedenheit zu steigern. Dabei stellte es fest, dass trotz der Tatsache, dass sich die Mitarbeiter genau an die definierten Prozesse hielten und die richtigen Informationen verwendeten, die Kundenrückmeldungen immer wieder auf einen Mangel an Einfühlungsvermögen und Vertrauen hinwiesen. Dies spiegelte sich in der niedrigen Kundenzufriedenheit (NPS-Score) wider.

Im Endeffekt erkannte das Unternehmen, dass es über keine wirksamen Werkzeuge verfügte, um die Kundenzufriedenheit zu messen und zu beeinflussen und die Leistung der Mitarbeiter zu verbessern. So wurde entschieden, eine KI-gesteuerte Software zu implementieren, um die 500 Mitarbeiter bei ihrer Arbeit zu unterstützen.

Die eingeführte Software bot den Agenten visuelle Hinweise zur Verbesserung der Sprechweise. So konnten sie ihren Kommunikationsstil in Echtzeit anpassen und eine stärkere emotionale Beziehung zum Kunden aufbauen. Mitarbeiter hörten besser zu und drückten sich selbstbewusster und präziser aus. Diese Verhaltensänderungen führten zu kürzeren Bearbeitungszeiten (Reduktion um 15 %), einer geringeren Anzahl an Reklamationen und einer Verringerung der Eskalationen an Vorgesetzte.

Die Verbesserung der Mitarbeiterleistung führte dazu, dass die Kundenzufriedenheit um 23 % anstieg und damit einhergehend sich auch die Kundenbindung um 2 % verbesserte.

Das Management erhält nun sofort Kundenfeedback zu allen bearbeiteten Vorgängen, wo es früher drei Wochen auf die Analyseergebnisse warten musste. Das Kundenfeedback war früher nicht nur zeitverzögert, sondern auch begrenzt und verzerrt. Jetzt hat das Management Zugang zu soliden Kundeneinsichten, wodurch es möglich ist, schnellere und fundiertere Entscheidungen zu treffen.

Zusätzlich ging die Mitarbeiterfluktuation um 10 % zurück, was auf das objektivere Feedback der Vorgesetzten und das bessere Verhältnis zu den Kunden zurückzuführen ist.◄

4.2   Sales Analytics

▶ **Definition Sales Analytics** wird eingesetzt, um Ergebnisse festzustellen und Trends und Entwicklungen in den Vertriebsdaten zu identifizieren, zu verstehen und vorherzusagen, mit dem Ziel, die Vertriebsleistung zu verbessern.

Ziel: Optimierung der Vertriebsleistung
Man kann den Vertrieb nicht wirksam steuern, ohne die Vertriebsleistung ständig zu überwachen. Um Verbesserungspotenziale zu erkennen und Strategien zur Effizienzsteigerung umzusetzen, muss man wissen, wo man steht. Denn ohne genaues und kontinuierliches Monitoring der Ergebnisse kann es Monate dauern, bis Sie überhaupt bemerken, dass Sie ein Problem mit stagnierenden oder rückläufigen Umsätzen haben. Zahlreiche Softwareprogramme ermöglichen es, die Gesamtleistung auf verschiedene Bereiche, Geschäftseinheiten und Produkte aufzuschlüsseln, um die Leistungsträger und die Problembereiche zu ermitteln. KI-gesteuerte Systeme gehen einen Schritt weiter, indem sie nicht nur Ergebnisse erheben, sondern auch zukünftige Entwicklungen vorhersagen und konkrete Handlungsempfehlungen unterbreiten.

Fortgeschrittene Sales-Analytics-Systeme bedienen sich der vier Typen der Analytics (descriptive, diagnostic, predictive und prescriptive) und verwenden dafür vorhandene Daten aus internen Systemen, wie zum Beispiel ERP und CRM, und kombinieren sie mit Daten aus externen Quellen.

Mit KI können Unternehmen Echtzeit-Einsichten nicht nur in Unternehmensergebnisse gewinnen, sondern auch in das Kundenverhalten, womit das rechtzeitige Erkennen von Entwicklungen und Markttrends möglich sind. So können sie fundiertere Entscheidungen in der Vertriebssteuerung treffen und sich einen Vorteil gegenüber der Konkurrenz verschaffen.

Anwendungsbereiche

Advanced Sales Analytics Erkennt Trends und komplexe Muster in den Daten und macht die Beziehungen in den Daten sichtbar. Advanced Sales Analytics zeigt nicht nur, woher Ihr aktueller Erfolg oder Misserfolg kommt, sondern erlaubt es, besser Entwicklungen vorherzusagen, weil sie die komplexen Dynamiken des Marktes berücksichtigen.

Abwanderung-Analysen KI-Algorithmen identifizieren Kunden, bei denen ein erhöhtes Abwanderungsrisiko besteht. Sie erkennen den Wechsel zu einem Konkurrenten oder einfach nur die Inaktivität des Kunden. Anhand der erkannten

Merkmale dieser Risiko-Kunden empfehlen sie dem Vertriebsmitarbeiter geeignete Maßnahmen, um die Kunden zu behalten oder zurückzugewinnen.

Performance-Analysen Mit KI sind tiefgehende Analysen und Vorhersagen auf allen Ebenen möglich: Kunden-Performance, Produkt-Performance, Vertriebszyklen, Abschlussquoten, Opportunity-Performance, Conversion Rate etc. Im Grunde können KI-Algorithmen etliche Kennzahlen der Vertriebsleistung darstellen und auch ihre Entwicklung vorhersagen.

Business Intelligence (BI) KI findet vermehrt in BI-Systemen Anwendung und bringt die BI-Tools auf die nächste Entwicklungsstufe. Sie kombiniert Descriptive, Predictive und Prescriptive Analytics und geht damit über die klassischen Dashboards und Vergangenheitsanalysen hinaus. KI-Algorithmen entdecken selbstständig interessante Konstellationen in Daten und machen Empfehlungen für die nächsten Schritte in der Datenanalyse. Sie ermöglichen nicht nur reaktive, sondern auch proaktive Analysen, mit real-time Einsichten.

Mitarbeiterleistung Ähnlich der Performance-Analysen sind Analysen auf Mitarbeiterebene möglich, um ihre individuelle Leistung zu überwachen und zu steuern: Abschlussrate, Verkaufszykluslänge, Profitabilität, Zielerreichung etc.

Kampagnen-Analysen Mit KI können Vertriebs- und Marketingkampagnen nicht nur vergangenheitsbezogen, sondern real-time analysiert und angepasst werden. So werden Aktionen und Werbungen live optimiert und höhere ROI der Marketingkampagnen erzielt.

Cross-Selling-Analysen Predictive Analytics können nicht nur Cross-Selling-Möglichkeiten identifizieren, sondern sie sogar mit hoher Wahrscheinlichkeit voraussagen. Aufgrund dieser Vorhersagen können Vertriebsmitarbeiter gezielte Angebote für bestimmte Kunden und Produkte erstellen, die eine höhere Chance haben, angenommen zu werden.

Kundenverhalten KI kann aufgrund von diversen Signalen, die der Kunde bei seiner Entscheidungsfindung im digitalen Raum aussendet, seine Kaufabsichten nicht nur identifizieren, sondern auch vorhersagen. Erkenntnisse aus dem kumulierten Verhalten der Kunden ermöglichen eine schnellere Adaption und Ausrichtung der Unternehmensstrategie an die aktuellen Kundenbedürfnisse.

Tool-Beispiele

Power BI von Microsoft ist ein BI Tool das seit Ende 2019 NLP (Natural Language Processing), maschinelles Lernen und Advanced Analytics auf seiner Plattform integriert. Damit sind Visualisierungen von Daten über mehrere Dimensionen möglich sowie auch diverse Szenarien-Simulationen. Sie können dem System sogar Fragen in natürlicher Sprache stellen und das Tool beantwortet mit passenden bildlichen Darstellungen.

https://powerbi.microsoft.com/de-de/what-is-power-bi/

Einstein Analytics ist eine Funktionalität des Salesforce CRM, die Aktivitäten in CRM visualisiert und verständliche Einblicke in komplexe Daten ermöglicht: was passiert ist, warum es passiert ist, was passieren wird und was man dagegen tun kann. Das System erstellt vollständige Visualisierungen, Vorhersagen, Einblicke und mehr, indem es alle Ihre Daten – auch aus externen Systemen – auf einer einzigen Plattform konsolidiert.

https://www.salesforce.com/products/einstein-analytics/overview/

Qymatix ist ein deutscher Anbieter einer Sales Analytics Software, die leistungsstarke Prognosefunktionen und Module für die Vertriebsplanung und -steuerung bietet und damit bestehende CRM- und ERP-Systeme ergänzt. Die Software identifiziert unter anderem Cross-Selling-Möglichkeiten, Preiserhöhungspotenziale und Abwanderungsrisiken auf Basis von Vertriebs- und Verkaufsdaten.

http://qymatix.de/de/ ◄

Praxisbeispiel

Kundenabwanderung im B2B-Dienstleistungssektor

Ein Dienstleistungsanbieter im B2B-Bereich erlebte eine zunehmende Kundenabwanderung: von einem langsamen, aber deutlichen Rückgang des Einkaufsvolumens bis zum vollständigen Abbruch der Geschäftsbeziehung. Das Geschäftsmodell ermöglichte es den Kunden, den Anbieter schnell zu wechseln und durchgeführte Analysen deuteten darauf, dass dem Unternehmen durch die Kundenabwanderung ein Verlust in siebenstelliger Höhe drohte.

Um dies zu verhindern, wurde eine KI-gestützte Customer Churn Prediction Software eingesetzt. Das bestehende CRM-System wurde mit Modellen des maschinellen Lernens erweitert und Informationen über Kunden, Marketingaktionen, Kundenservice und Preisgestaltung wurden darin integriert. So war das System im Stande, Abwanderungsprognosen zu generieren: einerseits die Wahrscheinlichkeit der Abwanderung und andererseits die Reduzierung des

Einkaufsvolumens. Dabei wurden auch die saisonabhängigen Veränderungen im Einkaufsverhalten berücksichtigt.
Die Software konnte Stornierungen und Veränderungen im Einkaufsverhalten sechs Monate im Voraus genau vorhersagen. Basierend auf diesen Prognosen konnte das Unternehmen gezielte Maßnahmen und Strategien der Kundenbindung bei den jeweiligen Kunden entwickeln und umsetzen, was zu einer Verdoppelung der Kundenbindungsraten führte sowie auch zur Steigerung der Kundenzufriedenheit durch eine proaktivere und gezieltere Kundenbetreuung.◄

4.3 Price Intelligence

► **Definition** **Price Intelligence Tools** sind Preismodelle, die eine Anpassung und Optimierung von Preisen auf Basis des aktuellen Marktbedarfs ermöglichen. Es handelt sich dabei meistens um Machine-Learning-Algorithmen, die dynamische Preise anhand diverser interner und externer Faktoren automatisch und real-time gestalten.

Ziel: Steigerung der Profitabilität durch die Optimierung der Preisgestaltung und -darstellung
Mit Price Intelligence Tools lassen sich Kauftrends online verfolgen und wettbewerbsfähige Preisstrategien entwickeln. Im Gegensatz zur statischen Preiskalkulation werden mit solchen Modellen dynamische Preise möglich, die nicht nur anhand interner Faktoren wie Kosten und Margenerwartung kalkuliert werden, sondern auch anhand externer Faktoren wie Angebot und Nachfrage, Wettbewerbspreise, Verfügbarkeit, Kaufverhalten, Saisonalität, Wochentag, Wetter etc. So wird die Kalkulation von Preisen möglich, die der Kunde bereit ist zu zahlen, weil ihm das Produkt den Preis wert ist. Folglich wird die Profitabilität des Unternehmens positiv beeinflusst.

Anwendungsbereiche

Dynamic Pricing Software, die maschinelles Lernen nutzt, um Preise dynamisch und real-time zu optimieren. Auf der Grundlage des Kundenverhaltens werden für die Preisgestaltung relevante Daten erhoben. Zum Beispiel, welche Artikel und wie lange der Kunde sie angesehen hat, welche davon in den Einkaufskorb gelegt wurden, der Standort des Kunden, das verwendete Gerät und Betriebssystem. Solche Systeme ermitteln Preise anhand des Angebots und der Nachfrage zu dem genauen Zeitpunkt der Abfrage. So können zum Beispiel Hotels oder Fluggesellschaften ihre Gewinne maximieren, indem sie unter anderem den Preis anbieten, den Kunden aufgrund ihrer demografischen Merkmale und der Jahreszeit zu zahlen bereit sind.

Wettbewerb Pricing KI-Algorithmen monitoren die Wettbewerbspreise und ermöglichen es dem Nutzer, diese bei der Festsetzung der eigenen Preise zu berücksichtigen. Mit solchen Systemen lassen sich real-time Preise, Aktionen und Lagerbestände der Mitbewerber in unterschiedlichen Ländern und Währungen überwachen. Sie können einen konkreten Onlineshop direkt überwachen sowie auch Preisvergleichsportale wie Idealo oder sogar einzelne Händler auf einem Marktplatz wie Amazon oder eBay. Nutzer finden heraus, ob sie wettbewerbsfähig sind und wer billiger oder teurer ist. Nicht nur Preise, sondern auch Versandkosten und Lieferzeiten der Mitbewerber können überwacht werden. Mit solchen Systemen können Sie eine globale Preisstrategie entwickeln, um Ihren Umsatz und Gewinn zu maximieren.

Produkt Monitoring Damit können nicht nur Preise der Wettbewerber überwacht werden, sondern etliche Informationen zu einem bestimmten Produkt. Zum Beispiel können Sie die Bestände bei Ihren Wettbewerbern überwachen und herausfinden, ob bestimmte Produkte in Ihrem Sortiment fehlen. Des Weiteren können Sie Informationen zu einzelnen Produkten herauslesen wie Beschreibung, Bilder, Spezifikationen, Barcode (EAN/UPC), SKU, etc. und diese in Ihre Systeme übernehmen. So stellen Sie sicher, dass die Informationen in Ihrem Shop komplett und aktuell sind.

Electronic Shelf Labels Diese Modelle gehen einen Schritt weiter, kombinieren dynamische Preismodelle mit Werbung und bringen sie in den Einzelhandel. Sie greifen auf eine unbegrenzte Anzahl relevanter Datenquellen zu, um die effektivste Preis- und Werbebotschaft abzuleiten und diese dem Kunden in Echtzeit und dynamisch am POS (Point-of-Sale) zu präsentieren: am Regal, im Gang, direkt vor den Produkten.

Incompetiror ist ein Produkt von Intelligence Node, das dem Benutzer Zugang zu den Katalogen und Preisen der Wettbewerber bietet. Damit wird es möglich, Konkurrenzpreise als Maßstab für die eigene Preisstruktur zu verwenden. Der Anbieter gibt an, dass seine KI mehr als 1 Mrd. einzelner Produkte von mehr als 130.000 Marken in über 1100 Kategorien beobachten kann.

https://www.intelligencenode.com/products/incompetitor/

Perfect Price ist eine KI-Lösung zur dynamischen Preisgestaltung, die den Anspruch erhebt, Unternehmen wie z. B. Autovermietungen eine dynamische Preisgestaltung zu ermöglichen.

https://www.perfectprice.com/

Minderest ist eine Software zur Preisüberwachung und Preisoptimierung für Retailer und Händler. Die Software bietet vielfältige Funktionalitäten an und wird nach den Angaben des Unternehmens von Marken wie L'oreal, Douglas, Shiseido, Sony und RayBan eingesetzt.

https://www.minderest.com

Shelf Edge Solution von **Singular Intelligence** liefert dem Einzelhändler genaue, automatisierte und real-time Vorhersagen und Empfehlungen und ermöglicht so optimale Regalauffüllungspläne, Produktanordnung, Preis- und Werbeentscheidungen. Ihre leistungsstarke KI-Engine integriert und harmonisiert alle kausalen Faktoren (Verkaufspunkt, Verbraucherpräferenzen, Markenwahrnehmung, Wettbewerb, Wetter, Preise, Werbungen, Veranstaltungen, usw.), und ihre dynamische KI-Analyse liefert genaue Warnungen, Vorhersagen und Szenarien zur Maximierung von Umsatz, Ertrag und Verbrauchererfahrung.

https://www.shelfedgesolutions.com/◄

Markteintritt eines Sportartikelhändlers durch Dynamisches Pricing gesichert

Um den Erfolg seiner Markteintrittsstrategie in einem neuen Land zu sichern, setzte ein Sportartikel-Händler auf Dynamic Pricing. Das Ziel dabei war, die Preisgestaltung zu automatisieren und das Online-Marketing zu optimieren, um sich als der beste Preis-Leistungsanbieter im neuen Markt zu positionieren. Die Software hat die Preise täglich überwacht und automatisch gemäß den Strategie-Kriterien angepasst.

Mit dem Einsatz dieses Modells konnte das Unternehmen innerhalb kürzester Zeit die gewünschte Position im Markt einnehmen und dabei das geplante
Wachstum sogar verdoppeln. Einer der positiven Nebeneffekte: bei den dynamisch bepreisten Produkten konnte man ein 80-prozentiges Wachstum der
Conversion Rate verzeichnen.◄

4.4   Product Configuration Intelligence

▶ **Definition Product Configuration Intelligence Tools** sind Produktkonfigura-
tionssysteme die, mit Einsatz von KI-Techniken, die Suche nach einer gültigen
Produktkonfiguration erleichtern, beschleunigen und dabei eine an den Bedürfnissen eines bestimmten Kunden optimal ausgerichtete Lösung ermöglichen.

**Ziel: Beschleunigung, Optimierung und Erleichterung der Konfiguration von
komplexen Kundenlösungen**
Konfigurationssysteme helfen bei der Herausforderung, komplexe Produkte und
Dienstleistungen, wie zum Beispiel Finanzdienstleistungen, industrielle Anwendungen oder Fahrzeuge, entsprechend den gegebenen Anforderungen zusammenzustellen. Sie stellen die Genauigkeit des Angebots sicher und verhindern,
dass Produkte angeboten werden, die in der Produktion nicht realisierbar sind.
Daher sind Konfigurationssysteme sehr oft nicht nur ein Instrument für die
schnelle Zusammenstellung von kundenorientierten Lösungen, sondern auch
ein Mechanismus zur Überprüfung der formalen Richtigkeit der angebotenen
Konfigurationen.

Anwendungsbereiche

Customizing von Lösungen KI-basierte Systeme können Produktlösungen auf
zahlreiche Arten personalisieren, die über das grundlegende Anpassen an die
Kundenwünsche hinausgehen. Eine klassische Produktkonfiguration tendiert dazu,
gewisse Ähnlichkeiten, ob auf Produkt-, Vertriebsmitarbeiter- oder Technikere-
bene, aufzuweisen, die auf den Vorlieben und dem Wissensgrad der jeweiligen
Person basieren. Mit KI wird es möglich, wirklich kundenzentrierte und -
orientierte Lösungen zu konfigurieren, die für den jeweiligen Kunden die optimale
Variante bieten.

Realisierbarkeit KI-Algorithmen überprüfen, inwiefern die angebotene Konfiguration auch umsetzbar ist. Dies ist insbesondere im Vertrieb von komplexen Lösungen wichtig, denn es lässt sich damit vermeiden, dass Konfigurationen angeboten werden, die nicht realisierbar sind. Dadurch werden Reklamationen, Vertragspönalen und Abschlagszahlungen vermieden.

Visualisierung der Konfiguration für Kunden Neben KI kommt hier auch eine weitere Technik ins Spiel (3-D Visualisierung und Virtual Reality), die in ihrer Kombination die Visualisierung und die räumliche Konfiguration einer Lösung ermöglichen. Damit stellen sie sicher, dass das fertige Produkt genau den Kundenbedürfnissen entspricht, und garantieren gleichzeitig die Realisierbarkeit der Lösung sowie auch die Einhaltung des Budgets. Solche Lösungen ermöglichen es dem Kunden, das Produkt im Kontext zu visualisieren und zu überprüfen, ob zum Beispiel die endgültigen Produktabmessungen für die vorgesehene Umgebung geeignet sind. Damit wird der Verkaufsprozess beschleunigt und das Kundenerlebnis verbessert. Einen Schritt weiter gehen Lösungen, die dem Kunden die Möglichkeit bieten, die Lösung selbst zu konfigurieren, wodurch wertvolle Vertriebsressourcen eingespart werden.

Konfigurationsempfehlungen für den Vertrieb KI-gestützte Produkt- und Angebot-Konfiguratoren leiten den Vertriebsmitarbeiter durch den Prozess, prüfen und validieren automatisch alle möglichen Kombinationen für jede getroffene Wahl. Bei einer Unstimmigkeit oder einem möglichen Konfigurationskonflikt wird der Mitarbeiter sofort benachrichtigt, wobei ihm gleichzeitig die bestmögliche Alternative präsentiert wird. Das bedeutet, dass einerseits keine Fehler gemacht werden, dabei immer die optimale Lösung gefunden wird und andererseits viel Aufwand und Zeit für die Angebotsprüfung durch andere Abteilungen (Produktmanagement, Technik, Finanzen etc.) vermieden wird.

Lösungs- und Mehrwertorientierung Um Kunden auf der Suche nach Produkten intelligent unterstützen zu können, ist ein Kontextwissen erforderlich, zum Beispiel über ihre aktuelle Geschäftssituation und -bedürfnisse. Hier kommen sogenannte Digital Knowledge Advisors ins Spiel, die wertvolle Erkenntnisse aus vergangenen Transaktionen des Kunden einbringen. Zum Beispiel würden sie erkennen, dass der Kunde in der Vergangenheit immer das Produkt mit einer bestimmten Leistungsklasse gekauft hat und die aktuelle Suche für die geeignete Produkte gezielt einschränken oder die zuletzt bestellten Varianten direkt vorschlagen. Mit noch mehr Informationen, z. B. mit Live-Daten zu den verwendeten Produkten, könnte der Kunde sogar darauf hingewiesen werden, dass er in

der Vergangenheit überdimensionierte Konfigurationen erworben hat und für seine
eigentliche Anwendung eine kleinere Leistungsklasse ausreicht. Ein solches Wissen wäre für den Vertrieb ein enorm wichtiger Hebel, um die richtigen Lösungen
für Kunden zu finden.

Tool-Beispiel

Tacton bietet einen KI-basierten Konfigurator, der Visualisierungen von Produktkonfiguration ermöglicht. Das System sucht die richtige Konfiguration aus
einer Unmenge an Optionen aus und ermöglicht es dem Vertriebsmitarbeiter in
Sekundenschnelle, die Kundenanforderungen in eine kundenspezifische optimale Konfiguration, samt Angebot, zu konvertieren. Der Cockpit-Konfigurator
von MAN Truck & Bus basiert auf dieser Lösung. Siemens verwendet den
Tacton Konfigurator bei der Konfiguration von Gasturbinen: wofür sie vorher
acht Wochen brauchten, geht nun innerhalb von wenigen Minuten.
https://www.tacton.com◄

Praxisbeispiel

Produktempfehlung anhand von realen Fotos im Konsumentenbereich
     Ein Bekleidungsartikel-Händler suchte nach einer Möglichkeit, seine Kunden bei der Suche nach passenden Bekleidungsprodukten anhand ihrer eigenen
persönlichen Fotos zu unterstützen. Dafür wurde KI-gestützte Bilderkennung
eingesetzt.
     Die Software verglich die Merkmale der fotografierten Kleidungsstücke
und suchte nach ähnlichen Kleidungsstücken im eigenen Online-Shop sowie
auch auf anderen E-Commerce-Plattformen oder in den sozialen Medien. Die
entwickelte Methode war in der Lage, über 1.000.000 verschiedene Bekleidungsprodukte, die in einer Reihe von großen E-Commerce – Plattformen
erhältlich sind, zu einer bedeutenden Anzahl von Kategorien zusammenzufassen. Dies verwendete sie dafür, um passende Artikel im eigenen Portfolio
zu finden.
     Die endgültige Lösung ermöglichte es den Benutzern, Fotos von Kleidern
hochzuladen, die unter lokalen Bedingungen aufgenommen wurden, und die
Software würde die bestmögliche Option finden, die online verfügbar ist.◄

4.5 Pipeline Management Intelligence

▶ **Definition** **Pipeline Management Intelligence Tools** nutzen Automatisierung und KI, um Opportunities (Verkaufschancen) zu planen, zu verwalten und zu verfolgen.

Ziel: Optimierung komplexer und langer Vertriebsprozesse
KI-basierte Pipeline Management Tools versetzen die Vertriebsorganisationen in die Lage, ihre Ziele kontinuierlich zu erreichen, indem sie den Mitarbeitern helfen, sich auf die Geschäftsmöglichkeiten mit dem größten Abschlusspotenzial zu konzentrieren. Sie lenken den Fokus der Mitarbeiter zum richtigen Zeitpunkt auf die jeweilige Opportunity und ersparen dem Vertrieb dadurch die ständige Qualifizierung und Priorisierung der Opportunities. So werden Ressourcen für tatsächliches Verkaufen freigesetzt. Außerdem bieten sie wertvolle Einsichten in die Aktivitäten der Kunden und steigern damit die Produktivität im Vertrieb, verkürzen Verkaufszyklen, verbessern die Prognosegenauigkeit und fördern den Umsatz.

Anwendungsbereiche

Abschlusswahrscheinlichkeit KI-gestützte Pipeline Management Tools helfen den Mitarbeitern zu verstehen, welche Opportunities in ihrer Pipeline „echt" sind und welche mit der höchsten Wahrscheinlichkeit in dieser Verkaufsperiode abgeschlossen werden können. Sie errechnen die Abschlusswahrscheinlichkeit der Opportunities und lenken die Aufmerksamkeit der Mitarbeiter auf die Deals, die aktuell den höchsten Handlungsbedarf aufweisen. So wird sichergestellt, dass sich die Mitarbeiter zum richtigen Zeitpunkt mit den richtigen Kunden beschäftigen, wodurch Verkaufszyklen verkürzt sowie auch Abschlussquoten gesteigert werden.

Nächste Schritte Planung KI-Algorithmen lesen Milliarden von Signalen, die Ihre Kunden aussenden, aus und antizipieren, was sie als Nächstes brauchen werden. Darüber hinaus empfehlen sie den Vertriebsmitarbeitern den besten nächsten Schritt für jede Opportunity.

Einsichten in Kundeninteraktionen Auf Basis detaillierter Analysen von Kundeninteraktionen bietet KI relevante Einsichten in die jeweilige Opportunity und ermöglicht es dem Vertrieb, die gesamte Buyer Journey des Kunden besser zu verstehen und die richtigen Entscheidungen zu treffen, um die Opportunity voranzutreiben.

Handlungsempfehlungen Prescriptive Analytics senden rechtzeitig Signale und erleichtern das Verständnis darüber, wo Deals in der Pipeline stecken bleiben, welche fortschreiten und welche Maßnahmen notwendig sind, um ihren Fortschritt zu fördern.

Opportunity Coaching KI-Algorithmen liefern den Vertriebsleitern Einsichten und Beobachtungen in Bezug darauf, wie Vertriebsmitarbeiter mit ihren Opportunities umgehen: wie diszipliniert sie diese verfolgen und ob sie die richtigen Schritte setzen, um diese Opportunity abzuschließen. So kann die Führungskraft den Mitarbeiter unterstützen, das Geschäft abzuschließen, indem sie ihn durch den Prozess führt und coacht. KI wird hier die Kennzahlen pro Mitarbeiter über mehrere Verkaufsperioden hinweg aggregieren und Vergleiche mit anderen Mitarbeitern und Vertriebsteams im Zeitverlauf aufstellen. Das System wird auf bedeutsame Interaktionen, Trends und Muster hinweisen. Zum Beispiel wird sie über Risiko-Opportunities oder einen verfehlten nächsten Schritt im Prozess alarmieren.

Verkaufsprozess-Standardisierung Der Aufbau und die visuelle Darstellung der Pipeline – mit ihren einzelnen Phasen, die individuell auf den Vertriebsprozess der jeweiligen Organisation abgestimmt sind – fördert die Einhaltung des Vertriebsprozesses, konsistente Bewertung der Opportunities sowie auch die Multiplikation von Best-Practice-Ansätzen.

Tool-Beispiel

Clari bietet in seiner Software eine KI-basierte Pipeline-Management-Funktionalität und ermöglicht es damit Unternehmen, die richtigen Opportunities zu verfolgen sowie auch Risiken in der Pipeline zu erkennen. Das Tool macht Deal-, Pipeline- und Prognosevorhersagen auf der Grundlage von Aktivitätssignalen und historischen Verhaltensmustern und liefert speziell auf die Merkmale des Unternehmens zugeschnittene Erkenntnisse. Die Software wird von Unternehmen wie Zoom, Dropbox, Symantic und Lenovo verwendet. https://www.clari.com/◄

Praxisbeispiel

Effizientere Zielgruppenansprache und Pipeline Management in einem Traditionsunternehmen

Ein in den 80-er Jahren gegründetes Familienunternehmen, das umweltfreundliche Hautpflegeprodukte anbietet, stand vor der Herausforderung, potenzielle Kunden besser zu adressieren und Interessenten in Kunden zu konvertieren. Wie bei anderen traditionellen Unternehmen auch, generierte das Unternehmen seine Leads primär aus der Teilnahme an Messen und Veranstaltungen und der Durchführung kleinerer Marketingaktivitäten. Der Verkaufsprozess war wenig effizient: Wenn ein Interessent ein Anfrageformular ausfüllte, wurde ihm eine E-Mail gesendet oder er wurde einmal angerufen – und das war's. Der Interessent würde nie wieder von dem Unternehmen hören, es sei denn, er übernahm selbst die Initiative. Es fehlte ein strukturierter Pipeline-Management-Prozess und Kunden gingen an Konkurrenz verloren.

Das Unternehmen erkannte, dass eine bessere Lösung benötigt wird, um potenzielle Kunden zu identifizieren und zu verwalten. Mit dem neueingeführten System wird, sobald ein Lead im CRM angelegt wird, eine automatisierte E-Mail an den Interessenten gesendet, die ihn mit dem Unternehmen bekannt macht. Parallel dazu wurde ein Workflow aufgesetzt, indem anhand der Lead-Details und der Postleitzahl des Interessenten die Opportunity dem zuständigen Vertriebsmitarbeiter zugeordnet wird. So wird sichergestellt, dass kein Lead verloren geht.

Außerdem wurden unterschiedliche Pipelines kreiert, je nach Art der Kunden, beispielsweise für Konsumenten und für Geschäftskunden. Innerhalb dieser Pipelines wurden passende Phasen zum Kaufprozess der Kunden eingeführt. Wenn ein Kunde beispielsweise Interesse an gewissen Produkten zeigt, befindet er sich, bis ihm ein Muster geschickt wird, in der Geschäftsphase A, wo eine Aktion auf der Unternehmensseite erforderlich ist. Wenn der Interessent die Muster erhalten hat, wird die Opportunity in die Geschäftsphase B verschoben, in der eine Aktion seitens des Kunden erforderlich ist. Das Team weiß genau, in welchen Phasen sich die Opportunities befinden und können sie gezielt bearbeiten. Die Verkäufer sind jetzt stärker für ihr Handeln verantwortlich: Sie fokussieren sich auf die richtigen Kunden. Und dort, wo eine Aktion erforderlich ist, sorgen sie dafür, dass diese sofort abgeschlossen wird.

Darüber hinaus konnte die Wirksamkeit von Marketingkampagnen gesteigert werden. Zuvor wurden Tausende von E-Mails verschickt, ohne zu wissen, an wen genau sie sich richteten. Mit dem neuen Tool können Verkaufskampagnen geplant werden, die sich zu 100 % an den Bedürfnissen der Interessenten oder Kunden orientierten. Dadurch konnte die Zielgruppenansprache wesentlich verbessert und mehr Opportunities generiert werden.◄

4.6   Quote Generation Intelligence

▶ **Definition** **Quote Generation Intelligence Tools** sind KI-gesteuerte Configure Price Quote Systeme (CPQ), welche die Vertriebsmitarbeiter innerhalb des Angebotsprozesses bei der Erstellung von akkuraten und kundenspezifischen Angeboten unterstützen und dadurch den Prozess der Angebotserstellung, insbesondere für komplexe Produkte und Dienstleistungen, vereinfachen und beschleunigen.

Ziel: Optimierung von Preiskalkulationen zwecks Margenoptimierung, Steigerung der Abschlussquote und Verkürzung der Vertriebsprozesse
Manuelle Angebotskonfiguration führt oft zu Fehlern, was wiederum in Einnahmeverlusten und sinkendem Kundenvertrauen resultiert. CPQ-Anwendungen unterstützen komplexe Prozesse der Angebotserstellung, indem sie die Richtigkeit der Angebote und die Erfüllung der Kundenanforderungen sicherstellen. In der Regel sind es von Business-Analysten entworfene regelbasierte Systeme, die in den letzten Jahren vermehrt automatisiert wurden. Mit KI gehen diese Systeme den nächsten großen Schritt und vereinfachen und beschleunigen nicht nur den Angebotsprozess, sondern optimieren die Preisgestaltung, erkennen Up- und Cross-Selling-Möglichkeiten, machen Empfehlungen zur Konfiguration und automatisieren interne Genehmigungsverfahren.

Ein KI-gesteuertes CPQ-System verbessert die Vertriebsleistung, bringt Agilität und Effizienz in starre und langwierige Prozesse und bietet Ihren Kunden schnellstmöglich genau das, was sie brauchen.

Anwendungsbereiche

Preisoptimierung   Ein KI-basiertes CPQ-System verarbeitet alle relevanten Kundendaten und die Kundenhistorie aus unterschiedlichen Systemen, einschließlich Attributen wie Standort, Größe, Umsatz und Anzahl von Kunden, um die Preisgestaltung zu optimieren. Dabei berücksichtigt das System auch ähnliche Projekte mit anderen Kunden, um einen Preis zu kalkulieren, der am wahrscheinlichsten den Zuschlag erhält. Damit wird es möglich, Preise wertorientiert zu kalkulieren, statt auf der Basis von üblichen kosten- und margenbasierten Modellen.

Angebotsoptimierung   Ähnlich wird das gesamte Angebot-Paket optimiert und nicht nur der Preis an sich. Das System kann erkennen, welche Zusatzbestandteile relevant sein könnten, identifiziert Up- und Cross-Selling-Möglichkeiten, empfiehlt Produktkombinationen und legt die optimalen Konditionen fest. Damit

können Vertriebsmitarbeiter neue Potenziale entdecken und ihren Kunden Produkte und Dienstleistungen anbieten, an die diese nicht gedacht hätten, und
auf diese Weise einen zusätzlichen Mehrwert einbringen, statt einfach nur die
Kundenanforderungen in einem Angebot zu erfassen. Wenn der Vertrieb vom
Anfang an das richtige Angebot macht, wird damit die Wahrscheinlichkeit des
Abschlusses gesteigert, der Vertriebsprozess verkürzt und die Kundenakzeptanz
und -vertrauen werden höher.

Visualisierung der Preisdarstellung Moderne KI-gesteuerte CPQ-Systeme können Preisoptimierungen, Arbeitsabläufe, Angebotsgrenzen und Margen visualisieren. Mit flexiblen 2-D und 3-D Ansichten im Angebotsworkflow werden
Potenziale und Verbesserungsbedarf leichter erkennbar.

Preis-Ecosystem Mit einem KI-CPQ können mit der Zeit ganze Preis-
Ecosysteme entwickelt werden, wodurch es möglich wird, Preise und Margen in
der gesamten Organisation zu optimieren und nicht nur auf der Ebene der einzelnen Transaktion. Das System lernt mit jeder neuen Aufgabe dazu und maximiert
auf lange Sicht die Vertriebsprofitabilität.

Genehmigungsprozess KI-gestützte CPQ-Systeme können den Aufwand und
die Dauer von Genehmigungsabläufen stark reduzieren. Das System kann zum
Beispiel für den Vertriebsmitarbeiter die Wahrscheinlichkeit einer Genehmigung berechnen und sogar Vorschläge machen, mit welchen Verbesserungen die
Chancen für die Genehmigung erhöht werden können. So kann sich der Vertriebsmitarbeiter vom Anfang an danach richten und braucht keine Anfragen zu stellen,
die sowieso auf Ablehnung stoßen.

Tool-Beispiel

Apttus CPQ ist ein KI-basiertes CPQ-System, das wie ein „virtueller Berater"
für den Vertriebsmitarbeiter bei der Angebotserstellung fungiert. Das System führt den Mitarbeiter schnell und präzise durch komplexe Prozesse der
Angebotsgestaltung, wodurch letztendlich größere Geschäfte mit einer höheren Gewinnrate abgeschlossen werden können. Unternehmen wie HP, Adobe,
Seagate und Paypal vertrauen auf Apttus.
  https://apttus.com/solutions/cpq-software-solution/◀

Präzise, bedarfsgerechte und schnelle Vor-Ort Angebote im komplexen B2B-Geschäft

Der Angebotsprozess bei einem Hersteller von hochpräziser Montage-ausrüstung war fehleranfällig. Der hohe manuelle Bearbeitungsaufwand, in Kombination mit einem komplexen Preiskatalog, mehreren Produktkombinationsoptionen und häufigen Preisänderungen, führte zu einem langsamen und frustrierenden Prozess der Angebotserstellung.

Das neu eingeführte System ermöglichte es den Außendienstmitarbeitern, genaue und kundenspezifische Kostenvoranschläge direkt vor Ort zu erstellen. Die Mitarbeiter wurden durch den komplexen Prozess der Angebotserstellung geleitet, wobei gewisse Schritte im Prozess gänzlich automatisiert wurden. Dadurch wurde die Steuerung der hohen Produkt- und Preiskomplexität möglich und nicht nur der Angebotsprozess, sondern der gesamte Vertriebsprozess verkürzt. Die Abschlussquoten wurden durch die Qualität, die Individualisierung und die Schnelligkeit der Angebote erhöht und folglich auch der Umsatz gesteigert, in Kombination mit einer höheren Kunden- und Mitarbeiterzufriedenheit.◄

4.7 Communication Intelligence

▶ **Definition Communication Intelligence** basiert auf NLP (natural language processing) und NLU (natural language understanding), die Techniken und Methoden der maschinellen Verarbeitung natürlicher Sprache – geschriebene Texte oder Sprache – verwenden, um analytische Erkenntnisse aus dem Kommunikationsinhalt abzuleiten. Damit wird es den Computern möglich, menschliche Sprache zu verstehen, zu interpretieren und darin zu kommunizieren.

Ziel: Optimierung und Automatisierung der Kundenkommunikation

Kunden nutzen zunehmend textbasierte Kommunikationswege, insbesondere Messaging-Apps, und hier kann KI nicht nur mit Kunden auf diesen Wegen selbstständig kommunizieren, sondern auch die Qualität der Kommunikation stark erhöhen. Mit den Möglichkeiten der NLP und NLU sind eine bessere Kommunikation, Kundenerfahrung und -personalisierung als je zuvor möglich. Denn KI kann nicht nur Text-Nachrichten erfassen, ablegen und ihren Inhalt verstehen, sondern auch die Absicht dahinter mit der damit verbundenen Emotion erkennen.

So kann KI daraus relevante Erkenntnisse ableiten und diese für die Optimierung der Kundenkommunikation verwenden: ob im Inhalt, auf der Gefühlsebene oder bei der Sprachwahl.

Anwendungsbereiche

Emotionserkennung NLP-basierte Textanalysen können relevante Einsichten in die Kundenintention ermöglichen, indem sie unterschiedliche Informationen in unterschiedlichen Quellen analysieren: Online-Kundenbewertungen, Feedbackbögen, Rezensionsseiten, Diskussionen in Foren und sozialen Medien, Artikeln, Posts und Blogs. Sie evaluieren die Meinung des Kunden, verstehen seine Emotionen und leiten daraus seine Wahrnehmung über Ihr Unternehmen oder zu einem bestimmten Thema ab. Als Nächstes können der Grad der Kundenzufriedenheit erkannt und gezielte Optimierungen vorgenommen werden.

Kommunikationsoptimierung NLP analysiert die Art und Weise, wie der Kunde kommuniziert, erkennt seine Sprachwahl, seine Präferenzen und seine Emotionen, kommuniziert mit ihm in „seiner" Sprache und geht gezielt auf seinen aktuellen Gefühlszustand ein, wobei auch sein Zufriedenheitsgrad berücksichtigt wird. KI kann diese Fähigkeit in ihrer direkten Kommunikation mit Kunden einsetzen oder den Mitarbeitern gezielte Empfehlungen zum Umgang mit dem Kunden machen, bis zur Vorerfassung von individualisierten Antworten.

Brand Voice KI kann für Ihr Unternehmen eine eigene, unverwechselbare Brand-Stimme entwickeln. Sollten Sie Ihre Kunden duzen? Auf Hochdeutsch ansprechen? Formell oder lieber ungezwungen? KI wird die optimale Sprache für Ihre Marke designen, sie mit einer Persönlichkeit ausstatten und demzufolge die Unternehmensbotschaft sowie auch ihren Ton anpassen – ob in der schriftlichen Kommunikation oder über Voice-Assistenten.

Übersetzungen Mit NLP ist die automatische Übersetzung von Nachrichten oder Inhalten in die Muttersprache der Kunden möglich, womit die Kundenerfahrung verbessert wird.

Interaktive Spracherkennung Stimmerkennung kann zum Beispiel dem Kunden Zugriff auf sein Konto erlauben oder ihn bei seinem Anruf zum richtigen Ansprechpartner routen. Der Kunde muss nicht mehr Begriffe in sein Handy eingeben, sondern kann es aussprechen, zum Beispiel „Technik", und direkt in die technische Abteilung weitergeleitet werden. Das System kann sogar den Inhalt

der Anfrage erkennen (z. B. „Wie stelle ich eine Internetverbindung am Fernse-
her her?") und den Anrufer direkt zum richtigen Mitarbeiter hinleiten oder die
relevanten Information bereitstellen.

Tool-Beispiel

Quill von Narrative Science ist ein natürlicher Sprachgenerator, der Online-
und digitale Daten analysiert, um Fakten, Ausdrücke und die Sprachwahl zu
identifizieren, die für Ihre Vertriebsorganisation wichtig sind. Er produziert
Inhalte für den Vertrieb, die Ihren Geschäftsregeln und Stilvorlieben entsprechen: Ton, Stil, Formatierung und Ausdruck. Damit erhöht Quill den Wert
der Vertriebsdaten, über die Unternehmen bereits verfügen, und erstellt passende Verkaufsskripte, Berichte und sonstige Unterlagen, um den Vertrieb zu
entlasten.
    https://narrativescience.com/quill/◄

Praxisbeispiel

**Leistungsstarke Marketingkampagnen durch automatische Optimierung
von Betreffzeilen**
    Da der Kampf um die Aufmerksamkeit von Kunden mit jeder gesen-
deten E-Mail-Kampagne härter wird, suchte eine Plattform für kostenfreie
Kleinanzeigen nach einer Lösung, um den Rückgang der Öffnungsraten
bei ihren Marketingkampagnen zu stoppen. KI brachte hier eine praktische
Lösung, um die E-Mail-Kommunikation zu optimieren. Algorithmen lernten,
was funktioniert und was nicht, und optimierten laufend die ausgesendeten
Nachrichten.
    Indem die Software die Betreffzeilen der Marketingkampagnen optimierte,
erreichte sie einen Anstieg der Öffnungsraten um 44 %. Damit konnte die
gesamte Leistung von E-Mail-Kampagnen gesteigert werden: mehr Öffnungen
führten zu mehr Klicks und folglich zu höheren Konvertierungen.◄

4.8   Contract Lifecycle Management

▶ **Definition Contract Lifecycle Management (CLM)** Tools sind Anwendungen, die den gesamten Prozess eines Vertragsabschlusses abbilden, von der

Vertragsanbahnung über die -vergabe, -einhaltung und -verlängerung, inklusive Vertragsmanagement.

Ziel: Aufwand- und Risiko-Minimierung im Prozess der Vertragsverhandlungen
Vertragsverhandlungen stehen an der Tagesordnung im Vertrieb und können nervenaufreibend und zeitraubend sein. Neben den Konditionsverhandlungen selbst ist die langwierige Koordination zwischen unterschiedlichen Abteilungen intern und beim Kunden ein zeit- und ressourcenaufwändiger Prozess. Abgesehen davon sind die Vertriebsmitarbeiter für gewöhnlich keine Rechtsanwälte und mit Vertragsklauseln nicht gut vertraut. Und genau hier kann KI gut unterstützen, indem sie den Vertragsmanagementprozess in Unternehmen vereinfacht, beschleunigt und auch die damit verbundenen Risiken drastisch reduziert, wobei sie gleichzeitig für die Einhaltung von Compliance-Vorschriften sorgt.

Anwendungsbereiche

Vertragsrisiko-Reduktion Schlecht ausformulierte, unvollständige oder sogar fehlende Klauseln in Geschäftsverträgen können katastrophale Auswirkungen für ein Unternehmen haben und sowohl finanzielle als auch Reputationsrisiken mit sich bringen. KI-Algorithmen können hier auf der Grundlage historischer und anderer relevanter Daten Klauseln empfehlen und einige davon sogar als obligatorisch deklarieren. Damit werden Risiken, die aufgrund fehlerhafter oder fehlender Klauseln resultieren können, stark vermindert.

Vertragsprüfung Mit KI wird die Vertragsprüfung zum Kinderspiel, denn KI-Algorithmen können das schneller und auch besser als Menschen. In einem Versuch von LawGeex (2018) traten 20 US-Anwälte mit umfangreicher Erfahrung im Gesellschaftsrecht gegen die hauseigene KI an, um fünf Geheimhaltungsvereinbarungen zu überprüfen. Die Ergebnisse waren verblüffend. Die Anwälte erreichten eine Genauigkeitsrate von 85 %. Allerdings wurden sie von der KI überholt, die eine durchschnittliche Rate von 95 % aufweisen konnte. Die Juristen brauchten im Durchschnitt etwa anderthalb Stunden für die Überprüfung – und KI war in nur 26 Sekunden fertig.

Abschlusswahrscheinlichkeit Predictive Analytics errechnen die Wahrscheinlichkeit für den Abschluss oder die Ablehnung des Vertrags. So kann sich der

Vertrieb auf die Verträge mit der höheren Abschlusswahrscheinlichkeit konzentrieren und dadurch mehr Geschäft in kürzerer Zeit zum Abschluss bringen. Die Effizienz steigt.

Verkürzung der Vertragsabschlussdauer Prescriptive Analytics können dabei helfen, die richtige Vorgehensweise zu identifizieren, um Verzögerungen im Vertragsmanagementprozess zu vermeiden sowie auch das Risiko für Neuverhandlungen oder Vertragsverluste zu minimieren. Die Algorithmen machen konkrete Empfehlungen, was in diesem speziellen Fall sinnvoll wäre, sogar mit realtime Vertragstracking. Dadurch können Verträge viel effektiver und effizienter ausgeführt und verwaltet werden.

Datenerfassung KI-basierte Vertragsmanagement-Tools können die aufwändige manuelle Datenerfassung im Vertragswesen übernehmen. Zum Beispiel können Algorithmen aus gescannten Unterlagen die Inhalte extrahieren, bewerten und automatisch im System erfassen. Zusätzlich kann KI viele andere administrative Aufgaben übernehmen, die der Vertrieb im Rahmen von Vertragsverhandlungen und -management manuell erledigen muss: Vertragsablage, -zusendung, -genehmigung, und -signatur.

Tool-Beispiel

Exari, das inzwischen von Coupa übernommen wurde, hat eine innovative KI-gestützte Vertragsmanagement-Plattform entwickelt, die in der Lage ist, komplexe Verträge zu erstellen, zu speichern, zu analysieren und zu verwalten. Dank der Tiefe und der Flexibilität der Plattform stehen diese Vorteile diversesten Branchen zur Verfügung.
https://www.coupa.com/products/contract-lifecycle-management/◄

Praxisbeispiel

Management von Back-to-Back-Verträgen bei einem Technologie-Anbieter
Ein Technologie-Dienstleister stand vor der Herausforderung, Verträge innerhalb einer dezentralisierten Organisationsstruktur zu verwalten. Hauptproblem dabei: Es gab Unstimmigkeiten zwischen Kundenverträgen auf der „Verkaufsseite" und den damit verbundenen Lieferantenvereinbarungen auf der „Einkaufsseite" – sogenannte Back-to-Back-Verträge. Das Unternehmen

suchte nach einer Lösung, um sicherzustellen, dass die Bedingungen und die Verpflichtungen aus den Kundenverträgen nahtlos an die Partner weitergegeben werden.

Dazu wurde eine KI-basierte Vertragsmanagement-Plattform eingesetzt, die durch die Analyse der Vertragsinhalte und -bedingungen tiefere Einblicke in alle vertraglichen Vereinbarungen ermöglichte. Durch den zentralisierten Zugang zu allen Verträgen wurde nun eine nahtlose Kommunikation zwischen Vertrieb und der Rechtsabteilung möglich, wodurch der Vertragsabschlussprozess wesentlich beschleunigt werden konnte. Das Erstellen, Anzeigen, Genehmigen und Verwalten von Verträgen plus die Erstellung von Benachrichtigungen, Vorantreiben der Verträge, Anfragen und Kommunikation im Genehmigungsprozess: alles wurde innerhalb der Plattform erledigt.

Das Unternehmen konnte nicht nur sicherstellen, dass die Bedingungen und Verpflichtungen aus den Kundenverträgen nahtlos an die Partner weitergegeben werden, sondern auch die Erfüllung von Compliance-Anforderungen gewährleisten. Man konnte genau nachvollziehen, was, wann und von wem unterzeichnet wurde, und tiefere Einblicke in alle vertraglichen Vereinbarungen sind nun möglich. Durch die Analyse von Inhalt und Bedingungen kann man zuvor nicht erkannte Chancen in den Verträgen identifizieren.

Außerdem können Vertriebsmitarbeiter mithilfe von virtuellen Assistenten und Selbstbedienungstools Verträge von jedem Gerät aus anfordern und der Genehmigungsprozess wird automatisch durchgeführt. ◄

4.9 Sales Enablement

► **Definition Sales Enablement Tools** stellen notwendige Vertriebsressourcen und -informationen innerhalb der Vertriebsorganisation bereit und befähigen damit die Vertriebsmitarbeiter, in ihrer Vertriebstätigkeit wirksamer zu sein.

Ziel: Organisation und Verteilung von Vertriebsinformationen und -ressourcen

Vertriebsressourcen und Unterlagen liegen oft schwer zugänglich, ungeordnet in diversen Ablagesystemen, teilweise auf Sharepoints, aber in Wirklichkeit auf den PC-Laufwerken der jeweiligen Mitarbeiter. Oft ist die Verwendung von Vertriebsinformationen inkonsistent und wenig effizient. Für Ordnung, Zugang und Wirksamkeit dieser Ressourcen sorgen Sales Enablement Tools. Sie stellen Ihren Vertriebsmitarbeitern nicht nur Unterlagen, sondern auch das notwendige Wissen zur Verfügung, damit sie besser Geschäfte abschließen können. Im Grunde ist Sales Enablement ein Prozess, in dem Vertriebsmitarbeiter mit den notwendigen Ressourcen ausgestattet werden, um in ihrer Vertriebstätigkeit wirksamer zu sein. Diese Ressourcen können Inhalte, Werkzeuge, Wissen und Informationen umfassen, um Ihr Produkt oder Ihre Dienstleistung effektiv an Kunden zu verkaufen, sowie auch die Reaktionen und Interaktionen Ihrer Kunden und Interessenten mit diesen Ressourcen und Inhalten nachzuvollziehen.

Anwendungsbereiche

Vertriebsinhalte Dabei geht es nicht nur um das Bereitstellen, sondern auch um das Teilen und das Tracking des Vertriebscontents. Im Gegensatz zum klassischen Versand der Verkaufsunterlagen per E-Mail, wo dem Vertrieb nichts anderes übrig bleibt, als auf eine Antwort zu warten, können Vertriebsmitarbeiter mit solchen Tools die Interaktion der Kunden mit den Unterlagen verfolgen und daraus interessante Erkenntnisse gewinnen: Wann wurde der Inhalt angesehen, wie lange und wie oft? Überdies lassen sich personalisierte Portale für jeden Kunden gestalten, und das System alarmiert den Vertrieb über den Grad und den Zeitpunkt des Engagements des Kunden mit den Inhalten auf dem Portal.

Dokumentenmanagement KI-Algorithmen können die Inhalte auf der Grundlage der tatsächlichen Interaktion der Kunden filtern und ermöglichen es den Vertriebsmitarbeitern zu wissen, welche Dokumente (auch welche Seiten darin) bei ihren Kunden Anklang finden.

Informationsoptimierung KI kann nicht nur die Verwaltung und den Austausch von Informationen mit den Kunden optimieren, sondern auch die Qualität dieser Informationen erhöhen. Sie kann passende Inhalte empfehlen, die anhand des Kundenverhaltens und den vorhergesagten Kundenbedürfnissen auf ihn gezielt zugeschnitten und personalisiert sind. Damit wird die Wahrscheinlichkeit erhöht, den Kunden bei seinen Bedürfnissen zu erreichen und das Geschäft schneller abzuschließen.

E-Mail-Kommunikation E-Mail-Kommunikation gehört zu einer der zeitaufwändigsten Aufgaben im Vertrieb und KI kann die Mitarbeiter hier entlasten, indem sie zum Beispiel Antworten vorformuliert, aber auch die Qualität der Kommunikation optimiert. KI-Algorithmen können die Interaktionsdaten des Kunden analysieren und auf der Grundlage dieser Informationen hoch personalisierte E-Mails erstellen. Sie kann zum Beispiel die Betreffzeile für Klicks optimieren und ihre Leistung genau verfolgen. Sie generiert Inhalte in unterschiedlichen Formaten und schlägt die optimale Variante für diesen einen Kunden vor. Dabei analysiert sie sein Leseverhalten und kann sogar den optimalen Zeitpunkt für den Versand der Nachricht empfehlen.

Tool-Beispiel

Mit **Zendesk** können Vertriebsmitarbeiter über den gesamten Einkaufsprozess jede Interaktion des Kunden mit den Vertriebsressourcen verfolgen. Dadurch ist es einfach, den Überblick darüber zu behalten, welche Verkaufsressourcen und -werkzeuge sie verwenden sollen und welche sie in zukünftige Interaktionen zum Abschluss eines Geschäfts einbeziehen könnten. https://www.zendesk.de/◄

Praxisbeispiel

Verdoppelung von E-Mail-Antwortraten durch automatisierte E-Mail-Vorlagen

Ein Anbieter einer Informationsplattform stand vor der Herausforderung, dass die Mitarbeiter nicht wussten, ob ihre E-Mails den beabsichtigten Empfänger erreichten. In dieser Vertriebsorganisation ging es zu 70 % um aktive Kundenakquise, und so wirkte sich die Zustellbarkeitsproblematik auf die Fähigkeit aus, eine qualitative Pipeline zu erstellen. Demzufolge konnte die Mehrheit der Vertriebsmitarbeiter ihre Ziele nicht erreichen.

Abgesehen von der Zustellbarkeit von E-Mails war die Verwaltung der Vertriebstemplates ein Problem. Das Unternehmen setzt auf einen Account-orientierten Verkaufsansatz, daher ist es wichtig, zielkundenspezifische Vorlagen zu verwenden. Die Unfähigkeit, diese Vorlagen zu verwalten, führte dazu, dass Mitarbeiter individuelle Vorlagen manuell kopieren und erstellen mussten, was sehr viel Zeit in Anspruch nahm und auch frustrierend war.

So hat sich das Unternehmen dazu entschieden, eine KI-Lösung einzusetzen, mit der das Team die Möglichkeit hat, Unterlagen und E-Mail-Vorlagen gemeinsam zu nutzen und dabei die Kommunikation mit Kunden in großem Umfang zu personalisieren. Mit diesen Vorlagen konnte das Team seine E-Mail-Antwortrate verdoppeln und eine qualitative Pipeline schnell befüllen.

Durch die gemeinsame Nutzung von Vorlagen konnten auch neue Mitarbeiter optimale Nachrichten ohne lange Einarbeitung verfassen. Sie konnten quasi vom ersten Tag an produktiv sein und zum Erfolg der Organisation beitragen.

Innerhalb von zwei Monaten nach der Einführung konnte der Abwärtstrend bei der Zielerreichung der Mitarbeiter gestoppt werden. Mitarbeiter konnten nun ihre Ziele nicht nur erreichen, sondern übererreichen, mit einem stetig ansteigenden Trend. ◄

4.10   Forecast Intelligence

▶ **Definition Forecast Intelligence Tools** sind Anwendungen, die den Prozess der Vorhersage zukünftiger Entwicklungen wie Umsatz, Ausgaben und Gewinne verbessern, indem sie genauere Prognosen ermöglichen. Dabei geht es um die Einschätzung der eigenen Fähigkeiten und der Markt- und Kundenpotenziale unter der Berücksichtigung interner und externer Faktoren.

Ziel: Bessere Grundlage für Entscheidungen schaffen
Genaue Forecasts gehören zu den entscheidenden Faktoren für den Geschäftserfolg eines Unternehmens, stellen allerdings eine bemerkenswert schwierig zu bewältigende Herausforderung für Vertriebsführungskräfte dar. In den meisten Fällen beruhen die Prognosen auf historische Daten und der Intuition von Individuen, was oft zu ungenauen Prognosen führt, in Folge auch zu Über- oder Unterproduktionen, falscher Beschaffung, Fehlinvestitionen, schlechter Budgetierung und Ressourcenplanung sowie auch verpassten Geschäftschancen. Daher setzen Unternehmen auf statistische Modelle, die zwar in der Lage sind, z. B. die Ertragsdaten des Unternehmens für die letzten zehn Jahre zu berücksichtigen, um eine Prognose für das kommende Jahr zu erstellen, aber in der heutigen volatilen Geschäftswelt reicht dies nicht mehr aus, weil die erforderliche Genauigkeit nicht mehr gegeben ist. Klassische Prognosemethoden sind einfach nicht mehr im Stande, mit der Anzahl der verfügbaren Metriken und KPIs umzugehen, die oft in die Tausende gehen. Und so kommen hier Machine-Learning-Modelle ins Spiel, die Veränderungen in großen Datenmengen überwachen und analysieren. Und das in Bruchteilen von Sekunden und unter Berücksichtigung von Tausenden, scheinbar ungleicher Metriken.

Anwendungsbereiche

Geschäftsprognosen KI-basierte Forecast-Tools können so viele Faktoren berücksichtigen, wie verfügbar sind, und wesentlich genauere Prognosen erstellen, indem sie Muster und Korrelationen identifizieren, die sonst unbemerkt geblieben wären. Und es geht noch weiter: Predictive Modelling kombiniert Data Mining, Wahrscheinlichkeitsrechnung und Machine Learning und ermöglicht noch spezifischere und detailliertere Ergebnisse und Zukunftsszenarien. Das Modell berücksichtigt eine Vielzahl von Inputs und sagt das zukünftige Verhalten, Trends und Szenarien voraus – nicht nur einfach eine Zahl. Und das geht weit über klassische Umsatz- und Profitabilität-Forecasts hinaus. Zum Beispiel können sie vorhersagen, welche Produkte sich demnächst besser verkaufen oder welche Kunden in den nächsten 30 Tagen wahrscheinlich kaufen werden.

Nachfrageprognosen Mit KI lassen sich Bedarfsmodelle mit einer hohen Prognosegenauigkeit bilden. Diese intelligenten Modelle können auf Unmengen von Daten und Datenquellen zugreifen und finden darin Muster, die Menschen nicht erkennen würden. Dabei berücksichtigen sie nicht nur die Vergangenheit, die Gegenwart und die Zukunft, sondern sie ziehen auch externe Faktoren mit ein wie Aktionen, Saisonalität und sogar das Wetter. Damit werden sehr genaue Nachfrageprognosen möglich und demzufolge auch genaue Bedarfsplanungen, wobei Out-of-Stock-Szenarien vermieden werden. So lassen sich Kosten innerhalb von Lieferketten senken und erhebliche Verbesserungen bei der Finanz- und Kapazitätsplanung erzielen. Nicht nur die Gewinnspannen werden höher, sondern auch die Cashflow-Planung leichter.

Datenbasis Im Gegensatz zur klassischen Planung, die rein historisch und nur auf internen Daten basiert, bewertet KI auch externe Daten, wie beispielsweise Preisveränderungen und Lagerstand beim Wettbewerb, Veränderungen im Konsumentenverhalten, Marktentwicklungen, Wetter- und Saisonalität, sowie auch besondere Events.

Dynamische Forecasts Im Vergleich zu den klassischen starren Forecast-Modellen sind mit KI dynamische, real-time Prognosen möglich, die mit jeder neuen Information genauer und besser werden und tägliche sowie auch untertägige Prognosen ermöglichen. Solche Lösungen agieren völlig autonom und rekonfigurieren die Prognosen kontinuierlich neu – wenn sich Muster darin ändern – und ermöglichen es Ihnen, Ihre Entscheidungen und Handlungen rechtzeitig und fundiert anzupassen. Dies ist zum Beispiel im Bereich von leichtverderblichen Lebensmitteln von besonderer Wichtigkeit.

Symphony RetailAI ist eine KI-gestützte Demand Planning und Forecast Software für den Einsatz im Einzelhandel. Die Cloud-Plattform kann innerhalb von Tagen einsatzbereit sein und optimiert die Produktverfügbarkeit, verringert das Risiko für Fehlbestände, Abfall und Verderb und bietet ein besseres Verständnis für Verkaufstrends und Anomalien.

https://www.symphonyretailai.com/

Nitro von HyperCube ist eine SaaS-basierte KI-gesteuerte Lösung für die Nachfrageplanung bei Verlagen. Die Software berechnet und passt automatisch die Anzahl der zu liefernden Exemplare an.

https://www.hcube.io/en/our-solutions/sales-forecasting-press/◄

Nachfrageprognosen im Einzelhandel

Ein Einzelhändler stand vor der Herausforderung, genaue und langfristige Forecasts zu erstellen. Lange Lieferketten in Verbindung mit kurzen Produktlebenszyklen sorgten für eine hohe Komplexität und Dynamik bei der Erstellung von langfristigen Nachfrageprognosen. So entschied sich das Unternehmen für den Einsatz eines KI-gestützten Prognosesystems.

Die entwickelte Lösung konnte eine Prognose-Pipeline für Verkäufe neun Monate im Voraus aufbauen. Dabei berücksichtigte die Software die saisonabhängige Veränderung der Nachfrage und konnte passende Ersatzprodukte identifizieren, wodurch eine höhere Planungsgenauigkeit über die gesamte Produktpalette möglich wurde.◄

4.11   Sales Automation

▶ **Definition Sales Automation** impliziert die Ausführung von Funktionen und Aufgaben durch Maschinen, ohne oder nur mit minimaler menschlicher Beteiligung. KI Sales Automation Tools erledigen täglich wiederkehrende Aufgaben, ohne dass ein Vertriebsmitarbeiter eingreifen muss.

Ziel: Automatisierung und Standardisierung von Vertriebsprozessen und -tätigkeiten, Reduzierung von repetitiven und administrativen Aufgaben
Vertriebsmitarbeiter verbringen unverhältnismäßig viel Zeit mit administrativen Aufgaben, ob aufgrund ihrer Rolle in internen Prozessen oder im Namen des Kunden. So finden im Vertrieb vermehrt Automatisierungssysteme Anwendung, die primär für die Überwachung von Vertriebsprozessen, Datenerfassung und Erstellung von automatisierten Berichten verwendet werden. KI bringt auch hier eine neue Dimension hinein: Sie wird automatisch und intelligent Informationen aus unterschiedlichen Quellen verarbeiten und die daraus resultierenden Aktionen initiieren und dem Vertrieb viele nicht verkaufsrelevante Aufgaben abnehmen.

Eine vom McKinsey Global Institute in Zusammenarbeit mit Salesforce durchgeführte Studie ergab, dass die KI-Automatisierungs-Technologie bei fast 40 % der Verkaufsprozesse eines Unternehmens angewendet werden kann (Valdivieso de Uster 2018). Mit den prognostizierten Fortschritten in der Technologie, insbesondere bei der Verarbeitung natürlicher Sprache, könnte dieser Anteil laut Studie bei über 50 % liegen. Dies bedeutet, dass die Vertriebsmitarbeiter von alltäglichen, repetitiven Aufgaben wie der Bearbeitung von Aufträgen, Erfassung von Kundenterminberichten und Übermittlung von Marktinformationen entlastet werden können.

Anwendungsbereiche

Aufgabenverteilung KI-Algorithmen können Aufgaben innerhalb der Vertriebsorganisation automatisch zuweisen: Leads, Aufträge, Serviceanfragen, Kundeninteraktionen. Beispielsweise könnte ein Chatbot, nachdem er den Lead vorqualifiziert hat, selbstständig entscheiden, wer aus dem Vertriebsteam am besten diese Aufgabe bewältigen kann.

Automatische Datenerfassung Daten aus diversen Quellen wie ERP, E-Mail-System und Kalender können im CRM automatisch erfasst und aktualisiert werden, ohne die Notwendigkeit jeglicher Interaktion seitens der Mitarbeiter. KI transkribiert Kundengespräche und kreiert daraus Datensätze, die automatisch im CRM an der richtigen Stelle abgelegt werden, erfasst Bestellungen und informiert Kunden über den Status ihrer Aufträge.

Prozessanalyse KI kann selbstständig diverse Prozesse im Vertrieb analysieren und bewerten. Die Tools generieren dann Berichte auf der Grundlage von KPIs oder erstellen Vorschläge zur Prozessverbesserung.

Termin-Koordination KI koordiniert autonom Termine mit mehreren Teilnehmern, ob intern oder extern, und reserviert Besprechungsräume.

Kundenkommunikation KI kann selbstständig mit Kunden kommunizieren, bis diese ein Stadium erreicht haben, an dem sie an den Vertrieb übergeben werden können.

Recherche KI kann den Prozess der Informationsrecherche gänzlich übernehmen und automatisch neue relevante Informationen zu Kunden und Deals liefern. Sie recherchiert auch eigenständig nach potenziellen Kunden und liefert laufend neue interessante Leads, die der Vertrieb sofort angehen kann.

Tool-Beispiel

Freshworks Sales Force Automation ist ein Software-as-a-Service-Produkt, das sich hauptsächlich an den KMU-Markt richtet. Seine KI, liebevoll „Freddy" genannt, bietet prädiktive Erkenntnisse, automatisiert repetitive Aufgaben und weist auf neue Geschäftsmöglichkeiten hin. Ganz nebenbei sorgt Freddy auch für die Richtigkeit von Daten, zum Beispiel wird er automatisch doppelte Leads und Kontakte im System finden und zusammenfügen.
https://www.freshworks.com/freddy-ai/◄

Praxisbeispiel

Automatisierte Kontakt- und Aktivitätenerfassung im B2B
   Ein Unternehmen aus dem B2B-Bereich hatte das Problem, dass Kundenkontaktdaten nicht konsistent und akkurat erfasst und den Opportunities falsch zugeordnet wurden. Der Mangel an Daten erstreckte sich über den gesamten Vertriebsprozess: von Pre-Sales bis zu After-Sales. So war es nicht möglich, die Wirksamkeit von Marketinginvestitionen zu kalkulieren und die Kundenzufriedenheit und -bindung zu analysieren.
   Das Unternehmen führte eine KI-Plattform ein, die von mehreren Abteilungen verwendet wurde: Vertrieb, Kundenbetreuung, Abwicklung, Business Development, Marketing und Kundenservice.
   In den ersten sechs Monaten nach der Einführung wurden über 100.000 Kontaktdaten automatisch erfasst und die Qualität der Daten im CRM von 50 % auf 90 % erhöht. Dadurch konnte die Marketingabteilung Kunden besser segmentieren und Kampagnen zielgerichteter entwickeln.

Die Vertriebsleitung führte Gewinn-Verlust-Analysen durch, um zu bestimmen, wie Ressourcen eingesetzt werden und wer wann im Verkaufsprozess einbezogen werden sollte, um die Verkäufe zu beschleunigen und die Gewinnraten zu verbessern. Zusätzlich konnte das System frühzeitig Signale für mögliche Kundenabwanderung identifizieren.◄

4.12 Social Media Intelligence

► **Definition** **Social Media Intelligence Tools** ermöglichen die Automatisierung und die Optimierung von Vertriebs- und Marketingaktivitäten in den sozialen Medien sowie die Überwachung der Performance und der Wahrnehmung der eigenen Marke und der Wettbewerber.

Ziel: Automatisierung und Optimierung der Aktivitäten auf sozialen Medien

Social-Media-Aktivitäten können sehr zeit- und ressourcenintensiv sein und beschäftigen oft ganze Abteilungen. Dadurch sind inzwischen viele Automatisierungstools entstanden, die bei der Steuerung dieser Aktivitäten unterstützen. KI-gesteuerte Systeme gehen jedoch noch weiter: Sie sind in der Lage, Inhalte und Anzeigen selbstständig zu kreieren, zu planen, zu posten und ihre Performance auszuwerten. Und dafür brauchen sie nur wenige Minuten. Sie überwachen Ihre Marke: ihre Reichweite, ihre Erwähnungen und die Interaktion Ihrer Zielgruppe sowie auch die Stimmung von Kunden. Sie entdecken Fans, Trolle und Faktoren, die die Wahrnehmung Ihrer Marke beeinflussen. Ähnlich ermöglichen sie auch die Beobachtung Ihrer Wettbewerber: was sie machen, was ihre Kunden sagen und wie ihre Werbung funktioniert.

Anwendungsbereiche

Social Media Management KI-Tools können Social-Media-Inhalte kanalübergreifend vollständig automatisch generieren und sogar Hashtags automatisch einfügen. Sie posten auch große Mengen von Content und planen automatisch seine Verteilung. Zugleich automatisieren sie nicht nur den Prozess der Content-Erstellung und -Steuerung, sondern optimieren auch seinen Erfolg, indem sie den Content ständig an die Erwartungen der Zielgruppe anpassen, das richtige Timing, die richtige Plattform und die richtigen Hashtags identifizieren.

Social Insights und Social Listening Es gibt eine Reihe von KI-gestützten Tools, die Erkenntnisse aus den Social-Media-Profilen und den Follower-Aktivitäten generieren. KI-Algorithmen analysieren Beiträge in den sozialen Medien in großem Maßstab, verstehen, was in ihnen gesagt wird, und liefern auf der Grundlage dieser Informationen wertvolle Einsichten. Damit lassen sich Trends im Kundenverhalten erkennen, neue Zielgruppen finden, der Ruf der eigenen Marke im Auge behalten, der Markenwert verfolgen, virale Events entdecken und Werbemöglichkeiten identifizieren.

Wettbewerbsbeobachtung KI-Algorithmen beobachten nicht nur Ihre Zielgruppe und deren Interaktion mit Ihrer Marke, sondern auch den Wettbewerb: seine Aktivitäten, die Performance seiner Werbung und die Wahrnehmung durch die Zielgruppe. KI wird die Einführung von neuen Konkurrenzprodukten sowie die Bekanntgabe einer wichtigen Veränderung rechtzeitig entdecken, sodass Sie darauf reagieren können.

Social Media Advertising Es gibt heute KI-basierte Tools, die Facebook- und Instagram-Werbung komplett selbstständig kreieren. Und es geht noch weiter: KI wird die Anzeige ständig optimieren, anhand der Klicks und der Interaktion der Zielgruppe damit, um die Konvertierungsrate zu erhöhen.

Kundenbewertungen Hinter den Sternen-Bewertungen verbirgt sich eine Fülle von Informationen, die KI nutzt, um die Stimmungen und Meinungen aus Produktbesprechungen zu extrahieren und zu analysieren. Diese Erkenntnisse sind bei der Entwicklung von Produkten und Absatzstrategien Gold wert.

Tool-Beispiele

Mentionlytics bietet ein KI-gestütztes Tool zur Überwachung von Konkurrenz auf allen Social-Media-Plattformen an.
https://www.mentionlytics.com/
Meltwater ist ein norwegischer Anbieter einer Media-Intelligence-Lösung, mit der eine globale Medienbeobachtung, Social-Media-Monitoring und -Engagement möglich sind.
https://www.meltwater.com/
Auris ist eine KI-gestützte Plattform für Social Listening, fungiert kanalübergreifend und bietet branchenspezifische Einsichten.
https://genylabs.io/◄

Social Listening im Konsumentenbereich
Mundpropaganda ist für einen Anbieter von Konsumgütern ein Schlüsselkriterium für seinen Unternehmenserfolg. Das Unternehmen hat das Ziel, viele Menschen in Diskussionen rund um seine Marke zu involvieren, wozu intensives Content-Marketing sowie eine enge Zusammenarbeit mit Influencern und Markenbotschaftern notwendig ist. Um diese Herausforderung zu bewältigen, entschied das Unternehmen, ein Social Media Intelligence Tool einzusetzen.

Mit dem Tool weiß nun das Unternehmen, welche Botschaften bei Kunden ankommen und welche sie begeistern. Durch ein integriertes Influencer-Rankingsystem ist die Marketingabteilung in der Lage, auf wichtige Interaktionen schnell zu reagieren. Wenn die Interaktion auf einer Skala von 0–10 mindestens 8 Punkte erreicht, engagieren sie sich. Durch den Einblick in die Gesprächsvergangenheit kann man sehen, ob ein Influencer seine Meinung über die Marke geändert hat, ob er in seinen Kommentaren konsistent ist und ob der Zeitrahmen zwischen den Engagements stimmig ist. So kann man wertvolle Schlüsse für die Zusammenarbeit mit einem Influencer ziehen.

Das Tool ermöglicht es zu wissen, ob und warum die Aktivitäten in den sozialen Medien erfolgreich sind und zeigt einen echten ROI. Dabei werden Kennzahlen wie Reichweite und Stimmung verwendet, um das Engagement der Zielgruppe zu verstehen und gezielt zu steuern.◄

4.13 Sales Coaching Intelligence

▶ **Definition Sales Coaching Intelligence Tools** sind Vertriebs-Coaching-Plattformen, die den Prozess der Leistungssteuerung im Vertrieb unterstützen. Die Software ermöglicht das kontinuierliche Beobachten und die Beurteilung der Vertriebsleistung und fördert das Training und Coaching einzelner Vertriebsmitarbeiter und ganzer Vertriebsteams.

Ziel: Unterstützung im Prozess der Mitarbeiterführung und -Coaching
Schulung und Coaching von Vertriebsmitarbeitern ist insbesondere in größeren Organisationen eine Herausforderung, weil mit klassischen Weiterbildungsmaßnahmen nicht immer auf die spezifischen und individuellen Bedürfnisse der jeweiligen Mitarbeiter eingegangen wird. Hier kommen KI-gesteuerte Coaching-Lösungen ins Spiel. Es sind zentralisierte Plattformen, die Daten über das Wissen

und die Fähigkeiten der Mitarbeiter verwalten, inklusive Hintergrundinformationen zu den einzelnen Personen und ihrer Leistung. Dabei werden auch Datensätze herangezogen, die „außerhalb" der Plattform liegen, wie z. B. Leistungsdaten, Verkaufstransaktionen und Aktivitätsdaten (z. B. Anrufe und E-Mails von Vertriebsmitarbeitern). Diese Systeme nutzen Natural Language Processing, Conversational Intelligence und Machine Learning, um all diese Daten auszuwerten und akkurate Ergebnisse zur Unterstützung im Coaching-Prozess und bei der Mitarbeiterentwicklung zu liefern. Sie ermöglichen ein kontinuierliches Training der Mitarbeiter mit Live-Feedback und Verbesserungsvorschlägen. Im Grunde sind diese Plattformen eine natürliche Ergänzung zu den Verkaufsschulungen und der Onboarding-Software, die neue Mitarbeiter einschulen und durch Rollenspiele, Kompetenzeinschätzungen und Mikrokurse eine kontinuierliche Weiterbildung in der gesamten Vertriebsorganisation ermöglichen.

Anwendungsbereiche

Praxis-Simulationen Realistische Praxissimulationen mit videobasierten Rollenspielen reduzieren erheblich den Zeitaufwand der Führungskraft für Mitarbeiter-Coaching. Sie simulieren sehr realistische Kundeninteraktionen und helfen den Vertriebsmitarbeitern, die notwendigen Vertriebsfähigkeiten und Selbstvertrauen zu entwickeln. Insbesondere bei der Bewältigung der schwierigsten Herausforderungen im Vertrieb, wie Kundenakquise, Einwandbehandlung und Preisverhandlungen, können diese Systeme Ihre Mitarbeiter gut unterstützen. Dabei können die Inhalte und die Struktur der Simulationen an die Besonderheiten und den Bedarf des einzelnen Mitarbeiters angepasst werden.

Leistungsbeurteilungen und Feedback KI-Technologie kann nicht nur Texte oder Aufnahmen transkribieren, sondern auch qualitative Erkenntnisse über die Leistung der Mitarbeiter daraus ziehen. Das System wertet beispielsweise aus einer Aufnahme eines Kundentelefonats aus, wie gut der Vertriebsmitarbeiter auf den Kunden und seine Emotionen eingeht, wie hoch der Grad der Interaktivität ist, wie gut seine Sprachwahl ist und ob die Inhalte auf die Kundenbedürfnisse ausgerichtet sind. So muss die Führungskraft die Gespräche nicht mehr selbst auswerten, sondern lediglich die Erkenntnisse heranziehen und dem Mitarbeiter ein punktuelles Feedback und Verbesserungsinputs geben. Das System kann auch einen Vergleich zum gesamten Team aufstellen und speziell auf die Entwicklungsbereiche für den jeweiligen Mitarbeiter hinweisen. Außerdem können KI-gesteuerte Coaching-Plattformen einen Feedback-Qualitätsindex zur

Verfügung stellen und die relevanten Ergebnisse in Personalmanagementsystemen erfassen, um die jährliche Leistungsbeurteilung zu verbessern.

Weiterbildungsprogramme Mit KI-Technologie lassen sich Weiterbildungsprogramme wesentlich bedarf- und zielgerichteter gestalten. Anstatt Standard-Trainings zu organisieren kann man mit solchen Systemen individuelle Programme entwickeln: für einzelne Mitarbeiter und für ganze Teams. Dabei werden die Stärken und Schwächen jedes einzelnen Teammitglieds über eine Reihe von Kompetenzen berücksichtigt.

Gesteuertes Coaching KI-gestützte Coaching-Plattformen leiten gezielt die Vertriebsführungskräfte durch den Coaching-Prozess: Was müssen sie beobachten, worauf müssen sie achten, wonach ist zu suchen und was muss bewertet werden? So wird sichergestellt, dass alle Führungskräfte methodisch einheitlich vorgehen und dabei sehr spezifisch auf die individuellen Situationen einzelner Mitarbeiter eingehen. Einerseits stehen ihnen mehr Informationen zum einzelnen Mitarbeiter als je zuvor zur Verfügung und andererseits werden durch den präskriptiven Ansatz die Coaching-Qualitäten der Führungskraft gefördert und dadurch die Wirksamkeit des Coachings insgesamt gesteigert.

Tool-Beispiel

Chorus.ai zeichnet alle Anrufe und Videokonferenzen automatisch auf, transkribiert und analysiert sie in Echtzeit. Chorus kann ein einstündiges Gespräch in eine fünfminütige Zusammenfassung zerlegen und liefert verwertbares Feedback dazu. Daraus resultieren KI-basierte Einblicke, die für Follow-ups mit Kunden, Coaching der Mitarbeiter, Einschulung neuer Mitarbeiter und Entwicklung von maßgeschneiderten Schulungsprogrammen verwendet werden können. Unternehmen wie Adobe, Zoom, Outreach und Qualtrics nutzen die Chorus-Plattform.
https://www.chorus.ai/◄

Praxisbeispiel

Reduktion der Mitarbeiterfluktuation durch datengesteuertes Coaching
Um sicherzustellen, dass neue Vertriebsmitarbeiter für den Kundenumgang gut vorbereitet sind, hat sich ein Software-Anbieter im Immobiliensektor für die Einführung einer KI-gesteuerten Coaching-Plattform entschieden. Die

Lösung ermöglicht es, die Vertriebsmitarbeiter über den gesamten Vertriebs-zyklus hinweg zu schulen, was eine schnellere Einarbeitung der Mitarbeiter ermöglicht und zu einer höheren Produktivität führt.

Die zur Verfügung gestellten Daten ermöglichen es den Führungskräften, den individuellen Schulungsbedarf der Mitarbeiter schnell zu identifizieren und sie in den Bereichen zu schulen, in denen sie die meiste Hilfe benötigen. Das System bietet die Möglichkeit, Gespräche live abzuhören, womit Führungs-kräfte Lösungen und Vorschläge in Echtzeit machen und Mitarbeiter effektiv coachen können.

Durch die tiefgehenden Einblicke in die Kundeninteraktionen konnte man eine bessere Ausrichtung der Kundenansprache innerhalb der gesamten Ver-triebsorganisation erreichen. Auch die Einarbeitung der neuen Mitarbeiter verbesserte sich erheblich, da sie in der Lage waren, einen Arbeitsablauf zu implementieren, der sich sofort als erfolgreich erwies. Dadurch konnten sie einen hohen Grad an Produktivität vom ersten Tag an einbringen, was zu einer besseren Arbeitsmoral und niedrigerer Fluktuation führte. ◄

4.14 Sales Efficiency

► Definition **Sales Efficiency Tools** steigern die Effizienz und die Produkti-vität im Vertrieb, indem sie dem Vertriebsmitarbeiter bei der Bewältigung von täglichen, repetitiven Aufgaben helfen bzw. diese gänzlich übernehmen.

Ziel: Steigerung der Vertriebseffizienz und Erleichterung bei täglichen Auf-gaben
Verkaufsteams verfehlen oft ihre Ziele, nicht weil sie zu faul sind oder sich nicht genügend anstrengen, sondern weil sie oft in täglichen Routineaufgaben stecken und ihnen Möglichkeiten zur Optimierung ihrer Effizienz fehlen. Auch hier kann KI durch die Automatisierung, Anpassung und Optimierung verschiedener Teile des Vertriebsprozesses mehr Effizienz in den Vertrieb einbringen und dadurch die Produktivität steigern. KI-gesteuerte Systeme können einzelne Aufgaben komplett selbstständig übernehmen und den Vertrieb dadurch stark entlasten.

Anwendungsbereiche

Routenplanung KI kann die Routenplanung und die Gebietsplanung je nach Standort des Außendienstmitarbeiters und sonstigen Kontextinformationen optimieren, z. B. die schnellsten Routen zwischen den Terminen kalkulieren und potenzielle Interessenten auf dem Weg identifizieren. Manche Systeme können den Kunden sogar automatisch über eine mögliche Terminverspätung benachrichtigen.

Kontaktverwaltung KI kann bei der Verwaltung von den unzähligen Kontakten auf den diversen Geräten und Plattformen helfen. Sie wird Kontakte aus verschiedenen Quellen wie Mobiltelefon und E-Mail-Konto importieren, auf Duplikate und Aktualität prüfen und automatisch ein zentrales Profil für alle Kontakte erstellen, wo man Kontaktinformationen und diverse Interaktionen (per E-Mail, in Meetings und in den sozialen Medien) nachverfolgen kann.

E-Mail Management Besonders bei der E-Mail-Verwaltung kann KI hilfreich sein, weil sie die dringend benötigte Personalisierung und Automatisierung von E-Mail-Aktivitäten bieten kann. Zum Beispiel kann KI Ihre Tippgewohnheiten erlernen und Ihre Sätze automatisch für Sie beenden. Oder sie hilft Ihnen dabei, E-Mails effektiver zu sortieren. So brauchen Sie irrelevante und unwichtige E-Mails nicht zu lesen und auszusortieren, sondern lenken Ihre Aufmerksamkeit direkt auf wichtige Nachrichten.

Vertriebsassistenz KI kann dem Vertriebsmitarbeiter virtuelle digitale Assistenz auf dem Desktop, Laptop und Mobiltelefon anbieten – und das mit einer höchstpersonalisierten Erfahrung. Im Grunde genommen sind es Chatbots, die natürliche Sprachverarbeitung und Predictive Analytics verwenden, um Vertriebsmitarbeiter und Vertriebsteams bei Aufgaben wie Lead-Qualifizierung, Planung von Meetings, Erfassung von Meeting-Notes, Dateneingabe, Pipeline-Management usw. zu unterstützen.

Tool-Beispiele

Voicea von Cisco nimmt an Sitzungen teil und erfasst Protokolle. Die Meeting-Inhalte werden direkt in Aktionen umgesetzt und die Meeting-Notes werden in das E-Mail-Postfach oder an andere Kollaborationswerkzeuge weitergeleitet.

Voicea funktioniert überall, ob in Videokonferenzen, Telefongesprächen oder persönlichen Meetings.

https://www.voicea.com/about/

Knowmail verwendet KI, um die E-Mail-Verwaltung des Benutzers zu optimieren. Das Ziel dabei ist es, die E-Mails so effizient und relevant wie möglich zu verwalten, um die E-Mail-Flut für den Benutzer zu reduzieren. Das Tool filtert die wichtigsten Nachrichten und fasst lange Konversationen zusammen.

https://www.knowmail.me/◄

Praxisbeispiel

Effizienzsteigerung im Vertriebsprozess eines B2B-Software-Anbieters

Bei einem B2B-Software-Hersteller wurde wertvolle Zeit für die Verwaltung von Kundendaten, Planung von Aktivitäten und die manuelle Festlegung von Service Level Agreements verschwendet. Dabei wurden nur ca. 20 % der Aktivitäten im CRM erfasst, und aufgrund der mangelhaften Informationen war es schwierig, Trends und Geschäftsmöglichkeiten zu identifizieren und akkurate Prognosen zu erstellen.

So führte das Unternehmen eine KI-gesteuerte Lösung ein, die Einblicke in Zahlen und Entwicklungen ermöglicht, relevante Aktivitäten automatisch verfolgt, Geschäftstrends erkennt und Schlüsselkennzahlen für Vertriebsmitarbeiter bereitstellt. Durch die hohe Qualität der Daten konnte das System eine Forecast-Genauigkeit von 90 % im Vergleich zu vorher 40 % erreichen.

Innerhalb von neun Monaten konnten 15.000 Kontakte im CRM-System wiederhergestellt werden, wodurch die Marketingabteilung ihre Zielgruppen besser ansprechen konnte. Auch die Produktivität bei den Vertriebsmitarbeitern ist, gemessen an den Buchungen, um 15 % gestiegen.◄

4.15   Sales Management Intelligence

▶ **Definition Sales Management Intelligence Tools** sind Systeme, die erweiterte Analysen der Vertriebsleistung auf allen Ebenen – Märkte, Produkte, Kunden, Verkaufsgebiete, Vertriebsmitarbeiter etc. – generieren und es Vertriebsleitern ermöglichen, die Vertriebsleistung zu überwachen, zu steuern und zu optimieren.

Ziel: Unterstützung in der Vertriebssteuerung und im Vertriebsmanagement

Effektive Vertriebssteuerung hat schon immer Methodik und Instrumente benö-tigt. KPI (Key Performance Indicators) und Vertriebsdatenanalysen gehören dazu. Das Problem dabei: Klassische KPI können einfach keine Zusammenhänge erken-nen. Mit KI sind nun sehr detaillierte und kritische Einblicke in die Leistung der Vertriebsorganisation auf allen Ebenen möglich. Predictive Analytics bie-ten nicht nur Zukunftsperspektiven, sondern zeigen auch sehr spezifische und genaue Erwartungen und die Vertriebsleistung auf. Damit wird die Qualität der Entscheidungen auf der Vertriebsführungsebene stark erhöht, unabhängig davon, ob es dabei um Zielsetzungen, Gebietszuweisungen, Mitarbeiterbeurteilung oder Ressourcensteuerung geht.

Anwendungsbereiche

Vertriebsperformance Mit Hilfe von KI können Vertriebsleiter den Vertrieb leichter und wirksamer steuern und die Vertriebsleistung steigern. KI-gestützte Systeme sagen die zukünftige Performance der Vertriebsorganisation voraus und ermöglichen es der Führungsebene zu erkennen, welche Vertriebsgebiete am besten performen, welche Mitarbeiter ihre Ziele erreichen werden und welche hinterherhinken, welche Kunden am ertragsreichsten sind und welche Deals gute Chancen auf einen Abschluss haben. Auf diese Weise können Vertriebsführungs-kräfte ihren Fokus auf die Bereiche legen, die die höchste Aufmerksamkeit erfordern, und sich auf Geschäftsbereiche konzentrieren, die für das Unternehmen das größte Potenzial bergen.

KPI Monitoring KI-Analytics ermöglichen es, tiefer in die Vertriebsdaten ein-zudringen und bieten eine Granularität, die mit traditionellen BI-Tools nicht zu erreichen ist. Der Vorteil dabei ist, dass KI-gesteuerte Systeme, im Gegensatz zu den klassischen Analysetools, den Kontext und die Zusammenhänge zwischen den unterschiedlichen KPIs erkennen. Diese Systeme können nicht nur eine unvorstell-bare Menge an Kennzahlen analysieren, sondern relevante Erkenntnisse daraus ableiten, sie in Echtzeit adäquat darstellen und Ihnen Empfehlungen unterbreiten, was als Nächstes zu tun ist.

Erkennung von Anomalien KI-Systeme ermöglichen nicht nur KPI-Analysen, sondern entdecken in Echtzeit Anomalien in all Ihren Kennzahlen und Geschäfts-aktivitäten. Dabei analysiert das System Millionen von Metriken, erkennt wichtige

Signale, Vorgänge und Ereignisse und alarmiert Sie über mögliche Unstimmigkeiten oder unvorhergesehene Entwicklungen. Und das nicht nur im Bereich der von Ihnen vorgegebenen KPIs. Das System erkennt selbstständig Anomalien und wird mit der Zeit immer besser.

Leistungsbeurteilung KI bietet Vertriebsführungskräften Zugriff auf Verkaufszahlen, kundenbezogene Daten, Kundenbeschwerden und Aktivitäten der Vertriebsmitarbeiter. Damit sind bessere Leistungsbeurteilungen als je zuvor möglich. Mitarbeiter werden anhand von Fakten und nicht nur auf der Basis von persönlicher Einschätzung bewertet. Das versetzt die Führungsebene in die Lage, bessere und schnellere Personalentscheidungen treffen zu können. Im Grunde ermöglicht KI eine agile Mitarbeiterführung und -steuerung.

Recruiting KI kann dabei helfen, die richtigen Mitarbeiter für die Organisation zu finden. Sie wird selbstständig unzählige Bewerbungen screenen und bewerten und nur die passenden Kandidaten an die Verantwortlichen weiterleiten. Das System kann sogar Interviews selbst durchführen, zum Beispiel via App oder Handy, das Gespräch analysieren und eine Empfehlung abgeben. Unternehmen wie IBM und Unilever verwenden bereits KI im Prozess der Vorauswahl der Bewerber.

Verkaufsgebietsplanung Mit KI lässt sich die Planung von Vertriebsgebieten optimieren. Sie kann den TAM (Total Addressable Market) in einem bestimmten Gebiet schnell errechnen und die Kunden mit dem größten Potenzial darin identifizieren. Die Gebietszuteilung wird insoweit optimiert, dass alle Vertriebsmitarbeiter bei der Aufteilung der Regionen fair behandelt werden: ob mit der gleichen Anzahl von Kunden oder dem Marktwert.

Gamification Gamification Tools gestatten es Verkaufsleitern, die Verkaufsleistung auf eine spielerische Art zu fördern: durch Wettbewerbe, Darstellen von Ranglisten und Spielen. KI kann hier wertvolle Einsichten bieten – warum, wann und wie Gamification angewendet werden soll – und eröffnet den klassischen Incentive-Programmen eine neue Welt an Möglichkeiten, mit Echtzeit-Einblicken und Anpassungen.

Tool-Beispiel

Anodot setzt seine patentierte, KI-basierte Technologie ein, um alle relevanten Geschäftsparameter zu monitoren. Das System erlernt das Verhalten der spezifischen Geschäftskennzahlen, überwacht ihre Leistung und erkennt Anomalien darin. T-Mobile sagt, dass Anodot es ihnen ermöglicht, Vorfälle ein bis zwei Stunden im Vorfeld zu erfassen und darauf zu reagieren, bevor sie sich tatsächlich auf das Kundenerlebnis auswirken.

https://www.anodot.com/◄

Praxisbeispiel

Vertriebssteuerung und Effizienz im B2B-Software-Startup
Ein Software-Startup mit einem kleinen Vertriebsteam, das ca. 100 Projekte pro Jahr verkauft, hatte Schwierigkeiten, die Verkaufsaktivitäten und die KPIs über den gesamten Vertriebsprozess hinweg zu verfolgen. Transparenz, Prioritätensetzung und Konsistenz waren dabei die größten Herausforderungen.

Der Vertriebsleitung fehlte der Überblick über alle Aktivitäten bei den Großprojekten und dies ließ sich mit E-Mail-Kommunikation oder mit Excel-Sheets nicht bewältigen. Abgesehen davon war die Priorisierung der Projekte unmöglich, weil der Überblick über den Fortschritt der offenen Deals fehlte. Folglich wurden Vertriebsressourcen nicht richtig eingesetzt und gute Geschäftsmöglichkeiten versehentlich vernachlässigt.

Die eingeführte KI-basierte Lösung löste die meisten der Herausforderungen. Das System konnte sämtliche Vertriebsanalysen durchführen, relevante Kennzahlen beobachten, Planung und Prognosen erstellen, das Account-Management unterstützen und für die Vertriebsmitarbeiter sogar eine To-Do-Liste erstellen. Die Plattform realisierte eine bessere Transparenz und analytische Priorisierung der Aktivitäten und sorgte für konsistente Abläufe über das gesamte Vertriebsteam hinweg. Jeder war nun auf dem neuesten Stand bezüglich bedeutender Opportunities und Verkaufsaktivitäten, und die Vertriebsführung konnte die Vertriebsressourcen effizient steuern. Die Produktivität ist insoweit gestiegen, als dass geschätzte vier bis sechs Stunden pro Woche pro Vertriebsmitarbeiter eingespart werden konnten – wertvolle Ressourcen für ein kleines Unternehmen.◄

4.16   Inside Sales Intelligence

► **Definition   Inside Sales Intelligence Tools** sammeln, analysieren und präsentieren Informationen, die Vertriebsmitarbeiter dabei unterstützen, ihre Kunden optimal zu bedienen und neue Leads schneller und effizienter in Kunden zu konvertieren. Gleichzeitig unterstützen sie sie bei der Bewältigung von vertriebsrelevanten Aufgaben.

Ziel: Steigerung der Produktivität und Leistung im Vertriebsinnendienst
Der Vertriebsinnendienst ist oft damit konfrontiert, bei einer Kundenanfrage oder während des Telefonats die relevanten Unterlagen und Daten finden und daraus die notwendigen Informationen schnell extrahieren zu müssen. Hierfür ist gewöhnlich ein Wechsel zwischen mehreren Systemen erforderlich: ERP für die Bestellerfassung, CRM für Kundendaten und Servicesysteme, um die letzten Tickets nachzusehen. Dies führt dazu, dass die Bearbeitung der Kundenanfragen lang dauert und mit Frustration auf Kunden- und Mitarbeiterseite verbunden ist. Hier können Inside-Sales-Intelligence-Systeme die richtige Lösung bieten, denn im Grunde lösen sie das Hauptproblem im Innendienst: die schnelle Beschaffung von richtigen und relevanten Informationen. Sie stellen das notwendige Wissen zum richtigen Zeitpunkt zur Verfügung, sagen Kundenverhalten und -wünsche voraus und machen sogar konkrete Empfehlungen für den Geschäftsfall. Darüber hinaus übernehmen und automatisieren sie repetitive und administrative Aufgaben und helfen dem Vertrieb bei der Organisation und der Priorisierung seiner täglichen Aufgaben und Deals.

Anwendungsbereiche

Kundenwissen Im Vertriebsinnendienst kann KI wertvolle Einsichten zu den Kunden bieten. Zum Beispiel zum Kundenverhalten: die letzten Einkäufe, die Artikel auf ihrer Wunschliste, wofür sie sich interessieren und was sie nicht mögen. Nicht nur das, der Vertrieb erhält Einsichten in die Kundenstimmung, in seine Interaktionen mit der Webseite und den Social-Media-Kanälen sowie hinsichtlich seiner Zu- oder Abneigung dem Wettbewerb gegenüber. KI-Algorithmen scannen Webseiten, Soziale Medien und Nachrichten und ergänzen automatisch die Kundendaten: Unternehmen, Ansprechpartner, Entscheider, Strategie, Wettbewerb, News etc. Damit bilden sie eine wertvolle Wissensdatenbank zu jedem Kunden und Ansprechpartner, die dem Vertrieb zum richtigen Zeitpunkt und mit relevanten Einsichten zur Verfügung gestellt wird.

Vertriebswissen Auch auf der Produktebene kann KI wertvolles Wissen für den Vertrieb greifbar machen und damit den Wissensstand und die Kompetenz der Vertriebsmitarbeiter erhöhen. KI bietet zum richtigen Zeitpunkt – zum

Beispiel während eines Kundentelefonats – relevante Informationen zum jeweiligen Produkt, macht Produkt- und Produktergänzungsempfehlungen sowie zur Preisgestaltung und den nächsten sinnvollen Schritten.

Vorhersage der Kundenwünsche Leistungsstarke KI-Algorithmen hören dem Kundengespräch zu und erkennen nicht nur die Kundenwünsche, sondern können anhand des Gesagten Vorhersagen machen und dem Vertriebsmitarbeiter passende Angebote und Lösungen vorschlagen, die den Bedürfnissen des Kunden am ehesten entsprechen. Somit wird der Aufwand für den einzelnen Kunden reduziert und zugleich der Umsatz gefördert: weil KI im Stande ist zu identifizieren, was Kunden brauchen könnten, bevor sie es brauchen, und proaktiv passende Produkte und Dienstleistungen anzubieten.

Automatisierung und Reduzierung von Aufgaben Kundendienstabteilungen erhalten viele redundante Support-Anfragen, deren Bearbeitung oft wertvolle Ressourcen verschwendet. KI-Systeme können die Belastung der Mitarbeiter verringern, indem sie vorhersagen, welche Gruppe oder welcher Mitarbeiter am besten in der Lage ist, bestimmte Anfragen zu bearbeiten. Außerdem kann sie bestimmte Antworten auf der Grundlage von Ticket-Kriterien empfehlen, eine Antwortvorlage für bestimmte Anfragen anwenden und zum Teil die Anfragen selbst bearbeiten.

Task-Verwaltung KI-Systeme können nicht nur Aufgaben selbst erledigen, sondern die, denen sie nicht gewachsen sind, verwalten. Sie organisieren, priorisieren und verteilen die Aufgaben im Vertriebsinnendienst für einzelne Mitarbeiter und für ganze Teams. Damit werden die Effizienz und die Produktivität in der Vertriebsorganisation erhöht, es wird mehr in weniger Zeit erledigt.

Deal-Management KI kann aufgrund von Parametern, wie zum Beispiel Kundenhistorie, Produktstatus, angebotene Konditionen und Kundenverhalten, die offenen Deals verwalten, mit dem Ziel, die Unternehmensmargen, Gewinne und Umsätze zu maximieren.

Tool-Beispiel

Digital Genius kann automatisiert Kundenanfragen branchenübergreifend erledigen. Das System erkennt die Absicht hinter der Kundenanfrage und antwortet sofort, zum Beispiel mit einer Rückerstattung. Damit wird die Kundenzufriedenheit erhöht, weil dem Kunden signalisiert wird, dass man sein Anliegen ernst nimmt und man sich schnell darum kümmert. Abgesehen davon wird die Bearbeitungsdauer der Anfragen im Innendienst reduziert, wodurch die Produktivität steigt. KLM und Runtastic verwenden diese Plattform. https://www.digitalgenius.com/◄

Praxisbeispiel

KI-gestützte Bestellerfassung von Autoersatzteilen

Ein Händler von Autoersatzteilen stand von der Herausforderung, die Bestellannahme zu verbessern. Kunden führten die Bestellungen telefonisch durch, und der Mitarbeiter im Innendienst musste Name, Händlernummer, Bestellnummer und Ersatzteilnummer erfassen sowie die Verfügbarkeit live prüfen. Die durchschnittliche Bearbeitungszeit lag bei etwa zehn Minuten und sorgte für hohe Frustration bei Kunden, in Verbindung mit langen Wartezeiten und Rückrufen, Fehlern bei der Eingabe der Teilenummer und den damit verbundenen Reklamationen und Rücksendungen.

Um das Problem zu lösen wurde ein KI-gesteuerter virtueller Assistent entwickelt, der den Kunden in natürlicher Sprache bei der Bestellung von Teilen und der Überprüfung der Verfügbarkeit mit einer intuitiven, dialogorientierten Navigation unterstützt. Der virtuelle Assistent erkennt sofort die früheren Bestellungen des Kunden, stimmt die Angaben damit ab und stellt dadurch die Genauigkeit der Bestellung sicher. Darüber hinaus verfügt er über vortrainierte Sprachmodelle, um Industrie-Akronyme, Akzente und sogar die Syntax der Ersatzteile zu verstehen.

Das System ermöglicht eine durchgängige Verarbeitung des Initiierens, Verifizierens und Bestätigens eines speziellen Auftragsteils in einer einzigen Konversationssitzung – ohne Dateneingabe, Formulare oder 32-stellige Teilnummern-Einträge. Dadurch konnte die durchschnittliche Bearbeitungszeit von zehn Minuten auf weniger als eine Minute reduziert werden. In wenigen Monaten nach der Inbetriebnahme hat das System mehr als 8000 Bestellungen pro Monat erfolgreich ausgeführt, über zwei Millionen Benutzeranfragen bearbeitet und dabei eine 99 %ige Genauigkeit bei der Auftragsausführung erreicht, womit die menschliche Genauigkeit bei weitem übertroffen wurde.◄

4.17 Customer Relationship Management Intelligence

▶ Definition Customer Relationship Management (CRM) Tools sind Systeme, die den gesamten Prozess der Planung, Steuerung und Durchführung aller kundenrelevanten Aktivitäten abteilungsübergreifend unterstützen.

Ziel: Effizienzsteigerung im Kundenmanagement, Verbesserung der Kundenbeziehungen und Steigerung der Kundenbindung
CRM-Systeme sind keine Neuheit, sie werden im Vertrieb schon seit Jahrzehnten eingesetzt. Allerdings sind sie bei den Vertriebsmitarbeitern unbeliebt, weil sie mit einem großen und mühsamen Aufwand an Verwaltung verbunden sind. Aber mit KI verändert sich das drastisch. Statista schätzt, dass bis 2021 durch den Einsatz von KI bei CRM-Aktivitäten zusätzliche Einnahmen in Höhe von 394 Mrd. US-Dollar allein in USA erzielt werden könnten. (Liu 2018)

Früher war CRM einfach nur ein klassisches Vertriebshilfsmittel, heute ist es eine ganzheitliche zentrale Plattform für den Vertrieb: Marketing, Service, Verkauf und Kundenmanagement. Bei all diesen Interaktionspunkten kann KI unterstützen und bringt spannende neue Entwicklungen für die CRM-Software mit sich, wie z. B. Gesichts- und Spracherkennung. Einstein von Salesforce und Zia von Zoho CRM sind zwei Beispiele für KI-gestützte CRM, die Zugriff auf Informationen über Sprachbefehle bieten.

Anwendungsbereiche

Datenqualität Die hohe Datenqualität ist für einen funktionierenden Vertrieb überaus wichtig, denn darauf basieren Prognosen, Vertriebsaktivitäten, Ressourceneinteilungen und Performancebeurteilung. Nach Untersuchungen von Dun und Bradstreet (2004) sind 91 % der Daten in CRM-Systemen unvollständig, 18 % sind doppelt vorhanden und 70 % veralten jährlich. KI bringt hier die Lösung, denn sie kann nicht nur für Vollständigkeit und Richtigkeit der Daten sorgen, sondern ergänzt sie mit wertvollen Informationen, wie Verhaltensdaten, demografische Informationen, Indikatoren aus öffentlichen Datenbanken, Social-Media-Interaktionen, Kaufneigung und Echtzeitbewertungen für aktuelle Leads.

Datenerfassung Verhasste Datenerfassung in CRM-Systemen gehört mit KI der Vergangenheit an. Mit einem einzigen Klick in Outlook wird aus einer E-Mail-Adresse ein Lead im CRM-System, samt aller notwendigen Daten. E-Mail-Kommunikation, Angebote und Anhänge werden automatisch abgelegt,

Telefonanrufe transkribiert und an richtiger Stelle erfasst. NLP-basierte Systeme können aus einer Sprachaufnahme nach dem Kundentermin einen Terminbericht generieren und ablegen. Die Datenerfassung kann zum Teil komplett automatisiert ablaufen, ohne irgendeine Interaktion seitens der Vertriebsmitarbeiter: E-Mail, Besprechungen, Anrufe, SMS, Aktivitätsverfolgung, Kontaktdaten, Unternehmensdaten, Opportunity-Informationen, Angebote, Präsentationen etc.

CallMiner Eureka zum Beispiel nutzt KI und NLP, um Kundeninteraktionen zu erfassen und zu transkribieren. Die Transkriptionen sind nach Schlüsselthemen und einem reichhaltigen Kategorisierungsschema getaggt. Wenn diese Daten in das CRM eingespeist werden, können daraus wichtige Erkenntnisse gewonnen werden, darunter Kundeneinwände und auch Konkurrenzinformationen. Vertriebsmitarbeiter können in den Transkript-Metadaten nach Schlüsselwörtern, Phrasen oder sogar akustischen Merkmalen suchen, z. B. nach einer verstärkten Stimmintonation, die Aufregung und gesteigertes Interesse signalisieren kann. Mit Hilfe von Themen-Clustern sind die Vertriebsmitarbeiter in der Lage, wichtige Kundentrends zu erkennen.

Kunden-Einsichten und -Analytics KI transformiert CRM-Systeme von traditionellen Datenspeichern in vertrauenswürdige Berater für den Vertrieb. KI-Assistenten können nicht nur komplexe Kundenanalysen durchführen, sondern ermöglichen es den Vertriebsmitarbeitern, fundierte Entscheidungen zu treffen. KI nutzt die relevanten Daten, zu denen sie Zugang hat, bietet spezifische Erkenntnisse zu Kunden und generiert daraus gezielte Empfehlungen. Sie begründet ihre Empfehlungen auch und informiert die Vertriebsmitarbeiter, warum die Algorithmen diese Vorgehensweise identifizierten. Vertriebsmitarbeiter müssen sich nicht mehr durch zig Datenfeeds durcharbeiten, um wichtige Informationen zu ihren Kunden zu gewinnen, sondern haben orts- und zeitunabhängig Zugang zu wichtigen Erkenntnissen und können direkt Maßnahmen ergreifen.

Planung Planung war nie die Stärke von Verkäufern. Vertriebsmitarbeiter sind für gewöhnlich Menschen, die mit Kunden interagieren wollen und keine Lust haben, sich mit Daten in unübersichtlichen Excel-Tabellen zu beschäftigen und Zahlen zu planen. So sind auch die meisten Forecasts der einzelnen Mitarbeiter nichts anderes als ein Bauchgefühl, mal besser, mal schlechter. KI-Algorithmen können Verkäufern diese unbeliebte Aufgabe abnehmen und akkuratere Forecasts erstellen, als es einem einzelnen Mitarbeiter jemals möglich wäre. Dabei müssen die Mitarbeiter nichts tun, denn KI liefert sogar Erkenntnisse und leitet Handlungsempfehlungen ab. Pipeline Management und Forecasts werden dadurch

nicht nur zum Kinderspiel, sondern zu einem wichtigen Werkzeug für die Zielerreichung, nicht nur für die Führungsebene, sondern auch für den einzelnen
Vertriebsmitarbeiter.

Kundenkommunikation In CRM-Systeme integrierte KI kann die Kundenkommunikation auf mehreren Ebenen optimieren und sie zum Teil sogar übernehmen.
Mit gezielten und präskriptiven Empfehlungen verbessert sie die Kundenbe-
ziehung und erstellt personalisierte Nachrichten und macht den Verkäufern
E-Mail-Vorschläge. Darüber hinaus können Chatbots mit Kunden selbstständig
interagieren, einfache Fragen beantworten und die Konversationen im CRM
automatisch erfassen.

Aufgabenplanung KI kann die tägliche Aufgabenplanung in Bezug auf Kundeninteraktionen übernehmen und dem Vertriebsmitarbeiter jeden Morgen eine
To-Do-Liste bereitstellen. So muss der Mitarbeiter die anstehenden Aufgaben
nicht durchsehen und priorisieren. Das erledigt die Maschine für ihn: Sie orga-
nisiert die Aufgaben anhand ihrer Wichtigkeit und Dringlichkeit, aber vor allem
anhand der Erfolgswahrscheinlichkeit und fokussiert die Vertriebsressourcen auf
die Bereiche, wo am schnellsten und effektivsten Geschäft zu holen ist. All das
in einem einzigen System: CRM.

Tool-Beispiele

Salesforce ist einer der ersten CRM-Anbieter, der KI-Funktionen integriert
hat. Im September 2016 führte er sein KI-Tool namens **Einstein** für ausgewählte Module ein.

- **Einstein Discovery** nutzt Ihre CRM-Daten sowie andere interne
  und externe Datenquellen wie Ihre Website, Ergebnisse von E-Mail-
  Marketingkampagnen oder soziale Medien und bietet detaillierte Informationen zum Kundenverhalten.
- Mit **Einstein Prediction Builder** können Benutzer benutzerdefinierte Vorhersagen erstellen, wie zum Beispiel die Wahrscheinlichkeit einer Kundenabwanderung ausrechnen.
- **Einstein Next Best Action** macht Ihren Mitarbeitern Empfehlungen auf der
  Grundlage früherer Interaktionen und gesammelter Daten: zum Beispiel die
  bevorzugte Kontaktmethode (Telefonanruf oder E-Mail) und die bevorzugte
  Tageszeit, um sich mit dem jeweiligen Kunden in Verbindung zu setzen.

- **Einstein Language** entdeckt Intentionen der Kunden in mehreren Sprachen und kann die Stimmung in Texten erkennen. Dabei werden verschiedene Formen der Kundeninteraktion mit Ihrem Unternehmen analysiert, wie E-Mails, Formulare, Notizen oder Chatbot-Anfragen sowie Texte gescannt und Stimmungen ermittelt.
- **Einstein Bots** beantworten selbstständig häufig gestellte Fragen und geben den Mitarbeitern die Möglichkeit, sich wichtigeren Aufgaben zu widmen.
- **Einstein Vision** kann Bilder klassifizieren, Objekte erkennen und Texte auslesen. Damit kann man zum Beispiel eine Visitenkarte fotografieren und das System lädt alle relevanten Kontaktinformationen direkt ins CRM.
- **Einstein Voice** verbindet sich mit Siri, Google oder Alexa und gibt den Vertriebsmitarbeitern tägliche Briefings. So können sie sich einen schnellen Überblick über ihren Tagesplan verschaffen und werden über alle neuen Updates informiert.

Weitere CRM-Systeme, die KI-gestützte Funktionalitäten anbieten: **Microsoft Dynamics, Hubspot, Zoho, Sugar CRM, Pipedrive, Adobe, SAP, Oracle.**◄

Praxisbeispiel

Personalisierte Produktempfehlungen im CRM

Bei einem Anbieter von Outdoor-Ausrüstung wurden Produktempfehlungen für Kunden manuell generiert. Einerseits nahm dieser Prozess sehr viel Zeit in Anspruch und anderseits waren die Empfehlungen nicht für den jeweiligen Kunden personalisiert.

Um diesen Prozess zu verbessern setzte das Unternehmen die Einstein Empfehlungsmaschine ein. Das System hat die historischen Daten, das Kaufverhalten und die Vorlieben der Kunden analysiert, um relevante Empfehlungen, inklusive Ergänzungsprodukte, anzubieten. Dadurch konnte die Conversion Rate um 9,6 % gesteigert und der Umsatz pro Kunde um 15,5 % erhöht werden. Zusätzlich war Einstein Activity Capture in der Lage, eine Stunde pro Tag und Vertriebsmitarbeiter an manueller Dateneingabe zu eliminieren.◄

4.18 Conversational Intelligence

▶ **Definition Conversational AI** bezieht sich auf den Einsatz von Messaging-Apps, sprachbasierten Assistenten und Chatbots, um die Kommunikation mit Kunden zu automatisieren und personalisierte Kundenerlebnisse in großem Maßstab zu schaffen. Die Rede ist von Chatbots: Computerprogrammen, die menschliche Konversation über Text- oder Audiobotschaften simulieren.

Ziel: Kunden bequeme und diverse Kommunikationswege bieten
Der technologische Fortschritt hat unsere Art zu kommunizieren grundlegend verändert. Smartphones, Soziale Netzwerke, Messenger und Apps haben einen festen Platz in unseren Kommunikationsgewohnheiten eingenommen und werden als Selbstverständlichkeit empfunden. Diesen Komfort sind wir in unserem Privatleben schon längst gewohnt, und wir übertragen diese Erwartungen auch auf unser Geschäftsleben bzw. erwarten auch ähnliche Erfahrungen von Anbietern.

Für den modernen Omnichannel-Kunden ist es inzwischen selbstverständlich, zeit- und ortsunabhängig Zugang zu Informationen zu haben und er ist nicht mehr gewillt, hier Einschränkungen zu akzeptieren. Auf diese Erwartungen können Chatbots sehr gut eingehen, denn sie bieten einen einfachen, bequemen und uneingeschränkten Kommunikationsweg, der bei Kunden eine hohe Akzeptanz findet: Neun von zehn Konsumenten wollen die Möglichkeit haben, mit einem Chatbot zu kommunizieren. Insbesondere finden sie bei den jüngeren Generationen Zuspruch, die Chatbots der normalen Telefonkonversation sogar vorziehen.

Was sind Chatbots? Chatbots sind selbstständig laufende Programme, welche, einmal initiiert, ihre Dienste weitestgehend automatisch und wiederholend erledigen. Dabei lernen sie dazu und können im besten Fall Entscheidungen selbst fällen. Sie sind heute auf einer ganzen Reihe von Orten zu finden, wie Websites, Facebook Messenger, iMessage, Display-Werbung und anderen Kanälen. In den meisten Fällen beantworten sie mehr als nur Support-Fragen – sie ermöglichen es den Menschen tatsächlich, die Produkte zu entdecken, die sie mögen und kaufen möchten. So erleben die Chatbots einen richtigen Hype und sollen die klassischen Apps ablösen. Denn im Gegensatz zu den Apps sind sie schnell, einfach und kostengünstig in der Entwicklung und erfordern keinen Download oder Log-in auf der Kundenseite.

Der Vorteil von KI-Chatbots liegt darin, dass sie mehrere Gespräche mit Tausenden von Kunden gleichzeitig fehlerfrei bewältigen können. Damit lassen sich sowohl die Produktivität im Kundendienst drastisch steigern als auch Betriebskosten einsparen. Chatbots sind 24/7 verfügbar und können Kunden unabhängig von der Tageszeit sofort bedienen. Ihre Kunden müssen sich nicht mehr lange

in Warteschleifen gedulden und treffen immer auf Freundlichkeit und Zuvorkom-
menheit. Chatbots bleiben immer höflich, unabhängig davon, wie unhöflich der
Kunde ist, und steigern damit die Kundenzufriedenheit und -bindung. Sofern die
Chatbots mit allen notwendigen Informationen programmiert sind, besteht keine
Möglichkeit von Fehlern, die Genauigkeit ist garantiert und damit lassen sich
typische menschliche Fehler vermeiden. Sie können beispielsweise Bestellun-
gen und Buchungen selbstständig aufnehmen, und wenn sie mit einer komplexen
Fragestellung konfrontiert sind, involvieren sie einen Mitarbeiter.

Neben den ganzen Vorteilen, die Chatbots bieten, sind auch einige Nachteile
zu berücksichtigen. Die hohe Begehrtheit und die Möglichkeit, sie kostengünstig und schnell einzusetzen, können dazu führen, dass der Markt überflutet wird,
wobei alle um denselben Kunden kämpfen. Durch den leichten Zugang haben
sie auch das Potenzial zum nächsten Spam-Kanal zu werden. Fake Bots in den
sozialen Medien bieten einen Vorgeschmack dazu. Abgesehen von Sicherheits-
und DSGVO-Bedenken sind die Chatbots noch nicht so ausgereift, dass sie die
Absicht des Benutzers mit 100 % Sicherheit verstehen. Wenn sie menschliche
Emotionen und Gefühle falsch interpretieren, kann dies enorme negative Auswirkungen auf die Marke haben. Es gibt viele Beispiele von schlecht aufgesetzten
Bots, die den Kunden nerven, statt ihm weiterzuhelfen.

Es gibt inzwischen eine Reihe an unterschiedlichen Chatbots, die im Retail,
Customer Service, in der Kundenberatung, beim Kunden-Onboarding, im E-
Commerce und im Assistenz-Bereich Einsatz finden. Sie können zum Beispiel
einen Austrian Airlines Flug über den KI-gesteuerten Facebook-Messenger
buchen und sich vom Algorithmic Fashion Companion von Zalando ein Outfit
empfehlen lassen.

Es entstehen auch Unmengen an Anwendungsbereichen für Chatbots:
Support-Bots, Lern-Bots, Verkaufs-Bots, FAQ-Bots, Information-on-the-go,
Qualifzierungs-Bots, Fremdsprachen-Assistenten, Therapie-Bots, Digital Friends,
Digital Assistants, Meeting Planners, Conversion Boosters, Quick-Payments-Bots,
Recommendation-Bots, Helpdesk-Bots, Diagnose-Bots, Preis-Assistenten, Quick-
review, Onboarding-Bots, Monitoring-Bots, Spaß-Bots, Umfrage-Bots, Update-
Bots, Product-Discovery-Bots usw.

Wie Sie sehen, es mangelt nicht an der Auswahl und dadurch herrscht auch hier
Chaos unter den Anbietern und ihren Möglichkeiten. Aber all diese Bots lassen
sich nach ihrem Funktionsprinzip in Kategorien zusammenfassen (s. Abb. 4.2).

ARTEN VON CHATBOTS

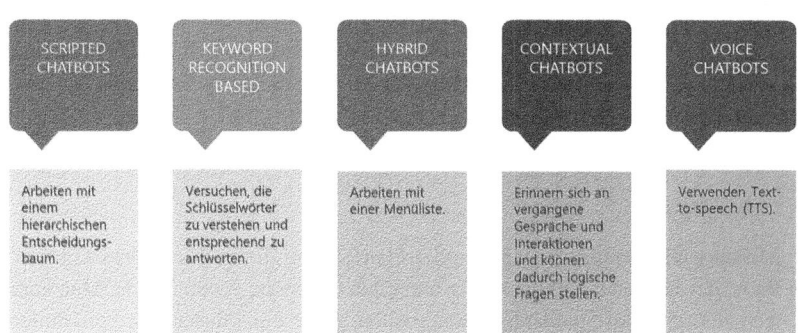

Abb. 4.2 Arten von Chatbots

Anwendungsbereiche

Scripted Bots Dieser ist einer der einfachsten Chatbots, der für seine schnelle Antwortfähigkeit bekannt ist. Er arbeitet mit einem hierarchischen Entscheidungsbaum. Die Fragen sind vordefiniert und der Benutzer muss eine Option aus dem verfügbaren Menü auswählen. Der Chatbot führt den Benutzer durch den Entscheidungsbaum so lange, bis er alle Fragen beantwortet hat. Das Problem dieser Bots liegt darin, dass sie immer wieder dieselben Fragen stellen, wenn sie die Absicht des Benutzers nicht verstehen.

Keyword-recognition based Bots Diese Chatbots basieren auf Schlüsselworterkennung und sind komplexer als ein scripted Bot. Sie versuchen, die Schlüsselwörter zu verstehen, die der Benutzer eingibt, und entsprechend zu antworten. Diese Chatbots scheitern, wenn ein Benutzer ähnliche Schlüsselwörter eingibt, weil sie redundante Daten anzeigen.

Hybride Chatbots Diese Chatbots sind menübasiert: Der Benutzer hat die Möglichkeit, aus einer Menüliste zu wählen, oder er kann eine Abfrage eingeben.

Kontextbezogene Chatbots Solche Chatbots erinnern sich an das vergangene Gespräch und stellen nach der Durchsicht der vergangenen Interaktionen logische Fragen. Sie verwenden Machine Learning, um vorausgegangene Gespräche und Interaktionen mit dem Benutzer mit einzubeziehen.

Voice Chatbots Dies sind die Super-Chatbots, weil sie in natürlicher Sprache kommunizieren und die Stimme als Eingabe verwenden. Kunden können ihnen spezifische Fragen stellen und erhalten individuelle Empfehlungen. Und das während der Fahrt oder wenn die Hände voll sind und einfach weil's bequemer ist, als zu schreiben. Aufgrund dieser Fähigkeit wird ihnen eine große Zukunft vorhergesagt.

Tool-Beispiele

Mitsuku ist eine der besten Chatbot-Plattformen, die auch mit dem Loebner-Preis, der höchsten Auszeichnung unter den Chatbots, geehrt wurde. Man kann sich mit Mitsuku stundenlang unterhalten, ohne ein Muster von vordefinierten Antworten zu erkennen. Nicht nur das, Mitsuku zeichnet sich durch seine Fähigkeit aus, Sprache und Stimmung wahrzunehmen, um entsprechend auf Ihre Fragen zu antworten. Dieser Bot kann über alles Mögliche plaudern, was ihn so menschenähnlich macht – im Gegensatz zu anderen Bots, die nur einem einzigen Zweck dienen.

https://www.pandorabots.com/mitsuku/

Acquire ist ein KI-Chatbot, der natürliche menschliche Konversation anregt und an der Seite Ihres Kundenservice-Teams arbeitet. Er versteht Kundenanfragen, erfasst den Kontext und beantwortet Fragen, indem er auf bestehende Wissensdatenbanken wie FAQs zugreift. Er kann in einem „Bot-Camp" trainiert werden, bis er soweit ist, auf Ihrer Website oder in Ihrer App Kundenfragen zu beantworten und Leads zu qualifizieren.

https://acquire.io/chatbot/

Imperson ist eine KI-Chatbot-Plattform, die Unternehmens-Chatbots mit Audio-, Video-, Text-, AR- und VR-Funktionen für alle wichtigen Messaging-Plattformen erstellt. Ihre interaktiven Bots bieten echte und fesselnde Chat-Erlebnisse. Außerdem bietet die Plattform eine ganzheitliche Bot-Lösung, indem sie Ihren Bot hostet, implementiert und in Echtzeit seine Fähigkeiten erweitert.

https://imperson.com/◄

Praxisbeispiel

Virtuelle Assistenten im Konsumentenbereich

Virtuelle Assistenten finden vermehrt im Konsumentenbereich Einsatz, zum Beispiel bei der Bestellung und Lieferung von Produkten über beliebte

Messenger-Anwendungen, wie der Facebook Messenger oder WhatsApp. Ein gutes Beispiel hier bietet ein Pizza-Lieferant, der einen Chatbot einsetzt, der es Kunden ermöglicht, über den Facebook Messenger schnell und effizient Pizza zu bestellen.

Ein weiteres gutes Beispiel ist der Chatbot eines Blumenversandhandels, der einen IBM-Watson-basierten KI-Chatbot einsetzt und Kunden bei der Bestellung von Blumen und Geschenken über sein Online-System unterstützt. Mit zunehmender Zeit wird der Virtuelle Assistent „intelligenter" und ist in der Lage, dem Kunden ein individuelles Einkaufserlebnis zu bieten, das speziell auf seine Bedürfnisse zugeschnitten ist.

Weitere gute Beispiele finden wir in Einzelhandels- und E-Commerce-Unternehmen, die Chatbots einsetzen, um Kunden zu helfen, effizienter und schneller zu bestellen. Dabei orientieren sie sich an den individuellen Bedürfnissen der Kunden und sparen dem Benutzer Zeit, indem sie ihn auf intelligente Weise auf Produkte hinweisen, die zu seinen Preisvorstellungen, seinem Geschlecht und seinen Vorlieben passen.◄

4.19 Lead Intelligence

▶ Definition **Lead Intelligence Tools** sind Systeme oder Plattformen, die den Prozess der Lead-Generierung und -Verwaltung bis zum Konvertieren in einen Kunden in allen seinen Einzelschritten unterstützen, optimieren und automatisieren.

Ziel: Optimierung der Prozesse der Lead-Generierung und Konvertierung zu Kunden

Um Leads zu generieren setzen Marketingabteilungen nach bestem Wissen und Gewissen Marketingkampagnen auf und hoffen anschließend, dass diese bei potenziellen Kunden gut ankommen. Mit KI sind jedoch die Zeiten der Hoffnung vorbei, denn sie kann nicht nur den Prozess der Lead-Generierung und Lead-Verwaltung unterstützen und sogar gänzlich übernehmen, sondern diesen auch stark optimieren. Auch der Vertrieb muss nicht mehr selbst Recherche betreiben, um die Leads zu qualifizieren und zu verstehen, wie man sie am besten adressiert.

Studien zeigen, dass bis zu 50 % der Vertriebszeit bei der unproduktiven Bearbeitung von Leads verloren geht, und genau hier kann KI eingreifen und dem Vertrieb diese zeitintensiven Aufgaben abnehmen und sie sogar besser erledigen. Denn der Prozess des Lead-Managements im Vertrieb basiert größtenteils auf der Grundlage von persönlichem Instinkt und Erfahrung des jeweiligen Vertriebsmitarbeiters. KI verlässt sich nicht auf ein Bauchgefühl, sondern auf Daten.

KI bietet zahlreiche Vorteile im Bereich der Lead-Generierung, indem sie dem Vertrieb durch das Sammeln und die Analyse von nützlichen Lead-Daten, wertvolle Einblicke in den Entscheidungsprozess der Kunden ermöglicht. Darüber hinaus generiert sie selbständig Leads, identifiziert, welche davon sinnvoll weiterzuverfolgen sind, und zeichnet dem Vertriebsmitarbeiter den optimalen Weg zum besten Zeitpunkt auf, um die Wahrscheinlichkeit der Konvertierung zu erhöhen.

Anwendungsbereiche

Lead-Generierung Im Bereich der Lead-Generierung kann KI ganze Prozesse optimieren und übernehmen. KI Search-Bots scannen selbstständig das Internet nach potenziellen Kunden – ob auf Webseiten, Plattformen oder sozialen Medien – und liefern dem Vertrieb vorqualifizierte Leads. Überdies kann sie Ihre Webseite für Ihren Webseitenbesucher personalisieren und wird ihn auch über einen Chatbot ansprechen. Die Software nimmt in Echtzeit Anpassungen vor, je nachdem, wie der Kunde interagiert: ob mit Ihrer Webseite, mit Ihrer Werbeanzeige oder Ihrem Content. Sie optimiert nicht nur live Ihre Werbeschaltungen, sondern auch den Bidding-Prozess für die Anzeigen und generiert damit mehr Leads für weniger Kosten. Im Endeffekt erreicht sie und spricht potenzielle Kunden zum richtigen Zeitpunkt über den richtigen Kanal auf der richtigen Plattform an, bietet ihnen personalisierte Erfahrungen und generiert einen neuen Pool von relevanten Leads, ohne dass ein zusätzliches Eingreifen seitens der Vertriebsmitarbeiter notwendig ist.

Lead Engagement & Nurturing KI-Technologie spricht potenzielle Kunden aktiv an, interagiert und kommuniziert mit ihnen und versorgt sie mit relevanten Informationen, während sie den Kunden gezielt durch den Verkaufsprozess führt. Sie beobachtet und interagiert mit den Leads, bis diese so weit sind, und übergibt sie dann an den Vertrieb. So geht kein Lead verloren, und die Vertriebsmitarbeiter können sich in der Zwischenzeit auf andere umsatzgenerierende Aktivitäten fokussieren.

Lead-Qualifizierung Anhand der zur Verfügung stehenden Informationen und Verhaltensanalysen qualifiziert KI die Leads, errechnet ihre Kaufwahrscheinlichkeit und priorisiert sie entsprechend. Ein gutes Beispiel dafür ist Einstein von Salesforce, der eine automatische Lead-Bewertungsfunktion bietet.

Lead Scoring KI kann Leads anhand von Kriterien analysieren, die Vertriebsmitarbeitern normalerweise verborgen bleiben, was den Bewertungsprozess (Scoring) wesentlich präziser macht. KI-Algorithmen werten Kundendaten aus, verfolgen ihre Interaktionen in den sozialen Netzwerken, analysieren ihr Verhalten und die Kommunikationsgeschichte (E-Mails, Posts, Chats, Callcenter-Anrufe) und sortiert die Lead Pipeline anhand der errechneten Priorität. So wird sichergestellt, dass sich der Vertrieb mit den richtigen Leads zum richtigen Zeitpunkt beschäftigt.

Lead Prediction Eine besonders vielversprechende Anwendung von KI ist das sogenannte „Predictive Lead Scoring", die neue Geschäftschancen erkennt und bewertet. Unter anderem wird vorhergesagt, mit welcher Wahrscheinlichkeit ein Angebot zu einer Bestellung führen wird. Dabei werden individuelle Einflussfaktoren identifiziert, die diese Wahrscheinlichkeit beeinflussen – ob positiv oder negativ – und mit denen sich das Angebot optimieren lässt.

Lead Follow-up KI kann nicht nur die richtigen Leads zum richtigen Zeitpunkt dem Vertrieb zur Verarbeitung übergeben oder ihn dazu auffordern, sondern sie wird auch die beste Uhrzeit für die Kontaktaufnahme anbieten sowie den besten Kommunikationskanal (E-Mail, Telefon) vorschlagen und auch die beste Rufnummer angeben. Sie wird die Präferenzen des Kunden hervorheben, seine Einkaufskriterien feststellen und dem Mitarbeiter Feedback geben.

Lead Management KI-basierte Lead-Management-Systeme vereinen mehrere der oben genannten Funktionalitäten und automatisieren den Großteil und sogar die Gesamtheit des Lead-Verwaltungsprozesses. Die Bots generieren Leads, qualifizieren sie, kommunizieren mit ihnen und ordnen sie in die richtigen Kategorien ein.

Lead Insights KI erstellt Profile für einzelne Leads und bietet damit wertvolle Einsichten zu Ihren potenziellen Kunden: beispielsweise die Stimmung des Kunden, seine Interaktionen mit Ihrem Unternehmen sowie auch dem Wettbewerb. Diese Informationen bieten dem Vertrieb die Möglichkeit, Leads besser zu adressieren und schneller in Kunden zu konvertieren.

Tool-Beispiele

OneSpot nutzt KI für Echtzeit-Personalisierung von Online-Inhalten für Kunden und potenzielle Leads. Auf der Grundlage des Profils, das sich aufgrund des Suchverhaltens und der Konsumgewohnheiten ergibt, präsentiert die Software Ihren Webseitenbesuchern hochrelevante und individuelle Inhalte. https://www.onespot.com/

Conversica bietet einen KI-basierten Virtuellen Assistenten, der mit Kontakten, Interessenten und Kunden autonom per E-Mail, SMS und Online-Chat interagiert. Er initiiert menschenähnliche Dialoge mit potenziellen Kunden, analysiert ihr Verhalten und ermittelt ihr Interesse am Kauf zusätzlicher Produkte oder Dienstleistungen. All dies erfasst er selbstständig im CRM. https://www.conversica.com/◄

Praxisbeispiel

Verdoppelung der Verkäufe durch KI-gestützte Werbung

Ein Motorrad-Hersteller hat durch den Einsatz von KI im Rahmen einer Wochenendaktion seine Verkaufszahlen verdoppelt und 15 Motorräder statt normalerweise acht an einem Wochenende verkauft.

Die Software hat die Interaktion der Kunden mit der Werbeanzeige analysiert und konnte feststellen, dass auf Anzeigen mit dem Aufruf „Call" wesentlich mehr Reaktionen im Vergleich zu den Anzeigen mit dem Aufruf „Buy!" erfolgten, worauf sie in Echtzeit reagierte und die Anzeige veränderte. Allein dadurch konnten die Reaktionen auf die geschaltete Werbung um 447 % erhöht werden.

Des Weiteren hat sie die Eigenschaften derjenigen analysiert, die schon Produkte in der Vergangenheit kauften, zum Einkaufskorb hinzufügten oder am längsten im Vergleich zu anderen Webseitenbesuchern auf der Webseite verweilten. Basierend auf den Eigenschaften und Kriterien dieser Gruppe hat das System ein Profil für potenzielle „ähnliche" Kunden erstellt und solche als hochqualitative Leads identifiziert.◄

4.20   Sales Prospecting Intelligence

▶ **Definition   Sales Prospecting Intelligence Tools** unterstützen den Prozess der Kundenakquise in all seinen Bestandteilen.

Ziel Steigerung der Effizienz und Wirksamkeit im Akquise-Prozess
Die Akquise ist der schwierigste und ressourcenintensivste Prozess im Vertrieb, der auch mit der größten Frustration verbunden ist. KI kann hier einerseits den intensiven Rechercheprozess optimieren und übernehmen und andererseits den Vertrieb mit relevanten Informationen über den gesamten Prozess ausstatten. Zusätzlich erhöht KI die Akquise-Wirksamkeit, indem sie schneller und besser potenzielle Kunden identifiziert und mehr relevante Informationen dazu liefert.

Anwendungsbereiche

Zielkundenprofile KI-Algorithmen finden Muster in Ihrem bestehenden Kundenstamm. Sie identifizieren Merkmale außerhalb der klassischen Zielgruppenkriterien, die Ihre besten Kunden gemeinsam haben, und modellieren daraus ein sehr genaues Zielkundenprofil. Im Gegensatz zum starren Zielkundenprofil aus dem klassischen Marketing wird das KI-gestützte Profil mit jedem neuen Kunden und jeder neuen Information genauer. KI generiert Dynamische Buyer Personas (Zielgruppenprofile), die sich mit jeder neuen Kundeninteraktion selbstständig weiterentwickeln und näher an Ihre wirkliche Zielgruppe herankommen.

Recherche Anhand dieses Profils findet sie dann weitere potenzielle Kunden im digitalen Raum, und so müssen Vertriebsmitarbeiter nicht mehr lange Akquise-Listen abtelefonieren und die Leads im Telefonat qualifizieren. Stattdessen bekommen sie laufend aktuelle und relevante Leads, die sie verfolgen können.

Personalisierte Ansprache KI identifiziert nicht nur potenzielle Kunden, sondern bietet einen guten Gesprächseinstieg für den Mitarbeiter: Sie findet relevante Unternehmensdaten und nützliche Informationen, mit deren Hilfe Vertriebsmitarbeiter jeden Interessenten persönlich ansprechen können. Damit erhöhen sich die Erfolgschancen der Akquise wesentlich.

Begleitung im Akquise-Prozess In komplexen und langen Vertriebszyklen kann sich der Akquise-Prozess über Monate, wenn nicht sogar Jahre hinausstrecken. Über diesen Zeitraum hinaus liefert KI laufend relevante News und Updates, die den Vertriebsmitarbeiter unterstützen: Unternehmensstrategien, Übernahmen, Personalwechsel, Expansion etc.

Buying Center Im komplexen B2B-Geschäft sind auf der Kundenseite oft viele Personen involviert: das sogenannte Buying Center. All diese Personen haben eigene und teilweise unterschiedliche Interessen im Kaufprozess, auf die der Vertrieb gezielt eingehen muss. KI bietet hier relevante Informationen zu jeder Person im Buying Center und hilft dabei, ihre Interessen zu identifizieren und diese gezielt zu berücksichtigen.

Entscheidungsträger KI hilft dem Vertrieb, die Entscheidungsträger im Beschaffungsgremium der Kunden zu identifizieren und Zugang zu ihnen zu bekommen, denn diese sind für gewöhnlich gut abgeschirmt. Hier kann KI die relevanten Personen samt ihrer Kontaktdaten identifizieren und auch den effektivsten Weg und die beste Art, diese Person zu kontaktieren, vorschlagen.

Tool-Beispiel

Qualifier.ai automatisiert die Suche nach Leads und ihren Kontaktdaten und erleichtert die Kontaktaufnahme mit ihnen. Das Tool nutzt Ihre Kundendaten, analysiert sie, um die besten Zielgruppen zu definieren, und durchforstet das Internet nach weiteren potenziellen Kunden, die diesem Profil entsprechen. Vertriebsmitarbeiter bekommen Zugang zu relevanten Daten für ihre Akquise-Tätigkeit und können unter anderem einsehen, wie und wann die Interessenten ihre E-Mails lesen, anklicken oder beantworten.
        https://qualifier.ai/◄

Praxisbeispiel

Lead-Generierung im B2B-Lebensmittelhandel
        Ein Lebensmittelhändler, der Großkunden wie Restaurants und Catering-Betriebe beliefert, entschied sich dazu, einen KI-Search Bot einzusetzen, um den Akquise-Prozess effizienter zu gestalten. Anhand der Kriterien der bestehenden Kundenbasis wurde ein Zielgruppenprofil kreiert, und der Bot begann, selbstständig im Internet nach passenden Kunden zu suchen. Je mehr Kriterien erfüllt wurden, desto relevanter der potenzielle Kunde und desto höher sein Scoring.

Nun bekommt der Vertrieb laufend Leads, die er aktiv angehen kann, und das System aktualisiert automatisch alle Daten im CRM. Die Vertriebs- mitarbeiter arbeiten wie gewohnt in ihrem CRM-System und müssen keine Kontaktdaten suchen oder ausfüllen. Die Mitarbeiter bekommen wertvolle Ein- sichten und Hintergrundinformationen zu den potenziellen Kunden, die sie in ihrem Akquise-Prozess verwenden können.◄

Literatur

Dun & Bradstreet (2004) Improve the quality of your marketing, now. https://www.dnb. co.uk/content/dam/english/business-trends/b2bm-db-improve-the-quality-of-your-mar keting-now-1-0.pdf. Zugegriffen: 28. Juli 2020

LawGeex (2018) 20 top lawyers were beaten by legal AI. Here are their surprising respon- ses. https://blog.lawgeex.com/20-top-lawyers-were-beaten-by-legal-ai-here-are-their-sur prising-responses/. Zugegriffen: 28. Juli 2020

Valdivieso de Uster M (2018) The 7 Biggest Trends Upending Sales Today. https://www. salesforce.com/quotable/articles/biggest-sales-trends/. Zugegriffen: 28. Juli 2020

Liu S (2018) Increased revenue from artificial intelligence adoption in custo- mer relationship management (CRM) activities in the United States, from 2017 to 2021. https://www.statista.com/statistics/738060/us-increased-revenue-from-ai-in-cus tomer-management-activities/. Zugegriffen: 30. Juli 2020

Blick in die Zukunft: Wie KI die Vertriebsrolle verändern wird

▶ Künstliche Intelligenz ist greifbare Realität und gleichzeitig Zukunfts-vision. Sie verändert heute schon grundlegend Vertriebsprozesse und -tätigkeiten und erfordert neue Fähigkeiten von Vertriebsorganisatio-nen und von Vertriebsmitarbeitern. Dabei wird sie langfristig eine Reihe von Rollen im Vertrieb eliminieren und die restlichen trans-formieren. Kein Stein bleibt auf dem anderen, aber das ist gut so. Denn mit ihren Möglichkeiten eröffnet die künstliche Intelligenz neue Potenziale für den Vertrieb und geht gezielter auf die modernen Kundenbedürfnisse und -erwartungen ein, womit sie den Vertrieb befähigt, seinen Job besser als je zuvor zu erledigen und dabei auch viel Spaß zu haben.

Die Zukunft vorherzusagen ist immer schwierig, aber wir können eine begründete Annahme treffen, was aufgrund von heutigen Entwicklungen morgen geschehen könnte. KI ist heute schon greifbare Realität, aber sie hat bei weitem noch nicht ihr ganzes Potenzial entwickelt. Durch die rasanten und grundlegenden Verände-rungen, die sie im Vertriebsbereich bewirkt, wird sie dazu führen, dass sich die Tätigkeiten im Vertrieb in den kommenden Jahren stark verändern und andere Fähigkeiten erfordern werden. Diese Entwicklung scheint jedenfalls so realistisch zu sein, dass oft darüber debattiert wird, ob KI die Mitarbeiter ersetzt und inwie-fern sie die zukünftige Vertriebsorganisationen verändert. Die Geister scheiden sich bei diesen Fragestellungen, und man ist sich unsicher, ob man auf KI heute schon setzen oder lieber noch warten soll. Dabei wird oft übersehen, dass KI zwar den Anstoß gibt und dem Vertrieb viele Möglichkeiten bietet, aber in Wahrheit sind es sind die Kunden, die die Akzeptanz und die Entwicklung der Technologie

L. Rainsberger, *KI – die neue Intelligenz im Vertrieb*, https://doi.org/10.1007/978-3-658-31773-7_5

fördern. Und sie warten nicht auf Organisationen, die sich zu viel Zeit lassen, sondern wechseln zu innovativen Anbietern, die den Kunden die Erfahrungen bieten, die sie erwarten und faszinieren.

5.1   Wird KI den Vertriebsmitarbeiter ersetzen?

Was diese Fragestellung betrifft, haben wir es mit zwei Extremen zu tun.

Auf der einen Seite haben wir den KI-Hype, wo Vieles und Kontroverses unter dem Thema transportiert wird, oft mit wenig Bezug zur Realität. Es wird viel Angst gemacht, dass die Vertriebsjobs verschwinden werden, weil Tätigkeiten automatisiert und von Robotern übernommen werden. Dies hört sich alarmierend an, aber oft geht es bei solchen Berichten mehr um die Schlagzeile an sich als um Ableitungen aus fundierten Studien und Fachexperten-Meinungen. Tatsache ist, dass es aus heutiger Sicht noch sehr lange dauern wird, bis Maschinen die Oberhand gewonnen haben – wenn überhaupt.

Auf der anderen Seite haben wir die Ignoranz. Das sind diejenigen, die behaupten, dass es sich im Vertrieb, insbesondere im B2B-Bereich nichts ändern wird, weil der persönliche Kontakt das Ausschlaggebende im Vertrieb ist. Auch hier sieht die Realität jedoch anders aus: Wir haben heute mit einem neuen Kundentypus zu tun, der illoyal, anonym, eigenständig, sehr informiert und ungeduldig ist und der den Vertrieb nicht mehr in seine Entscheidungsfindung involvieren will. Dazu sieht er keinen Anlass, denn er glaubt zu wissen, was er braucht, und ist davon überzeugt, dass er die Lösung eigenständig findet. Tatsache ist, dass der Vertrieb nicht mehr wie früher in den Beschaffungsprozess des Kunden involviert ist. Geschätzte 70 % des Beschaffungsprozesses finden im Verborgenen statt, wozu der Vertrieb keinen Zugang mehr hat. Face-to-face ist noch wichtig, allerdings mit einem anderen Fokus und nur noch in einem kleinen Teil des Vertriebsprozesses. Leider ignorieren viele Organisationen diese inzwischen mit Fakten untermauerte Tatsache und überschätzen die Wichtigkeit von persönlichem Kontakt in ihren Vertriebsprozessen.

▶   Die Wahrheit liegt in der Mitte: KI wird den Vertrieb weder ersetzen noch ignorieren. Sie wird den Vertrieb wertvoll ergänzen, indem sie sich zu einer Zusatzressource entwickelt und in die zukünftige Vertriebsorganisation strategisch integriert.

Eine Studie von McKinsey (Court et al. 2015) untersuchte die Aufgaben und die Tätigkeiten von mehr als 750 verschiedenen Berufen in den Vereinigten Staaten und analysierte, welche dieser Aufgaben automatisiert werden könnten. Die Studie ergab, dass mehr als 50 % der täglichen Aufgaben im Vertrieb mit bereits vorhandener Technologie automatisiert werden könnten. Dabei betrachtete die Studie nur bereits existierende Technologien und versuchte nicht, zukünftige Fortschritte in der künstlichen Intelligenz und Automatisierung zu berücksichtigen. Wenn man so etwas liest, kann man sich als Vertriebsmitarbeiter leicht Sorgen über die eigene Zukunft machen. Aber nur weil Technologie einzelne Aspekte einer Arbeitsfunktion automatisieren kann, heißt das noch lange nicht, dass sie die gesamte Rolle übernimmt.

▶ In Wirklichkeit ersetzt die Technologie die Vertriebstätigkeit nicht, sondern transformiert sie in eine sinnvolle Tätigkeit, bei der man sich primär mit Kunden und umsatzgenerierenden Aktivitäten beschäftigt.

Heute verbringt der Vertrieb nur einen geringen Teil seiner Zeit tatsächlich mit Kunden. Sehr viel Kapazität wird für administrative Tätigkeiten, Recherche sowie Lead-Generierung und -Qualifizierung aufgewendet. Hier kann KI die notwendige Erleichterung erbringen und im Grunde all die Tätigkeiten, die im Vertrieb unbeliebt sind, übernehmen: Datenerfassung und -bearbeitung, Planung, Forecast, Analysen, Recherchen, Admin-Tätigkeiten, Task-Management usw. Darüber hinaus wird KI sich zu einer zentralen Informationsquelle entwickeln, sodass sich der Vertriebsmitarbeiter nicht mehr mit unterschiedlichen Systemen und der Suche nach Informationen befassen muss, sondern sofortigen Zugriff auf relevante Erkenntnisse hat, die ihn bei seinen Vertriebstätigkeiten weiterbringen.

Und es geht noch weiter: KI macht es möglich, dass jeder Verkäufer eine persönliche Assistenz hat (ähnlich wie Alexa, Cortana, Siri …), die ihm bei der Erfüllung seines Jobs helfen wird, für ihn Termine und Besprechungen koordiniert und die E-Mail-Flut bewältigt. Der Traum vieler Vertriebler wird Realität!

Im Endeffekt profitieren die Vertriebsmitarbeiter zukünftig vierfach von KI:

1. **Mehr Zeit für Kunden:** Vertriebsmitarbeiter haben mehr Zeit für ihre Kunden, weil sie sich nicht lange mit administrativen Tätigkeiten und der Erfassung von Daten aufhalten müssen. Das erledigen die Systeme selbst.
2. **Besseres Kundenverständnis:** Vertriebsmitarbeiter entwickeln ein besseres Verständnis über ihre Kunden und deren Bedürfnisse, können gezielter darauf eingehen und erkennen schneller und auch mehr Geschäftsmöglichkeiten.

3. **Schnellere Reaktion:** Mit KI wird der Fokus auf die richtigen Deals zum richtigen Zeitpunkt gelegt, nichts geht verloren oder wird zu spät erledigt. Gerade bei hochwertigen Opportunities ist schnelles Handeln ein wichtiger Erfolgsfaktor, und KI kann hier dafür sorgen, dass man diese nicht außer Acht lässt. Darüber hinaus kann KI mögliche Entwicklungen vorhersagen und Handlungsempfehlungen abgeben.

4. **Bessere Kundenbindung:** Digitale Assistenten unterstützen den Vertrieb bei der Pflege von Kundenbeziehungen. Sie bieten den Kunden eine Möglichkeit, laufend und jederzeit in Kontakt zu treten, kommunizieren mit ihnen selbstständig und empfehlen dem Vertrieb sinnvolle nächste Schritte im jeweiligen Geschäftsvorfall. Darüber hinaus helfen sie, Kundenwünsche „vorherzusehen" und darauf personalisiert einzugehen, womit der Kunde stärker an das Unternehmen gebunden wird.

Wenn man dieser Zukunft entgegenblickt, dann hat KI das Potenzial, sehr viel von den heutigen Vertriebstätigkeiten zu übernehmen. Zukünftig kann sie gefühlsmäßig fast alles für den Vertriebsmitarbeiter erledigen: Sie priorisiert Aufgaben, generiert Leads, kommuniziert mit Kunden, kalkuliert Preise, konfiguriert Angebote, alarmiert den Verkäufer über Deadlines und notwendige Aktionen, legt Unterlagen ab, erfasst Berichte …

Heißt das, dass der Vertriebsmitarbeiter nicht mehr selbst denken muss? Im Gegenteil: Der Vertrieb wird auf eine neue Art und Weise sein Denkvermögen einsetzen: Statt zu überlegen, zu welchem Zeitpunkt ein Dokument an den Kunden gesendet werden soll, wird der Vertrieb seine Intelligenz dafür einsetzen, um mehr Geschäft zu generieren und Kundenbedürfnisse besser zu erfüllen. Im Endeffekt werden wertvolle, teure und inzwischen auch rare Vertriebsressourcen auf durchschlagende Vertriebsaktivitäten gerichtet.

Demzufolge werden auch bestimmte Rollen im Vertrieb von der Technologie übernommen. Alles, was mit Administration, Auftragsabwicklung, Datenerfassung und Analysen zu tun hat, wird substituiert. In weiterer Folge werden auch Verkaufsrollen, die nur Grundkenntnisse über Produkte und ihre Funktionalität oder nur einfache Kommunikationsfähigkeiten erfordern, durch KI ersetzt.

Im Grunde wird KI auf lange Sicht diejenigen Vertriebsrollen eliminieren, die nicht direkt Umsatz generieren. Und das wollen wir ja auch, denn wenn der Vertrieb mit Administration beschäftigt ist, bringt er dem Unternehmen keinen Mehrwert, er kostet nur viel Geld. Die zukünftigen Vertriebsrollen werden sich auf die Tätigkeiten verlagern, die menschliche Intelligenz erfordern: Führung von strategischen Gesprächen, Erarbeitung von komplexen Problemlösungen und Aufbau und Pflege von menschlichen Beziehungen.

▶ Letzten Endes sind sich die Experten in einem einig: Der Vertriebsjob wird nicht verschwinden.

KI ist nicht bereit, menschliche Interaktionen zu führen, und Verkaufen ist ein von Natur aus menschlicher Akt. Kunden sind Menschen, und Menschen sehnen sich nach einer echten persönlichen Beziehung. Man kann einer Person, geschweige denn einer Maschine, nicht beibringen, interessant, charismatisch oder inspirierend zu sein. Es gibt eine emotionale Komponente im Vertrieb, die einfach nicht durch Algorithmen ersetzt werden kann. Die menschliche Note ist es, die es Verkäufern ermöglichen wird, ihre Arbeitsplätze zu behalten. Denn um erfolgreich zu sein, müssen sich die Vertriebsmitarbeiter wirklich darum kümmern, den Kunden zu helfen. Und Top-Verkäufer zeichnen sich dadurch aus, dass sie echte Beziehungen zu potenziellen Kunden herstellen und pflegen.

▶ Der Vertrieb bleibt bestehen, aber er transformiert sich.

Die Automatisierung von Vertriebstätigkeiten bedeutet eine dauerhafte Veränderung der Vertriebsrollen und Verantwortlichkeiten. Wenn Sie z. B. die Preisgestaltung automatisieren, ist es schwierig, den betroffenen Manager allein für den erzielten Ertrag verantwortlich zu machen, da ein wesentlicher Teil der Margenkalkulation nun von einer Maschine erledigt wird. In dem Maße, in dem sich die Verantwortlichkeiten innerhalb der Organisation verschieben oder ganz wegfallen, werden sich die Unternehmen anpassen und Vertriebsrollen und Erfolgsbemessungsgrundlagen neu definieren müssen.

Die Rolle des Vertriebs verändert sich durch die technologischen Möglichkeiten, und die Vertriebsmitarbeiter werden andere Verantwortungsbereiche haben und neue Kompetenzen brauchen, um mit den Marktentwicklungen mitgehen zu können. In dem Maße, wie die technologiebasierten Instrumente der Verkaufsförderung immer besser werden, müssen auch die Vertriebsmitarbeiter besser werden und ihre Fähigkeiten ausbauen. Letztendlich wird es darum gehen zu verstehen, wie man die Technologie zur Verstärkung der im Vertrieb notwendigen Fähigkeiten einsetzt.

Nicht zu übersehen ist es auch, dass die Kundenbedürfnisse und -erwartungen ebenfalls von der Technologie beeinflusst werden, so braucht der Vertrieb auch hier neue Kompetenzen, um auf das veränderte Verhalten der Kunden eingehen zu können. Es werden mehr beratende Funktionen notwendig sein, die dem Kunden bei seiner Entscheidungsfindung helfen. Die Hauptaufgabe im Vertrieb wird sein, Kunden neue, für sie relevante Perspektiven für ihren Entscheidungsprozess zu bieten, was eine sehr menschliche Aufgabe ist und von Maschinen nicht übernommen werden kann. So werden Vertriebsmitarbeiter Business-Kompetenzen entwickeln müssen, um das Geschäft und die Bedürfnisse der Kunden *wirklich* zu verstehen und sie – mit Unterstützung von Technologie – besser und schneller bedienen zu können und ihnen wertvolle Einsichten zu bringen, die sie bei der Erreichung ihrer Ziele unterstützen.

Demzufolge lautet die Antwort auf die in der Überschrift gestellte Frage:

▶   Mensch mit Maschine statt Mensch gegen Maschine. Das Zusammenspiel zwischen menschlicher und maschineller Intelligenz wird den wahren Erfolg bringen.

Vertriebsführungskräfte müssen sich die Frage stellen: Wie kann die Technologie der Künstlichen Intelligenz die gesamte Intelligenz der Vertriebsorganisation steigern? Im Grunde wird man die Technologie benötigen, um den Kunden in dem Teil seines Beschaffungsprozesses zu erreichen und zu begleiten, wo er dem Vertrieb keinen Zugang gewähren will. Und man wird weiterhin den Menschen brauchen, um den Kunden – wenn er Kontakt sucht – bei seiner Entscheidungsfindung zu unterstützen und ihm speziell für ihn relevante Einsichten und Perspektiven zu bieten.

5.2   Wie KI den Vertrieb von morgen beeinflussen wird

Unbestritten hat KI das Potenzial, die Leistung im Vertrieb deutlich zu steigern. Leider sind wir noch ein gutes Stück davon entfernt, diese Potenziale wirklich zu realisieren. Die Wunderland-Analogie hat ihren Hintergrund, denn KI eröffnet uns zwar eine Welt an Möglichkeiten, aber viele davon sind noch nicht insoweit realisierbar, dass sie ihr Versprechen gänzlich einhalten. Manches ist immer noch ein Traum. Auch wenn KI faszinierende Möglichkeiten bietet, sind viele der heute im Markt verfügbaren Tools noch nicht ganz ausgereift und gerade erst beim Lernen. Etliche dieser Lösungen sind Insellösungen und können zwar in den jeweiligen Bereichen schon vieles ermöglichen, aber um das volle Potenzial der KI zu realisieren, bedarf es einer übergreifenden KI-Plattform.

▶   Eine zentrale KI-Plattform wird die einzige Informationsquelle für den Vertrieb sein.

Eine zentrale Plattform ist die Basis dafür, um die Grenzen zwischen den einzelnen Systemen zu überwinden. Heute befindet sich der Großteil von Vertriebsinformationen außerhalb von CRM: E-Mails, Besuchsberichte, Präsentationen,
Unterlagen, Angebote, Anhänge, Telefonate, Follow-ups, Umsatzdaten, Kunden-
berichte, Zielvereinbarungen, Verträge etc. Und all dies an verschiedenen Orten:
E-Mail, Laptops, Laufwerke, ERP, Portale, CMS, Cloud-Systeme, Papierordner
… alles Silos. Alle diese Daten müssen in eine zentrale Plattform integriert werden, damit KI ihr volles Potenzial entfalten kann. Denn ihr wahres Potenzial liegt
nicht darin, Daten zu erfassen, Prozesse zu automatisieren und Informationen
bereitzustellen, sondern Erkenntnisse aus all diesen Daten zu ziehen und dem
Vertrieb es damit zu ermöglichen, Kundenbedürfnisse besser zu erkennen und zu
erfüllen und sie in Geschäftsergebnisse umzuwandeln.

▶   KI schafft die besten Voraussetzungen für die Gestaltung von neuen
     Kundenerlebnissen, die intelligenter, personalisierter und voraus-
     schauender sind, als wir sie ohne ihre Hilfe je schaffen könnten. Dies
     führt unweigerlich zu mehr Umsatz, Ertrag und Marktführerschaft.

In einer solchen Welt hätten Vertriebsmitarbeiter primär persönliche Kundeninteraktionen und wären zuversichtlich, dass die Informationen, die sie verwenden,
bewährt und auf die Bedürfnisse ihrer Kunden genau zugeschnitten sind. Damit
eine solche Welt Wirklichkeit wird, ist es grundlegend, dass die Vertriebsorganisation und die Vertriebsmitarbeiter den Mehrwert der KI-Technologie verstehen
und anerkennen, dass sie damit nur noch besser werden können. Abgesehen davon
muss KI Zugang zum Geschäftskern und dem gesamten Umfang der Unternehmensdaten bekommen, damit sie ihre Flügel weit ausbreiten kann. Die meisten der
heute verfügbaren KI-Vertriebstools berühren nur die Spitze des Daten-Eisbergs.
Ziel ist es, Korrelationen zwischen Daten, Systemen, Informationen, Ergebnissen,
Menschen und Aktivitäten herzustellen und Erkenntnisse daraus zu generieren
und zu verwenden.

▶   KI wird die am meisten verwendete Technologie im Vertrieb sein.

Auch wenn diese Vision aus heutiger Sicht noch Zukunftsmusik ist, muss man
sich der Tatsache bewusst sein, dass sich die KI-Technologie rasant weiterentwickelt. Noch vor ein, zwei Jahren hatte man sich in manchen Bereichen noch
nicht so viel vorstellen können, und jetzt werden diese Möglichkeiten greifbar
und konkrete Lösungen entstehen. Inzwischen gibt es schon recht weit ausgereifte Tools, die in ihren Bereichen bereits gut funktionieren, und so nähert sich

KI Tag für Tag, Schritt für Schritt und unbeirrt dieser Zukunftsvision. Der Traum kann schneller Realität werden, als man es vielleicht annehmen würde. Laut dem Salesforce State of Sales-Bericht 2018 (Salesforce Research 2018) geben 21 % der Vertriebsleiter an, dass ihre Organisationen heute schon KI verwenden, und 54 % gehen davon aus, dass sie in den nächsten zwei Jahren KI einsetzen werden. Mit einer jährlichen Wachstumsrate von 155 % ist dies die am schnellsten wachsende Vertriebstechnologie. Angesichts der vielfältigen Möglichkeiten, die KI für den Vertrieb birgt, ist es nicht überraschend, dass hier große Investitionen geplant sind. Wichtig ist es allerdings, nicht nur in Technologie zu investieren, sondern auch ein Verständnis über den Mehrwert der Technologie über alle Teile der Vertriebsorganisation hinweg zu schaffen. Denn Vertriebsmitarbeiter müssen nicht nur Umgang mit der Technologie lernen, sondern auch Kompetenzen entwickeln, um daraus Geschäftsmehrwert zu generieren.

▶   KI bringt Marketing und Vertrieb zusammen.

Eine aktuelle Studie von Harvard Business Review (2019) ergab, dass 82 % der großen Unternehmen glauben, dass KI das Potenzial hat, den Vertrieb und Marketing zusammenzuführen. Die klassische Trennung zwischen Vertrieb und Marketing, so wie sie es in der Vergangenheit gab, ist heute schon nicht mehr möglich. Der traditionelle Prozess, in dem Marketing Leads generiert und sie an den Vertrieb zur Konvertierung übergibt, funktioniert heute nicht mehr. Heute steht der Kunde nicht am Ende des Prozesses, sondern in dessen Zentrum und wird von Marketing und Vertrieb im Wechselspiel über den gesamten Einkaufsprozess des Kunden hinweg adressiert. KI kann diesen Prozess wesentlich unterstützen, indem sie dem Marketing Echtzeit-Feedback und Einsichten in die Zielgruppen bietet und der Vertrieb einen 360-Grad-Blick über den Kunden und seine Interaktionen mit dem Unternehmen auf seiner Kundenreise bekommt.

▶   Die menschliche Rolle des Beziehungsaufbaus rückt in den Vordergrund.

Zusammenfassend lässt sich sagen, dass KI für den Vertrieb die besten Voraussetzungen schafft, damit dieser bessere Beziehungen mit Kunden aufbauen kann. Sie erkennt potenzielle Interessenten, identifiziert ihre Bedürfnisse und die Kaufwahrscheinlichkeit, findet die richtigen Personen im Einkaufsgremium und bietet relevante Informationen, um auf die Kundenbedürfnisse gezielt eingehen zu können, aber sie kann keine Beziehungen und kein Vertrauen aufbauen. Das bleibt den Menschen überlassen, und das ist der Kern der neuen Vertriebsrolle in der KI-gesteuerten Vertriebszukunft.

5.3   Wie KI Kundenbedürfnisse und -erwartungen neu gestaltet

Wir stehen noch am Anfang, aber KI beginnt jetzt schon, das Verhalten und die Erwartungen der Kunden zu beeinflussen und zwar schneller, als es wir es annehmen. KI hat bereits in vielen Bereichen unseres Lebens Einzug genommen – wenn auch unbemerkt – fasziniert uns und sorgt für einen hohen und unmittelbaren Komfort. Sie geht auf unsere individuellen Bedürfnisse ein und reagiert schnell auf unsere Ungeduld. Dadurch geht sie auf die modernen Eigenschaften der Konsumenten ein: Ungeduld, Bequemlichkeit und Begeisterungsfähigkeit. Denn wir wollen das Beste und Neueste, am besten sofort und auf eine äußerst komfortablen Art und Weise. Und welche Vorteile und Auswirkungen hat der Einsatz von KI aus Kundensicht noch?

- **Kunden lieben Bequemlichkeit und gewöhnen sich an sie.**
  Wir haben beim Online-Shopping schon erlebt, wie schnell die Bequemlichkeit unser Verhalten beeinflussen kann. Diese Bequemlichkeit wird sich mit der Entwicklung von KI noch wesentlich erhöhen: Sie kann uns zum Beispiel durch Gesichts- und Fingerabdruckerkennung den mühsamen Authentifizierungsprozess ersparen sowie auch mit Sprache die Eingabe von Suchbegriffen erledigen. Je besser die Erfahrung, desto schneller verschwinden die anfänglichen Barrieren, und Kunden werden vermehrt die Sprachsteuerung anstelle von Texteingaben verwenden. *Weil es bequemer ist.*
- **Kunden genießen die gewonnene Zeit.**
  KI macht unser Leben leichter und bequemer und in dem Maße, wie KI-gestützte Systeme zuverlässiger und leistungsfähiger werden, werden wir alle damit beginnen, höhere Erwartungen an KI zu haben und mehr Tätigkeiten an sie „auszulagern". Warum Stunden damit verbringen, nach dem richtigen Urlaubsort oder dem passenden Hotel zu suchen und dafür eine Liste von Optionen zusammenzustellen, wenn eine Software, die alle Ihre Vorlieben kennt, dies für Sie erledigen kann? Und zwar wesentlich schneller, als Sie es je tun könnten – und auch in kürzerer Zeit als ein Reisebüro. KI kann uns einen schnellen Überblick im Ozean der heute verfügbaren Alternativen verschaffen

und die besten Optionen anhand unserer Präferenzen selektieren. Die gewonnene Zeit investieren wir gerne in andere Tätigkeiten, die mehr Spaß machen. So überlassen wir ihr gerne diese Tätigkeiten. *Weil sie schneller ist.*

- **Kunden entwickeln Vertrauen.**
Virtuelle Assistenten finden schnell passende Produkte und ersparen uns das zeitaufwändige Suchen in seitenlangen Katalogen. Je besser diese Assistenten performen, desto stärker wird auch das Vertrauen der Marke gegenüber. Durch die gebotene Bequemlichkeit steigt die Kundenzufriedenheit und -bindung. Kunden werden loyaler und haben auch kein Problem damit, ihre personenbezogenen und verbrauchsrelevanten Daten im Austausch für personalisierte Erfahrungen preiszugeben. *Weil es für sie nützlich ist.*

- **Kunden wollen nicht mehr warten und sich mit komplizierten Vorgängen herumschlagen.**
Kunden erwarten heute, dass das gesamte Kundenerlebnis so natürlich wie möglich verläuft, ohne unnötige Unterbrechungen. Jede empfundene Störung im Kaufprozess kann dazu führen, dass man den Vorgang einfach abbricht und zu einer Alternative wechselt. Sobald die Entscheidung getroffen ist, wollen Kunden eine möglichst einfache und schnelle Abwicklung des Kaufprozesses. Und wenn sie Kontakt wünschen, setzen sie eine sofortige Reaktion Ihrerseits voraus und sind nicht bereit, in Warteschleifen zu hängen oder zu warten, bis Ihr Callcenter Montagfrüh öffnet. Je mehr und je bessere Optionen ihnen die KI-Technologie bietet, desto geringer wird die Geduld Ihrer Kunden, sich mit traditionellen Methoden auseinanderzusetzen. *Weil es zu mühsam ist.*

- **Kunden dulden keine fehlerhaften oder nicht intuitiven Prozesse mehr.**
Nicht nur die Ungeduld spielt eine große Rolle. Kunden erwarten und setzen eine perfekte Kundenerfahrung voraus. Sie dulden eine nicht benutzer- oder kundenfreundliche Erfahrung nicht mehr, sondern verlassen Sie einfach, sobald sie eine bessere Option finden. *Weil sie nicht mehr darauf angewiesen sind.*

- **Kunden erwarten personalisierte Erfahrungen.**
Kunden erwarten maßgeschneiderte Angebote und Ansprache. Dabei wollen sie, dass die Anbieter ihre Bedürfnisse wirklich verstehen. Nur weil jemand mehrere Bilder eines Neugeborenen geliked hat, heißt es nicht, dass er an Baby-Werbung interessiert ist. Kunden wollen nicht, dass man ihnen etwas verkauft, sondern dass man sie und ihre Bedürfnisse wirklich versteht. Wenn das Unternehmen die Daten richtig versteht und die relevanten Schritte in Zusammenhang damit unternimmt, hat es das Potenzial, eine einzigartige Kundenerfahrung zu bieten. Das Ergebnis ist höhere Kundenzufriedenheit in Verbindung mit mehr Umsatz für das Unternehmen. *Weil sie persönliche Ansprache schätzen.*

- **Junge Generationen fördern die KI-Erfahrung.**
  Wenn Kunden erst einmal den Nervenkitzel und die Vorteile der KI erfahren haben, erkennen sie, dass sie von dieser Welle der KI profitieren können. Dabei sind die jungen Menschen diejenigen, die diese Entwicklungen mit ihrem Verhalten rasant vorantreiben. Sie sind von kommerzieller KI stärker fasziniert als die älteren Generationen. Millennials setzen sich zum Beispiel für die Entwicklung von virtuellen persönlichen Assistenten ein, und fast die Hälfte dieser Generation ist sich einig, dass sie zu den bisher besten technologischen Entwicklungen gehören. Abgesehen davon ziehen sie die Kommunikation mit Chatbots persönlichen Telefonaten vor. *Weil sie es gewohnt sind.*

▶ Summa summarum findet KI hohe Akzeptanz bei Kunden, weil sie für Schnelligkeit und Bequemlichkeit sorgt, ihnen Zeit und mühsame Suche erspart, die fehlerhaften und langwierigen Prozesse auf der Anbieterseite vereinfacht, sie persönlich und bei ihren Bedürfnissen anspricht und weil sie nicht mehr darauf verzichten wollen. Deshalb dürfen Unternehmen die Kundenerwartungen bei ihren Überlegungen, Technologie einzuführen, nicht außer Acht lassen. Denn Ihre Kunden sind die wahren Treiber der technologischen Innovation.

Abschließend sei gesagt, dass KI eine große Zukunft hat, weil sie einen großen Nutzen mit sich bringt, sowohl für Unternehmen als auch für Kunden. Denn Unternehmen implementieren die Technologie, worauf die Kunden positiv reagieren und verändern in Folge ihr Verhalten, worauf die Unternehmen wieder reagieren müssen. Es ist ein Nutzen-Kreislauf, in dem sich die Beziehungen und die Erwartungen beider Seiten gegenseitig verstärken.

Literatur

Harvard Business Review (2019) Accelerating sales and marketing efforts through artificial intelligence. https://hello.people.ai/rs/009-WSR-714/images/HBR_Pulse%20S urvey_People.ai.pdf. Zugegriffen: 3. Aug. 2020

Court D, Jesko P, McGuire T, Gordon J, Spillecke D (2015) Marketing & sales big data, analytics, and the future of marketing & sales. https://www.mckinsey.com/~/ media/McKinsey/Business%20Functions/Marketing%20and%20Sales/Our%20Insights/ EBook%20Big%20data%20analytics%20and%20the%20future%20of%20marketing% 20sales/Big-Data-eBook.ashx. Zugegriffen: 31. Juli. 2020

Salesforce Research (2018) State of sales. https://c1.sfdcstatic.com/content/dam/web/en_ us/www/documents/reports/sales/sales-state-of-sales-3rd-ed.pdf. Zugegriffen: 30. Juli. 2020

Was tun: Handlungsempfehlungen für Vertriebsorganisationen

6

▶ Wer Künstliche Intelligenz im eigenen Vertrieb implementieren möchte, muss zunächst für die richtige Perspektive im Zusammenhang mit einer strategischen Herangehensweise sorgen. Dabei sind diverse KI-Spezifika zu beachten, unabhängig davon, ob es sich um die Entwicklung der KI-Strategie, die Schaffung von technologischen und organisatorischen Voraussetzungen für die KI-Implementierung oder um das erste KI-Projekt handelt. Die Einführung von KI in Vertriebsorganisationen ist kein Einzelprojekt, sondern eine KI-Reise, wenn man von den vielfältigen Möglichkeiten der KI-Technologie profitieren möchte. Diese Reise sollte durchdacht und strategisch geplant beginnen.

Das volle Potenzial mag KI zwar erst in einigen Generationen entfalten, aber es gibt bereits heute viele Möglichkeiten, diese Technologie in moderne Vertriebsabläufe zu integrieren. Tatsächlich wird KI bereits in führenden Unternehmen eingesetzt und findet mehr und mehr Akzeptanz innerhalb von Vertriebsorganisationen.

Die gute Nachricht ist, dass auch der Mittelstand jetzt damit beginnen kann, von dieser Technologie zu profitieren. Es gibt in Wirklichkeit nichts, was einen davon abhalten könnte. Bei all diesen vermeintlichen Hindernissen handelt es sich in erster Linie um Missverständnisse, die wir hoffentlich aufgeklärt haben, und spätestens beim Lesen dieses Kapitels sollte mit den letzten Zweifeln aufgeräumt sein.

Im Grunde muss man eins tun: den ersten Schritt wagen, der darin liegt, die richtige Perspektive innerhalb der Organisation zu schaffen. Denn dieser allererste

© Der/die Autor(en), exklusiv lizenziert durch Springer Fachmedien Wiesbaden
GmbH, ein Teil von Springer Nature 2021
L. Rainsberger, *KI – die neue Intelligenz im Vertrieb*,
https://doi.org/10.1007/978-3-658-31773-7_6

ist zugleich auch der wichtigste Schritt für den Einsatz von KI innerhalb einer Vertriebsorganisation.

6.1   Die richtige Perspektive schaffen

KI wird oft rein aus technologischer Sicht betrachtet. Es ist naheliegend, da es sich um Technologie handelt, und Technologie hat das Ziel und besitzt die Fähigkeit, durch technische Innovationen, Optimierungen in bestehenden Prozessen zu erzielen. Daher werden KI-Initiativen in vielen Unternehmen primär mit einem IT-Fokus versehen. Dieser Weg ist leider irreführend, weil er die Sicht auf das Potenzial der KI-Technologie stark einschränkt. KI-Projekte sind keine IT-Projekte, sie sind als strategische Geschäftsprojekte zu betrachten.

▶   Um aus KI wahrlich Mehrwert zu schöpfen, muss man sie als eine tragende Säule der Vertriebs- bzw. Geschäftsstrategie betrachten und sie darin integrieren.

Der Einsatz der KI-Technologie soll nicht aus der Technologie-Perspektive gesteuert werden, sondern aus der Business-Perspektive. Denn nur die Business-Perspektive stellt sicher, dass KI-Initiativen den richtigen Fokus erhalten. In Wirklichkeit stellt man die Vertriebsstrategie in den Vordergrund und nicht die KI-Technologie.

▶   Diese Frage soll im Vordergrund stehen: Was sind unsere Geschäftsziele – und wie kann KI uns helfen, sie zu erreichen?

Mit ihren vielfältigen Anwendungsmöglichkeiten begeistert uns KI, und in dieser Begeisterung liegt die Gefahr, dass sie zu einer schnellen Initiative führt, aber im Endeffekt in einer Enttäuschung endet. Denn eine unüberlegte Einführung von KI-Technologie wird in vielen Fällen dazu führen, dass sie die an sie gesetzten Erwartungen nicht erfüllt. KI-Projekte, die nicht mit der Geschäftsstrategie abgestimmt sind, führen für gewöhnlich zu verstreuten, ineffektiven Bemühungen und enden letztendlich als einzelne Projekte, die selten weiterverfolgt werden. Damit KI ihr Potenzial effektiv einbringen kann, muss zuerst die richtige Erwartung an die Technologie aus der Geschäftsperspektive gesetzt werden.

6.1.1 Die wahren Potenziale der KI liegen im Ausbau des Geschäfts und der Umsatzgewinne

Auch wenn viele Unternehmen die Potenziale der KI primär in der Kosteneinsparung und in der Steigerung der Produktivität sehen, liegt ihr größter Mehrwert jedoch auf der Umsatz- und Wachstumsseite.

Zweifelsohne ist das Versprechen der KI für die Steigerung der Vertriebsproduktivität groß, und Kosteneinsparungen und Produktivitätsvorteile sind durchaus wichtig. Indem sie Routineaufgaben automatisiert, setzt KI wertvolle Vertriebsressourcen frei und wenn man sich im ersten Schritt auf Automatisierung konzentriert, kann man relativ schnell einige Erfolge erzielen, damit die Begeisterung für die Technologie wecken und eine gute Basis für weitere KI-Initiativen schaffen. Aber auf lange Sicht muss der Fokus auf die Geschäftsinnovation gelegt werden. Denn nur diese Perspektive ermöglicht es Unternehmen, KI nicht nur zu implementieren, sondern damit auch innovative und zeitgemäße Geschäftsmodelle zu entwickeln und sich dadurch einen Wettbewerbsvorsprung zu verschaffen.

6.1.2 KI verändert Go-to-Market-Strategien und Vertriebsmodelle

Neben der Optimierung von bestehenden Abläufen muss der Fokus primär auf die Entwicklung von innovativen Geschäfts- und Vertriebsmodellen gelegt werden. Dies ist zwar der schwierigere Weg, aber wenn man den KI-Einsatz auf diese Weise angeht, wird man von ihren Vorteilen besser profitieren und diese über die reine Automatisierung und Kosteneinsparungen hinausbringen.

KI ermöglicht es Organisationen, neue Vertriebsmodelle zu konstruieren, die darauf basieren, in erster Linie die Bedürfnisse des modernen Kunden optimal zu adressieren, und nicht nur auf Verbesserung von bestehenden Modellen, die in der Vergangenheit zwar erfolgreich waren, aber unter Umständen schon ausgedient haben.

KI befähigt uns dazu, agile und differenzierte Vertriebsansätze zu entwickeln, die sich an die neuen Bedürfnisse der Kunden richten und mit ihnen auch evolvieren und sich weiterentwickeln. Denn eins ist unter den gegenwärtigen Umständen von entscheidender Bedeutung:

▶   Traditionelle Vermarktungsstrategien *müssen* sich ändern und sich dem Ruf der Zeit anpassen.

KI kann hier einen entscheidenden Vorteil bringen, und das strategische Risiko darf hier auch nicht unterschätzt werden: Wenn man diese Chancen nicht selbst ergreift, wird es womöglich der Wettbewerb tun.

Beispiel

Ein gutes Beispiel dafür ist eine Bank in Deutschland: Für eines ihrer Produkte verwendet sie KI, um die Entscheidung über die Kreditvergabe nicht erst zu treffen, nachdem der Kunde den Online-Antrag gestellt hat, sondern bereits während dieser das Formular noch ausfüllt. Das ist eine wichtige Unterscheidung, denn in Deutschland wird die Bonität einer Person durch eine Kreditablehnung negativ beeinträchtigt. Mit diesem Ansatz wirkt man diesem Problem entgegen, indem der Prozess nicht bis zur tatsächlichen Ablehnung geführt wird. Innerhalb von acht Monaten nach der Einführung dieses KI-fähigen Dienstes stieg die Kreditvergabe für dieses spezifische Produkt um das Zehn- bis 15-fache. Damit erreicht die Bank Kunden, die in einem klassischen Prozess überhaupt nicht um ein Kredit ersucht hätten, und schafft so ein neue Geschäftsmöglichkeit. Ein perfektes Beispiel für die Business-Perspektive.◄

6.1.3   Die Transformation von Geschäftsprozessen und der Kunde stehen im Vordergrund

Boston Consulting (Khodabandeh et al. 2019) empfiehlt diese Faustregel, um KI-Technologie wirkungsvoll in Unternehmen einzuführen:

- 10 % Algorithmen
- 20 % Technologien
- 70 % Transformation der Geschäftsprozesse

Wie man sieht, der Schwerpunkt liegt nicht auf der Technologieseite, sondern in der Business-Perspektive. Die Idee ist es, die technische und die kaufmännische Seite zusammenzubringen, damit beide besser verstehen können, welche Lösungen benötigt werden, welche Ansätze möglich sind und wie man sie aufbauen kann. Es geht vielmehr um Menschen, Prozesse, Kultur und Unternehmensstrategie als um die Technologie an sich.

Im Vertrieb darf vor allem die Kundenperspektive nicht fehlen: Man sollte auf eine ausgewogene Kombination aus KI und Faktor Mensch dem Kunden gegenüber achten. Weder das eine noch das andere sollte überbewertet werden. Die Bedürfnisse und die Erwartungen der modernen Kunden entwickeln sich mit dem Fortschritt der Technologie und müssen demzufolge in das Zentrum jeglicher KI-Strategien im Vertrieb gesetzt werden, anstatt reine Produktivitätsinitiativen zu verfolgen. Denn die Gefahr liegt darin, den modernen Kunden mit seinen Erwartungen trotz hoher Produktivität im Vertrieb nicht zu erreichen.

6.1.4 KI ist als eine strategische Vertriebsressource zu betrachten

KI soll als eine neue zusätzliche Ressource innerhalb der Vertriebsorganisation betrachtet werden, die auf mehreren Ebenen einen Mehrwert einbringt:

- Sie geht auf die Bedürfnisse der modernen Kunden ein.
- Sie ermöglicht die Entwicklung innovativer Vertriebsmodelle.
- Sie optimiert Abläufe und steigert die Effizienz in der Organisation.

Unternehmen, die die Geschäftsperspektive in den Vordergrund stellen und die drei Ebenen zusammenbringen, implementieren nicht nur KI als Technologie, sondern bringen auch mehr Intelligenz in die gesamte Organisation hinein und schaffen die besten Voraussetzungen für die Zukunftssicherung des Unternehmens. Und dafür ist eine durchdachte KI-Strategie notwendig.

6.2 KI-Strategie entwickeln

Um wahrlich und nachhaltig von der KI-Technologie zu profitieren, sollte sie mit Sinnhaftigkeit und Strategie eingesetzt werden. Viele Organisationen probieren mal da, mal hier, mal das eine oder das andere Tool, das man irgendwo gesehen hat und wovon man begeistert ist … Aber wenn man etwas implementiert, ohne vorher genau den Mehrwert der Implementation für das Unternehmen definiert zu haben, oder ohne den Abgleich mit der Unternehmensstrategie vorgenommen zu haben, sowie ohne eine klare Erwartungshaltung, wird das Projekt vermutlich zum Scheitern verurteilt sein bzw. die Technologie wird ihr Potenzial nicht entfalten können. So bedarf es auch hier eines strategischen Ansatzes.

Abb. 6.1 Entwicklung einer KI-Strategie im Vertrieb

Die Entwicklung einer fundierten KI-Strategie für die Vertriebsorganisation erfolgt in sechs Schritten, wobei man sechs Kernfragen beantwortet (s. Abb. 6.1).

6.2.1 Potenzial-Erhebung: Was kann KI und wie beeinflusst sie das Marktumfeld?

Damit die Strategie erfolgsversprechend ist, muss die Organisation die Möglichkeiten und die Potenziale der Technologie auf mehreren Ebenen verstehen und diese mit den Möglichkeiten und den Fähigkeiten der eigenen Organisation in Verbindung bringen. Es ist notwendig, die Potenziale, die Risiken und die Einschränkungen der Technologie zu erkennen. Dafür müssen die richtigen Fragen gestellt werden, um herauszufinden, wo KI am besten anwendbar ist und wo der ROI am höchsten ist. So sollte im ersten Schritt das Potenzial von KI auf mehreren Ebenen erhoben werden:

• Was kann **KI** generell tun?
• Welche Möglichkeiten bietet KI dem **Markt,** in dem man aktiv ist?
• Welche innovativen **Geschäfts- und Vertriebsmodelle** ermöglicht KI?

- Welche Bedürfnisse und Erwartungen haben die **Kunden,** und inwiefern kann die KI-Technologie auf sie eingehen?
- Was macht die Konkurrenz? Inwiefern verwenden **Wettbewerber** schon KI?

Hier ist es sinnvoll, Workshops und Vorträge zu organisieren und Experten einzuladen, um die notwendige Wissensbasis über die Möglichkeiten und das Potenzial der KI innerhalb der Organisation zu schaffen.

6.2.2 Strategie-Evaluierung: Ist die Vertriebsstrategie zeitgemäß?

Mit den Erkenntnissen aus dem ersten Schritt werden im zweiten Schritt die vorhandene Vertriebsstrategie und das Geschäfts- und Vermarktungsmodell genauer unter die Lupe genommen und auf Adaptierungsmöglichkeiten und -notwendigkeiten geprüft. Denn eine zeitgemäße Vertriebsstrategie ist die Basis für die Entwicklung einer KI-Strategie. Dabei wird folgendes betrachtet:

- Ist die Vertriebsstrategie noch **adäquat,** um die Unternehmensziele zu erreichen?
- Ist das Vertriebsmodell noch **aktuell** und entspricht es den Marktbedürfnissen?
- Sind die Vertriebsansätze und -prozesse an den modernen Kundebedürfnissen **ausgerichtet?**

Ziel in diesem Schritt ist es zu erkennen, ob die Vertriebsstrategie und die Vermarktungsansätze noch zeitgemäß sind und die Strategie gegebenenfalls adaptiert werden sollte. Denn eine Technologie auf nicht optimale oder nicht zeitgemäße Ansätze oder Prozesse aufzusetzen, wäre ein grober Fehler.

6.2.3 KI-Prioritäten und Zielsetzung: Wie kann KI die Umsetzung der Vertriebsstrategie unterstützen?

Jetzt, da man sich im Klaren darüber ist, wie die Vertriebsstrategie aussieht und dass die Vertriebsansätze state-of-the-art sind, kann man damit beginnen, herauszufinden, wie KI helfen kann, die Strategie umzusetzen.

- Wie kann KI dabei unterstützen, die strategischen **Ziele** zu erreichen?
- Welche **Probleme** wollen oder müssen gelöst werden?

- Welche neuen **Geschäftspotenziale** kann KI eröffnen?
- Wie kann KI vorhandene **Prozesse** optimieren?
- Welche neuen **Fähigkeiten** kann KI in die Organisation einbringen?
- Was soll mit der KI-Technologie erreicht werden? Welche konkreten **Ergebnisse** werden erwartet?

Zuerst muss ein Plan gemacht sowie die Erwartungen und die Anforderungen an die Technologie definiert werden und erst anschließend kann man sich auf die Suche nach den passenden Tools machen, nicht umgekehrt. Denn Technologie kann vieles und Tools gibt es in Unmengen, die Kunst liegt darin, diejenigen für das eigene Unternehmen auszusuchen, die man wirklich benötigt und die einen auch voranbringen.

6.2.4 Voraussetzungen: Sind die Voraussetzungen für die Implementierung von KI erfüllt?

Damit KI auch implementiert werden kann, müssen gewisse Voraussetzungen erfüllt werden. Diese sollten im Rahmen der Strategie-Entwicklung bedacht werden, denn eine gute Initiative kann schnell in einem Fiasko enden, sofern die für ihre Umsetzung notwendigen Voraussetzungen nicht erfüllt wurden. Neben den klassischen Voraussetzungen, wie Budget und Ressourcen gibt es KI-spezifische Voraussetzungen, die je nach Projektschwerpunkt in unterschiedlichem Umfang erfüllt werden müssen.

- Welches **Budget** und welche **Ressourcen** werden benötigt?
- Wie kann Zugang zur notwendigen **Technologie** geschaffen werden?
- Ist die erforderliche **Infrastruktur** vorhanden?
- Sind die betroffenen **Prozesse** leistungsfähig?
- Sind die notwendigen **Daten** vorhanden bzw. können sie beschafft werden?
- Wie können die **ethischen** und die **regulatorischen** Voraussetzungen (DSGVO-Konformität) erfüllt werden?
- Sind die notwendigen **Fähigkeiten** und **Kompetenzen** vorhanden bzw. wie können sie geschaffen werden?

Diesen Fragestellungen ist Abschn. 6.5 gewidmet, sodass Sie ein besseres Verständnis der Anforderungen und Möglichkeiten für die Erfüllung dieser Voraussetzungen bekommen.

6.2.5 Implementierung: Wie sieht der Umsetzungsplan aus?

Um den Erfolg von KI-Investitionen zu sichern, braucht man einen klaren Implementierungsplan mit einer klaren kurz- sowie auch langfristigen Zielsetzung. Denn durch ihre vielfältigen Möglichkeiten ist die KI-Implementierung ein langes Unterfangen, das aus mehreren Projekten in unterschiedlichen Größen besteht. Man braucht eine Vision, die die Richtung vorgibt, aber die gesamte KI-Reise wird in vielen kleinen Schritten geschehen. Denn die KI-Einführung soll ein Versprechen fürs Leben sein und nicht nur ein kurzes Rendezvous.

- Wie sehen die langfristige **Zielsetzung** und die **KI-Vision** aus?
- Was sind die **Meilensteine auf der KI-Reise**?
- Ist der notwendige **Kontext** gegeben: Arbeitsumgebung, Business-Kontext?
- Wie können die **Erfolgschancen** der KI-Implementierung gesteigert werden?
- Womit soll begonnen werden? Welches soll das **erste Projekt** sein? Wo gibt es die besten Erfolgsaussichten?
- Welche **Erwartungen** sollten an das erste KI-Projekt gesetzt werden?

Um die Erfolgschancen von KI-Projekten zu erhöhen, muss auch der passende Kontext geschaffen werden. Das bedeutet, dass die Projektziele sich auf den Business-Kontext fokussieren und in die Unternehmensstrategie integriert sein sollten. Es ist wichtig, eine innovative und unvoreingenommene Arbeitsumgebung, die Agilität, Flexibilität und Experimentieren ermöglicht, für das Projekt-Team zu schaffen. Eine Fehlerkultur gehört dazu, und man muss auch für schnelle kleine Erfolge sorgen, um die Motivation im Team hoch zu halten.

Es ist jedenfalls sinnvoll, mit einem kleinen und sehr erfolgsversprechenden Projekt zu starten, um den ersten wichtigen Meilenstein auf der KI-Reise zu erreichen. Wir wollen, dass das gesamte Projekt Akzeptanz erfährt und Unterstützung gewinnt und die Motivation für größere Projekte hoch ist. So ist es von entscheidender Bedeutung, dass das erste Projekt ein Erfolg wird. Aus diesem Grund beschäftigen wir uns in Abschn. 6.6 noch genauer mit diesem Thema, und Sie erfahren, worauf Sie achten müssen.

6.2.6 Change Management: Welche Veränderungen bringt die Strategie mit sich?

Die Veränderungen, die KI mit sich bringt, können für das gesamte Unternehmen drastisch sein. Alle möglichen Faktoren sind zu bedenken, und der gesamte

Impact der KI-Implementierung bedarf einer gründlichen Evaluierung, die die Basis für einen entsprechenden Change-Management-Prozess bildet.

• Welche **Auswirkungen** wird KI auf den Vertrieb haben: Prozesse, Tätigkeiten, Mitarbeiter, Teams?
• Wie soll die **Akzeptanz** für die KI-Technologie innerhalb und außerhalb der Vertriebsorganisation geschaffen werden?
• Wie sollte der **Veränderungsprozess** gesteuert werden?
• Wie soll der **Kommunikationsprozess** aussehen?

Es ist durchaus wichtig, die gesamte Organisation, auch außerhalb der Vertriebsstrukturen, rechtzeitig zu involvieren. Denn man wird die Unterstützung des gesamten Unternehmens benötigen, um eine breite Akzeptanz für die KI-Strategie zu schaffen.

▶   Eine fundierte Herangehensweise ist der erste Schritt zum Erfolg.

Die Einführung von KI im Unternehmen ist keine leichte Aufgabe, und wenn man sich dafür entscheidet und bereit ist, Ressourcen und Geld zu investieren, dann sollte man es auch strukturiert und fundiert angehen. Eine durchdachte Strategie schafft die notwendige Basis, um den Erfolg des Projekts zu sichern. Im Prozess der Strategie-Entwicklung wird man viele mögliche Stolpersteine identifizieren, so etwas gibt es immer und ist sogar wünschenswert. Denn dieser Prozess ermöglicht es Ihnen, neue Möglichkeiten und Potenziale für Ihr Geschäft zu entdecken. Es ist eine Herausforderung, die sehr viele Chancen mit sich bringt.

▶   Betrachten Sie die KI-Challenge als eine Chance zur wahren Transformation Ihres Vertriebs, um die Zukunft Ihres Geschäfts zu sichern.

Man kann, und sollte auch, spezialisierte Berater und Fachexperten bei der Strategie-Entwicklung und für die Umsetzungsbegleitung miteinbeziehen. Abgesehen von der kritischen und unvoreingenommenen Betrachtung der Prozesse von „außen", bringen sie auch neue Ideen und Perspektiven ein und helfen dabei, die Scheukappen abzulegen.

Um Sie auf dieser Reise zu unterstützen, wird in den Abschn. 6.3 bis 6.6 auf einige spezielle Perspektiven im Prozess der KI-Strategie Umsetzung eingegangen, auf die Sie besonderes Augenmerk bei der KI-Implementierung legen sollten.

6.3 Akzeptanz bei den Mitarbeitern fördern

Die Einführung von KI ist nicht gleichbedeutend mit der Einführung eines neuen Softwareprogramms; sie hat Auswirkungen darauf, wie Mitarbeiter arbeiten, sich verhalten und Entscheidungen treffen. Demzufolge liegt eine der größten Hürden bei der Implementierung einer KI-Strategie in der Schaffung ihrer Akzeptanz innerhalb der Organisation. Viele Studien zeigen, dass das größte Risiko zu scheitern bei der Mitarbeitereinstellung gegenüber der Technologie liegt und nicht in der Einführung oder in den Fähigkeiten der Technologie.

Um dieses Risiko zu minimieren, brauchen Vertriebsorganisationen einen Change-Management-Prozess, im Rahmen dessen ein Verständnis über die Möglichkeiten der KI bei den Mitarbeitern geschaffen werden soll, um die Technologie wirksam innerhalb des Unternehmens einzuführen. Dieses Verständnis ist auf mehreren Ebenen notwendig:

- **Persönlicher Einfluss:** Wie wirkt sich KI auf den Vertriebsmitarbeiter persönlich aus: seine Produktivität, Effizienz, Zielerreichung, Ansehen bei Kunden, Erfolg usw.?
- **Einfluss auf die Organisation:** Was bewirkt KI für die Organisation? Welche Möglichkeiten bringt sie mit, um das Unternehmen bei der Erreichung seiner Ziele zu unterstützen?
- **Markteinfluss:** Wie entwickelt sich die Technologie und wie wird sie vom Wettbewerb genutzt?
- **Kundeneinfluss:** Wie beeinflusst die KI-Technologie die Kundenbedürfnisse und -erwartungen?

Es ist notwendig, dass die Vertriebsmitarbeiter verstehen, dass KI – im Gegensatz zur Berichterstattung in den Medien – sie nicht ersetzen wird. Stattdessen befähigt sie sie, sich auf die Arbeit zu konzentrieren, die wertvoller und sinnvoller ist und wirklich Spaß macht. Es ist von entscheidender Bedeutung, dass die Mitarbeiter erkennen, dass KI einen wesentlichen Beitrag dazu leisten kann, dass sie und die gesamte Organisation ihre Ziele besser und schneller erreichen können. Abgesehen davon ist es für die Mitarbeiter auch notwendig zu verstehen, dass der Markt auf die Entwicklung der eigenen Organisation nicht wartet und dass der Wettbewerb schon weit voraus sein kann und vor allem die Kunden die Technologie bereits akzeptiert haben. Das neue, durch die Technologie möglich gewordene Kundenerlebnis wird zum neuen Standard und auch von Kunden erwartet und sogar vorausgesetzt.

▶   Einer der wichtigsten Grundsätze lautet: Bewusstsein vor Funktion!

Für gewöhnlich fokussieren sich Unternehmen darauf, die Mitarbeiter in der Funktionalität und der Bedienbarkeit der Technologie zu schulen und übersehen die Notwendigkeit einer Bewusstseinsschaffung für den Nutzen der Technologie. Schulungen, Vorträge, Workshops und Experten-Dialoge sind ein guter Weg, um dieses Wissen innerhalb der Organisation aufzubauen. Das Thema sollte auf der Tagesordnung stehen. Denn indem man bei den Vertriebsmitarbeitern ein grundlegendes Verständnis über KI schafft, erarbeitet man sich einen großen Vorteil: Man baut eine zusätzliche Ideenquelle auf, die einen größeren Pool von Einsatzmöglichkeiten der KI generiert, womit mehr KI-Potenziale erkennbar werden.

Wenn man die Mitarbeiter befähigt, einen eigenen Beitrag bei der Entwicklung und Umsetzung der KI-Strategie zu leisten, wird man mehr damit erreichen: mehr Begeisterung, mehr Geschäftsmöglichkeiten und höhere Akzeptanz. Und folglich werden hierdurch auch die Erfolgschancen von KI-Investitionen gesteigert.

6.4   KI-Projekte im Vertrieb entwickeln

Wenn die Strategie steht, beginnt man, die einzelnen Projekte anzugehen. Dabei muss man die Vertriebsspezifik berücksichtigen, auf die im Folgenden eingegangen wird. Denn KI-Projekte im Vertrieb unterscheiden sich von den klassischen KI- bzw. IT-Projekten. Insbesondere hier ist die Business-Perspektive relevant bzw. noch genauer: die Kundenperspektive.

6.4.1   Kundenperspektive

Oft werden Projekte initiiert, ohne dabei die für den Vertrieb allerwichtigste Perspektive zu betrachten: die Kundensicht. Ohne die Kundenperspektive entwickelt man Prozesse rein aus der eigenen Unternehmenssicht, und die Kundenbedürfnisse bleiben dabei nicht selten unberücksichtigt. Das kann dazu führen, dass der Kunde im Endeffekt nicht erreicht wird. Die folgenden sechs Schritte sind erforderlich und stellen die richtige Reihenfolge dar.

1. **Buyer Journey in den Vordergrund setzen**
   Im ersten Schritt ist es notwendig, den Beschaffungsprozess bzw. den Einkaufsprozess des Zielkunden zu betrachten: aus seiner Kundenperspektive.

Hier lauert eine andere Gefahr: dass man sich allein mit der **Customer** Journey befasst, so wie viele Marketingorganisationen es für gewöhnlich tun. Das Problem dabei ist, dass man diese Journey oft aus der eigenen Perspektive betrachtet und nicht aus der Kundenperspektive. Die Betrachtung sollte aus der Kundenperspektive geschehen: **Buyer** Journey. In manchen Fällen ist es dasselbe, allerdings tendiert man beim Customer-Journey-Ansatz dazu, einen Prozess zu definieren, den der Kunde folgen *soll,* und dabei vergisst man, seinen *tatsächlichen* Einkaufsprozess als Käufer zu betrachten. Häufig sind diese Perspektiven nicht identisch.

Um den Kunden dort abzuholen, wo er ist, müssen wir seine **Käuferperspektive** einnehmen und seine **Buyer Journey** fundiert analysieren. Dazu braucht man diese drei Komponenten:
- ein detailliertes Zielkundenprofil, inklusive seines digitalen Verhaltens, plus
- eine gründliche Buying-Center-Analyse (das Einkaufsgremium des Kunden) und
- eine Analyse des Kunden-Beschaffungsprozesses: die Buyer Journey.

Dabei werden diese Fragestellungen in den Vordergrund gestellt:
- Wie verhält sich der typische Kunde?
- Wie kauft der Kunde für gewöhnlich ein?
- Wie sehen seine Schritte und sein Verhalten in seinem Beschaffungsprozess aus?

Wie in Abb. 6.2 dargestellt, hat der Kunde in jedem Schritt seines Beschaffungsprozesses Fragen, auf die er Antworten sucht. Diese Fragen müssen wir akribisch beantworten. Im Grunde evaluieren wir die Bedürfnisse des Kunden in jedem einzelnen Schritt seines Kaufprozesses.

2. **Spiegelung mit dem Vertriebsprozess**
   Im nächsten Schritt wird überprüft, ob der eigene Vertriebsprozess diese Buyer Journey widerspiegelt. Klassisches Beispiel: Der Kunde kauft schon längst online ein und wir beschäftigen immer noch eine Außendienst-Mannschaft. Vielen Unternehmen ist es noch nicht bewusst, dass sich das Kundenverhalten und sein Beschaffungsprozess durch die Digitalisierung stark verändert haben, und dass ihre Vertriebsorganisationen ihre Prozesse noch nicht angepasst haben. Dies muss spätestens an dieser Stelle geschehen, indem der Vertriebsprozess am Einkaufsprozess des Kunden ausgerichtet wird.

3. **Analyse und Anpassung des Vertriebsprozesses**
   Hier werden die Schritte im Vertriebsprozess an den Kundenbeschaffungsprozess angepasst. Jeder einzelne Schritt des Vertriebsprozesses sollte den

Customer / Buyer Journey
als Basis für KI Evaluierung im Vertrieb

VOR-ERKENNUNG	ERKENNUNG	AUFKLÄRUNG	ERWÄGUNG	EVALUIERUNG	BEGRÜNDUNG	ENTSCHEIDNG	AFTER-SALES
Kunde ist sich seines Problems oder der möglichen Lösung nicht bewusst.	Kunde beginnt noch Lösungen zu suchen.	Kunde wird über mögliche Lösungen aufgeklärt oder recherchiert selbst.	Kunde beginnt die möglichen Lösungswege in Betracht zu ziehen.	Kunde evaluiert aktiv die zur Verfügung stehende Optionen.	Kunde sucht noch Fakten und Argumenten, um seine Entscheidung zu begründen bzw. zu untermauern.	Konditionen werden verhandelt, Verträge abgeschlossen.	Entwicklung der Kundenbeziehung.

ANALYSE DER SCHRITTE IM KAUFPROZESS DES KUNDEN | ERHEBUNG DES KI-POTENZIALS
-interne Workshops- Markterhebungen – Kundenumfragen – Analysen – Simulationen-

ANFORDERUNGEN

KI TOOLS

Abb. 6.2 Kundenbeschaffungsprozess als Basis für Entwicklung von KI-Projekten im Vertrieb

Einkaufsprozess des Kunden widerspiegeln und auf seine in dem jeweiligen Schritt speziellen Bedürfnisse eingehen. Erst mit dieser Analyse kreieren wir einen Prozess, der die Bedürfnisse des Kunden wirklich berücksichtigt, nicht nur die der eigenen Organisation.

4. **Erhebung des Digitalisierungsbedarfs im Vertriebsprozess**
   Erst nachdem wir den Vertriebsprozess an die Anforderungen des Marktes angepasst haben, analysieren und evaluieren wir das KI-Potenzial. Dabei beantworten wir die Frage: *Welche Schritte und welche Aktivitäten im Vertriebsprozess sollten sinnvollerweise technologisch unterstützt werden?* Es wird eruiert, welches Potenzial die Technologie bereithält, welche Prozessstufen sie unterstützen oder übernehmen soll und welche Bereiche immer noch in menschlicher Hand bleiben sollen. Denn man kann sich auch zu Tode digitalisieren, wenn man den für den Kunden wichtigen menschlichen Faktor außer Acht lässt.

5. **Definition von Anforderungen an die Technologie**
   Jetzt, wenn feststeht, was im Vertriebsprozess digitalisiert werden soll, werden die Anforderungen an die Technologie ermittelt. Denn die Technologie soll das Mittel zum Zweck und nicht der Zweck sein. Sie soll den Anforderungen des Vertriebsprozesses folgen, nicht umgekehrt.

6. **Evaluierung von Technologien und Anbietern**

Und erst im allerletzten Schritt werden die passenden Tools und Anwendungen anhand definierter Anforderungen ausgesucht. Tools und Anbieter gibt es genügend, wir müssen nur die richtigen für die eigene Organisation finden, die auch unsere speziellen Anforderungen erfüllen.

Diese sechs Schritte werden in der Realität meist in umgekehrter Reihenfolge ausgeführt. Man lässt sich von der Technologie begeistern oder von Anbietern akquirieren und dabei bleibt der allerwichtigste Schritt im Prozess außen vor: die Überprüfung und die Ausrichtung der Prozesse an den Kundenbedürfnissen. Dies führt oft dazu, dass die Technologie die an sie gesetzten Erwartungen nicht erfüllt. Besser gesagt: die Hoffnungen nicht erfüllt, denn oft werden bei so einer Herangehensweise die Erwartungen an die Technologie gar nicht definiert. Man implementiert etwas und hofft, dass es besser wird.

Ein Geheimnis sei ein dieser Stelle verraten: **Hoffnung ist keine Strategie.** Man soll genau überlegen, wie die Technologie bei der Erfüllung der eigenen Unternehmensziele unterstützen soll und man darf sich zwar von der Technologie durchaus faszinieren lassen, aber nicht blenden. Auch wenn Technologie vieles kann, muss die Sinnhaftigkeit für die eigene Organisation zuerst gut überprüft werden. Und vor allem müssen die Erwartungen und die Bedürfnisse der Kunden in den Vordergrund gestellt werden. So erspart man sich unter Umständen viel Geld und Fehlinvestitionen. Beispiele hierfür sind Online-Shops, die kein Kunde nutzt, oder Werbung in den sozialen Medien, in die denen der Kunde gar nicht aktiv ist.

▶   Es sei davon abgeraten, irgendwelche KI-Tools ohne diesen Sechs-Schritte-Prozess oder ähnlicher Analysen zu implementieren. Denn die Gefahr ist groß, dass die Tools nicht wie erwartet funktionieren und schnell an Relevanz verlieren, selbst trotz ihrer großen Potenziale für die Organisation.

6.4.2 Vertriebsperspektive

Neben der Kundenperspektive gibt es eine zweite wichtige Perspektive, um KI-Projekte im Vertrieb umzusetzen: die Vertriebsperspektive, die die Betrachtung aus der Vertriebssicht darstellt. Hier wird der Vertriebsprozess in seinen jeweiligen Phasen eingehend analysiert, mit dem Ziel, die Umsatz-, Wirksamkeits- und Effizienz-Potenziale zu heben. Und, was entscheidend ist, in dieser Reihenfolge:

1. Umsatz
2. Wirksamkeit
3. Effizienz

Denn hier tappt man oft in die Falle und sucht primär nach Effizienz-Potenzialen. Wie schon erwähnt, dies ist ein wichtiger Schritt, aber der Vertrieb profitiert am meisten von den Potenzialen auf der Geschäfts- und Umsatzseite.

Diese drei Faktoren werden in jedem einzelnen Schritt des Vertriebsprozesses evaluiert und parallel dazu wird das Potenzial der KI-Technologie erhoben. Danach werden die Anforderungen definiert und anschließend auch die Tools ausgesucht (s. Abb. 6.3).

Wenn wir ehrlich sind, dann müssen wir zugeben, dass die meisten Unternehmen die Technologie aus der eigenen Perspektive implementieren und sich dabei nur auf die Dinge konzentrieren, die für sie wichtig sind. Aber wenn man beide Perspektiven einbindet – die eigene und die des Kunden – wird man das beste Ergebnis erzielen. Deshalb sollte man sich bei diesen zwei Ansätzen nicht die Frage „Entweder … oder?" stellen, sondern beide gemeinsam betrachten. Nur die Kombination beider Ansätze wird das bestmögliche Ergebnis für die Organisation erbringen.

Vertriebsprozess als Basis für KI Evaluierung im Vertrieb

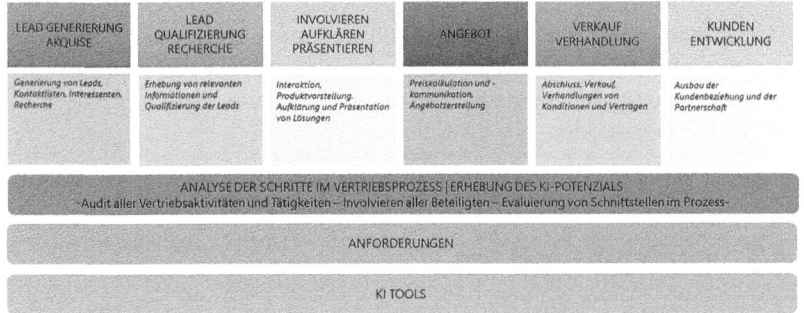

Abb. 6.3 Vertriebsperspektive bei der Entwicklung von KI-Projekten

6.5 Voraussetzungen schaffen

Bei der Entwicklung von KI-Anwendungen im eigenen Unternehmen reicht es nicht, nur die richtigen Projekt-Schritte zu befolgen. Es bedarf auch der Schaffung von notwendigen Voraussetzungen innerhalb der Organisation, die fester Bestandteil einer KI-Strategie sind, siehe Abschn. 6.2. Was Sie dabei berücksichtigen sollten, erfahren Sie in den folgenden Abschnitten (s. Abschn. 6.5.1 bis 6.5.7).

6.5.1 Budget und Ressourcen

Einer der wichtigen Voraussetzungen für die erfolgreiche Implementierung von KI in Unternehmen ist die Allokation von ausreichenden Budgetmitteln und Ressourcen. Denn nur diejenigen Initiativen werden erfolgreich, die die notwendigen Ressourcen und das Budget zur Verfügung haben. KI ist ein strategisches Thema und es sollte nicht an falscher Stelle gespart werden.

Kosten einplanen
KI-Projekte sind oft, aber nicht gezwungenermaßen, mit hohen Kosten verbunden. Man unterscheidet hier zwischen Software-, Entwicklungs-, Implementierungs- und Verwaltungskosten.

- **Software-Kosten**
  Bei KI-Software gibt es große Preisunterschiede. Die gängigsten Preismodelle für Standard-Produkte sind Abonnements und können verbrauchs- oder funktionsabhängig sein, was unterschiedliche Budgetierungsstrategien erfordert. Die Preisgestaltung wird sich je nach Anwendungsfall unterscheiden: ob es um die Einführung eines ganzen CRM-Systems geht oder um ein BI-Modul oder ein Social Media Monitoring Tool.
- **Entwicklungskosten**
  Falls die Software speziell für das Unternehmen entwickelt wird, entstehen Entwicklungskosten. Hier können interne Kosten anfallen bzw. Kosten für externe Dienstleistungen und Programmierung.
- **Implementierungskosten**
  Für die Implementierung von externen Lösungen fallen oft Initial- und Setup-Kosten an. Auch Anpassungen und Customizing von Produkten sind mit zusätzlichen Kosten verbunden, sowie auch die Integration in bestehende Systeme und Schnittstellenherstellung und Anbindungen – ob für die Entwicklung

oder zusätzliche Lizensierung. Darüber hinaus können Projekt-Management-
und Beratungskosten entstehen.

• **Verwaltungskosten**
Mit der Implementierung der Lösung sind die Ausgaben meistens nicht zu
Ende. Personalbeschaffung, Sicherheit, Datenschutzanforderungen, Schulungen und die Entwicklung von Fähigkeiten innerhalb der Organisation sind
einige der typischerweise versteckten Kosten, die übersehen werden können.
Zudem können weitere Kosten entstehen, um die Akzeptanz der Technologie in
der Organisation zu fördern und das Bewusstsein für ihren Nutzen zu schaffen:
für Experten-Vorträge, Beratungen und Trainings.

Ressourcen sicherstellen
Neben dem Budget müssen KI-Projekten auch ausreichende Ressourcen allokiert
werden. Ressourcen verursachen zwar keine direkten zusätzlichen Kosten, können
aber viel Aufwand benötigen und das Personal von seinen eigentlichen Aufgaben
abhalten. Hier einige der ressourcen-intensiven Tätigkeiten in KI-Projekten, die
zu berücksichtigen sind:

• Daten suchen, validieren und korrigieren
• Audit und Anpassung von Prozessen
• Neugestaltung von Arbeitsabläufen
• Einbringung von Fachkompetenz: Business Intelligence
• Tests und Evaluierungen
• Kommunikation
• Schulungen

Überdies ist es zu überlegen, welche Abteilungen und Personen in welchem Ausmaß nicht nur aus der Notwendigkeit heraus, sondern auch aus strategischer Sicht
involviert werden sollen, um den Erfolg des Projekts zu fördern.

6.5.2   Technologie-Zugang

Beim Einsatz von KI geht es sinngemäß um Technologie und so benötigen wir
auch den Zugang dazu. In diesem Zusammenhang herrscht oft das Missverständnis, dass man die Technologie selbst entwickeln bzw. die dafür notwendigen
Kompetenzen im eignen Unternehmen aufbauen muss. Neben diesem organi-
schen Weg besteht auch die Möglichkeit, fertige Lösungen zu implementieren,

die des Öfteren übersehen werden. Vor wenigen Jahren noch war es tatsächlich notwendig, die Lösungen selbst zu entwickeln, inzwischen gibt es jedoch viele und ausgereifte externe Anwendungen, auf die man zugreifen kann.

Externe KI-Tools evaluieren und implementieren
Bei der Evaluierung von externen KI-Tools befolgt man im Grunde die klassischen Implementierungsschritte einer externen Lösung. Vereinfacht dargestellt sieht sie folgendermaßen aus:

1. **Entdecken:**
   - Markt-Screening
   - Evaluierung von Anwendungen
   - Evaluierung von Anbietern
   - Abgleich mit den eigenen Anforderungen
2. **Auswahl:**
   - Ausschreibungen
   - Verhandlungen
   - Konditionen
3. **Implementierung:**
   - Definition von Projektzielen und Erwartungen
   - Definition von Ergebnissen: Deliverables
   - Festlegung der Projekt-Timeline
   - Ernennung des Projekt-Teams

KI Anwendungen intern entwickeln
Die interne Entwicklung von KI-Anwendungen orientiert sich an diesen fünf Projekt-Schritten (s. Abb. 6.4):

1. **Case definition:** Problemdefinition und Entwicklung des Business Case
2. **Design:** Definition der Anforderungen für die Entwicklung
3. **Daten und Modelle:** Erhebung von Datensets und Entwicklung von Modellen
4. **Entwicklung und Tests:** Entwicklung der KI-Anwendung und Durchführung von Tests
5. **Go live und Monitoring:** Einführung der Anwendung und Überwachung der Leistung

KI Anwendungen intern entwickeln

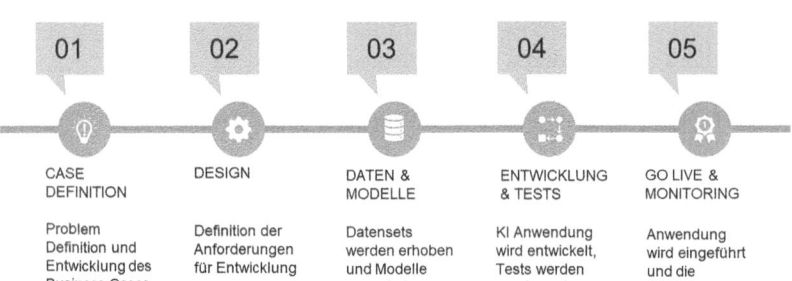

CASE DEFINITION	DESIGN	DATEN & MODELLE	ENTWICKLUNG & TESTS	GO LIVE & MONITORING
Problem Definition und Entwicklung des Business Cases	Definition der Anforderungen für Entwicklung	Datensets werden erhoben und Modelle entwickelt	KI Anwendung wird entwickelt, Tests werden durchgeführt	Anwendung wird eingeführt und die Leistung wird überwacht

Abb. 6.4 KI-Anwendungen intern entwickeln

KI ist nicht einfach nur eine Software
Unabhängig davon, ob man KI-Technologie zukauft oder sie selbst entwickelt, muss man das Hauptunterscheidungsmerkmal von KI verstehen: KI ist nicht einfach nur eine Software, die nach der Installation funktioniert. KI wird zwar mit Software implementiert, aber der große Unterschied besteht oft darin, dass KI dafür eigene Algorithmen schreibt, die darauf basieren, dass sie mit Trainingsdaten versorgt werden. Damit KI funktioniert, braucht man die Kombination von Software, Daten und Business-Intelligenz.

▶   KI = Software (Algorithmen) + Daten + Intelligence (Business).

Anders als bei der Einführung einer „klassischen" Software wird bei der Implementierung der KI-Technologie ein ganz anderer Ansatz verfolgt. KI erfordert, dass man sich ein Problem anschaut und prüft, ob es einen Weg gibt, dieses durch eine Neufassung des Geschäftsprozesses selbst zu lösen. Business Intelligence ist ein Kernfaktor bei der Entwicklung und Einführung von KI, insbesondere im Vertrieb. Eine Studie von IDC (2019) ergab, dass 60 % der Organisationen über Änderungen in ihrem Geschäftsmodell berichteten, die mit der Einführung der KI zusammenhängen. Es ist wichtig, die menschlichen Inputs, von denen erfolgreiche KI-Projekte abhängen, richtig zu definieren und die Rollen der Mitarbeiter in KI-Projekten anzupassen, um diese Unterstützung zu gewährleisten.

▶   Menschliche Intelligenz ist immer notwendig.

Eine weitere Fehlannahme bei der Einführung von KI liegt im Glauben, dass alle Entscheidungen von der Maschine getroffen werden. Viele Unternehmen sind nicht auf die Tatsache vorbereitet, dass die Ergebnisse des maschinellen Lernens nicht immer richtig sind. Einige davon werden sogar immer falsch sein, und dafür muss man Ausnahmen vorsehen und Feedback-Schleifen konzipieren. Tatsache ist, dass in den meisten Fällen eine menschliche Validierung notwendig sein wird. Vertrauen Sie der Technologie, aber überprüfen Sie, ob sie wie erwartet funktioniert. Häufiges Testen sowie auch Neu-Evaluierung von Annahmen sind notwendig. Die Technologie zum Laufen zu bringen ist eine Sache, sie in die tatsächliche Geschäftspraxis zu integrieren ist eine andere.

6.5.3 Infrastruktur

Insbesondere wenn man KI innerhalb der eigenen Organisation entwickelt, muss man auch für die notwendige Infrastruktur sorgen. Dabei werden je nach Anwendung unterschiedliche Bausteine notwendig sein, wie etwa:

- Datenbanken und -zentren
- Storage
- hohe Rechenleistung: CPUs & GPUs
- Netzwerk-Infrastruktur
- Entwicklungsumgebung
- Security
- laufende Administration und Instandhaltung

6.5.4 Prozesse

Bevor Prozesse digitalisiert und mit Technologie unterstützt werden, müssen sie überprüft und richtiggestellt werden. Denn wenn Sie einen schlechten Prozess digitalisieren, dann haben Sie im Endeffekt einen zwar digitalen, aber immer noch schlechten Prozess. Hier sollte vorab ein Audit vorhandener Prozesse durchgeführt werden, infolge dessen ganze oder Teile von Prozessen zuerst optimiert werden müssen. Beratung durch Externe ist durchaus sinnvoll, um die Prozesse kritisch zu betrachten und Optimierungspotenziale zu entdecken.

Darüber hinaus müssen auch Prozesse aufgesetzt werden, um die Ergebnisse der KI zu validieren. KI ist keine Technologie, die einmal aufgesetzt, einfach funktioniert. In den meisten Fällen wird eine Überprüfung der Ergebnisse, die die

Algorithmen produzieren, notwendig sein. Im Grunde braucht man auch Prozesse, um die Algorithmen zu trainieren und ihre Ergebnisse zu validieren.

6.5.5 Daten-Ökosystem

KI kann ohne Daten nicht funktionieren. Daten sind das Futter für die Algorithmen: damit funktionieren sie und damit werden sie stärker und intelligenter. Bei der Schaffung einer relevanten Datenbasis müssen folgende Überlegungen angestellt werden:

- Welche Daten sind **notwendig**?
- Welche Daten sind **vorhanden**?
- Zu welchen Daten braucht man **Zugang: extern**?
- Ist die **Qualität** der Daten gegeben?

Auch wenn viele Vertriebsorganisationen nicht über richtige und relevante Daten verfügen, mangelt es uns heute nicht an Möglichkeiten, relevante Daten zu generieren oder darauf zuzugreifen. Man sollte nur das Bewusstsein dafür schaffen. Oft liegen Daten irgendwo brach und nur Einzelpersonen – meist aus der IT-Abteilung – wissen von ihrer Existenz. In der Regel produziert ein modernes Unternehmen viele relevante Vertriebsdaten, hier ein paar Beispiele:

- **Transaktionelle Daten:** Käufe, Umsatz, Produkte, Historie, Angebote etc.
- **Verhaltensdaten:** On-site, off-site, Interaktionen, An- und Abmeldungen, Social Media, E-Mail-Interaktionen, Newsletter, Blogs, Events, Apps, Point of Sale, Loyality-Programme, Aktionen etc.
- **Kundendaten:** Unternehmensdaten, persönliche Daten etc.
- **Analytische Daten:** Profitabilität, Entwicklung, Leistung etc.

Diese Daten sind in unterschiedlichen Quellen greifbar (s. Abb. 6.5).

Da KI die Datenbasis nutzt, um zu lernen, muss sichergestellt werden, dass der Inhalt der Daten für den angestrebten Zweck richtig ist. Dabei geht es nicht nur um die Details und die Aktualität von Daten, sondern auch um ihre Inhalte: Es muss geprüft werden, ob die Daten vorbelastet sind. So müssen die Daten.

- so komplett und detailliert wie möglich,
- frei von inkohärenter Information,

Datenquellen

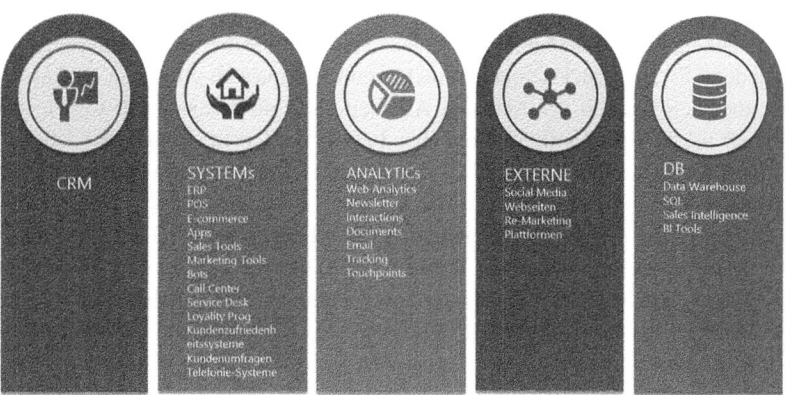

CRM	SYSTEMs	ANALYTICs	EXTERNE	DB
	ERP	Web Analytics	Social Media	Data Warehouse
	POS	Newsletter	Webseiten	SQL
	E-commerce	Interactions	Re-Marketing	Sales Intelligence
	Apps	Documents	Plattformen	BI Tools
	Sales Tools	Email		
	Marketing Tools	Tracking		
	Bots	Touchpoints		
	Call Center			
	Service Desk			
	Loyality Prog			
	Kundenzufriedenh			
	eitssysteme			
	Kundenumfragen			
	Telefonie-Systeme			

Abb. 6.5 Quellen für Vertriebsdaten

- mit allen notwendigen Attributen versehen, die ein Algorithmus zur Erfüllung seiner Aufgabe benötigt, und
- frei von „Vorurteilen" sein.

Haben Sie schon mal den Ausdruck gehört: *Garbage in, garbage out?* Damit ist gemeint: Wenn die Daten Müll sind, werden die Algorithmen auch Müll daraus produzieren. Ein plakatives Beispiel dafür kommt aus USA, wo die Algorithmen bei derselben Ausgangsbasis und Beweislage einen Schwarzen zu einer höheren Strafe verurteilt hätten als einen Weißen. Die Algorithmen haben auf Grundlage von voreingenommenen Daten aus Jahrzehnten von Verurteilungen gelernt, und diese deuteten darauf hin, dass Schwarze höhere Strafen bekommen sollten als Weiße. Solche Überraschungen, sogenannte „algorithmic bias" sind zu erwarten, und daher ist es wichtig, abgesehen von der Sauberkeit von Daten, Business Intelligence im Prozess zu verwenden und die Ergebnisse zu validieren.

KI ist brutal ehrlich und in ihren Ergebnissen eindeutig: Sie sagt uns die kalte, harte Datenwahrheit. Aber sie braucht uns auch, um schneller und richtig zu lernen; sie braucht Führung und Input, um die Daten, die sie erhält, zu verstärken. Dazu ist Geduld notwendig, denn dies geht nicht von heute auf morgen.

6.5.6 Ethik und Regulatorien

Neben datenschutzrechtlichen Bedenken wirft KI eine Reihe ethischer Fragen auf, wie Verantwortung und Delegation von Entscheidungen, Transparenz, Voreingenommenheit und Diskriminierung. Diese Themen sind bei der Einführung von KI jedenfalls zu berücksichtigen. Auch wenn die meisten ethischen Diskussionen eher den Bereich der AGI und ASI betreffen, die immer noch weit in der Zukunft liegen, müssen die Unternehmen bei der Implementierung von KI sicherstellen, dass Menschen – Kunden und Mitarbeiter – in ihren Rechten nicht verletzt werden.

In Bezug auf die Datenverarbeitung stellt in Europa die DSGVO eine besondere Herausforderung dar. Auch wenn die DSGVO sich nicht im speziellen auf KI bezieht, regelt sie die Verarbeitung von Personendaten unabhängig von der verwendeten Technologie. Infolgedessen ist jedes KI-Projekt, bei dem es um die Verarbeitung personenbezogener Daten geht, von diesen Regulatorien betroffen.

▶   Die Grundfrage, die hier beantwortet werden muss: Werden im Projekt personenbezogene Daten verarbeitet oder nicht?

Die Antwort darauf bestimmt über die Anwendung der DSGVO. Falls ja, dann müssen durch die „Privacy by Design"-Vorschreibung der DSGVO bereits in der Konzeptionsphase der Software die Interessen der betroffenen Personen bestmöglich geschützt und respektiert werden, und der Datenschutz muss in sämtlichen Lebenszyklen von Systemen, Prozessen und Produkten integriert werden.

Unternehmen außerhalb Europas sind bei der Gestaltung von KI-Geschäftsmodellen und Produkten wesentlich weniger eingeschränkt, da sie die DSGVO-Bestimmungen nicht befolgen müssen. So muss bei einer Zusammenarbeit mit einem nicht-europäischen Anbieter sichergestellt werden, dass seine Lösung für den Einsatz innerhalb Europa DSGVO-konform ist.

6.5.7 Fähigkeiten und Kompetenzen

Für die KI-Umsetzung ist logischerweise auch KI-Fachexpertise notwendig. Dabei soll gründlich überlegt werden, ob die KI-spezifischen Kompetenzen im eigenen Unternehmen aufgebaut werden müssen oder ob es ausreicht, Zugang dazu zu gewinnen, beispielsweise über externe Anbieter, Dienstleister und Berater. Viele Unternehmen bleiben an diesem Schritt hängen, weil sie annehmen, dass sie die gesamte Kompetenz selbst aufbauen müssen, was sehr kostspielig sein kann und nicht immer notwendig. In vielen Fällen wird eine Zusammenarbeit mit externen Partnern den Zweck erfüllen. Abhängig vom jeweiligen Anwendungsfall gibt es mehrere Möglichkeiten:

- Kauf einer externen Lösung
- Zusammenarbeit mit einem Partner bei der Entwicklung des KI-Projekts
- Outsourcing des gesamten KI-Entwicklungsprozesses
- Entwicklung einer Lösung mit internen Ressourcen

Welcher Ansatz auch immer der beste zu sein scheint, es lohnt sich immer, am Markt vorhandene Lösungen zu erforschen, bevor man den Sprung in die Eigenentwicklung wagt. Es ist nicht immer notwendig, das Rad neu zu erfinden, wo man auf fertige Lösungen zugreifen bzw. sie an die eigenen Bedürfnisse anpassen kann. Wenn Sie ein Produkt finden, das Ihren Bedürfnissen entspricht, dann wird eine direkte Integration wahrscheinlich der kostengünstigste und schnellste Ansatz sein.

Falls die Lösung intern entwickelt werden soll, werden dafür für gewöhnlich folgende Fähigkeiten und Kompetenzen benötigt:

- **Ingenieure für maschinelles Lernen und /oder Datenwissenschaftler,** um die erforderlichen Algorithmen zu programmieren,
- **Datenintegrationsingenieure,** um die Prozesse der Dateneingabe zu automatisieren,
- **Softwareentwickler,** um die richtigen Technologieplattformen auszusuchen und APIs zu entwickeln,
- **Business-Kompetenz-Experten,** um die Bedürfnisse der Benutzer zu verstehen und die Geschäftsprobleme zu analysieren bzw. die Business-Anforderungen einzubringen.

Um diese Kompetenzen im Unternehmen aufzubauen kann man klassisch neue Mitarbeiter einstellen. Aber Datenwissenschaftler, Ingenieure und Softwareentwickler sind aktuell sehr gefragt, und man hat nicht immer die Möglichkeit, die passenden Fachkräfte zu finden. Stattdessen kann man bestehende Mitarbeiter umschulen und ausbilden oder für die Dauer des Projekts auf externe Ressourcen zugreifen: Plattformen, Entwickler, Dienstleister. Im Grunde arbeitet man mit Remote-Entwicklern oder KI-Beratern zusammen, die ihr Fachwissen mit dem Unternehmen teilen und auf Projektbasis arbeiten.

FAZIT: Die Implementierung von KI ist eine ernste Angelegenheit
Auch wenn es im Markt genügend Anwendungen „von der Stange" gibt, die ohne großen Aufwand implementiert werden können, ist die strategische Integration von KI in Unternehmen eine ernsthafte Angelegenheit und eine nicht zu unterschätzende Herausforderung. Sie erfordert Ressourcen, fundiertes Wissen, viel Zeit und Hingabe. Um KI erfolgreich zu implementieren und von ihrem immensen Potenzial auch wahrlich zu profitieren, sollte man nicht nur den Trends folgen, sondern sich stattdessen darauf konzentrieren, die eigene KI-Vision zu kreieren und Schritt für Schritt umzusetzen. Es ist eine lange Reise, die immer mit einem ersten kleinen Schritt beginnt. Und insbesondere im KI-Kontext ist es wichtig, den Erfolg der ersten Bemühungen zu sichern.

6.6   Den Erfolg des ersten KI-Projekts sichern

Wenn Sie an dieser Stelle angelangt sind, dann wissen Sie jetzt, wie unglaublich vielfältig die Möglichkeiten der KI sind, und haben womöglich schon die eine oder andere Idee, was KI für Ihr Unternehmen tun kann, Vielleicht haben Sie auch schon eine Vorstellung davon, was man braucht, um sie innerhalb Ihrer Vertriebsorganisation zu implementieren. Soweit so gut, aber wie räumen wir das letzte Hindernis aus dem Weg und starten?

Insbesondere beim Thema KI ist ein guter und erfolgreicher Start wichtig. Auch wenn die KI-Implementierung sich manchmal nur auf einzelne Projekte beschränken wird, ist jedoch in den meisten Fällen ein umfangreicher und langfristiger strategischer Zugang sinnvoll. Weil KI so viele vielfältige Möglichkeiten für den Vertrieb mit sich bringt, ist ihre Implementierung kein Sprint, sondern ein Marathon. Aus diesem Grund ist eine Strategie unbedingt notwendig, denn sie wird die besten Voraussetzungen für den Erfolg schaffen, die sie mit einem erfolgreichen ersten Schritt einfahren soll.

Dafür brauchen wir ein erstes vielversprechendes Projekt, das einen ersten maßgeblichen Schritt für die Zukunft der KI im Unternehmen setzt. Auch wenn das Ziel groß und breit ist, beginnen sollte man klein, sonst läuft man Gefahr, sich zu verzetteln und die Organisation zu überfordern. Wir erinnern uns an Alice, die in einem Raum mit viele Türen gelandet ist, die darauf warteten, geöffnet zu werden. Und um ins Wunderland zu gelangen, musste Alice zuerst einen Trank einnehmen, um sich klein zu machen und durchkommen zu können. So müssen auch wir, um in das KI-Wunderland zu gelangen, zuerst mit einem kleinen Projekt starten und erst in weiterer Folge die größeren Projekte angehen.

Das Ziel beim ersten Projekt ist es, den Mehrwert der KI für das Unternehmen zu beweisen. Deshalb ist es sinnvoll, mit einem kleinen sehr erfolgversprechenden Projekt zu beginnen. Wir wollen sicherstellen, dass das erste Projekt gelingt, denn ein Misserfolg kann das ganze Thema um Jahre nach hinten werfen oder schlimmstenfalls die Relevanz des Themas infrage stellen.

6.6.1   Fünf Erfolgsfaktoren für das Gelingen des ersten KI-Projekts

Anstatt zu hoffen, dass das erste Projekt ein Erfolg wird, wollen wir strategisch und methodisch für seinen Erfolg „sorgen", zumindest all das Notwendige tun, um seine Erfolgschancen zu erhöhen. In diesem Zusammenhang kann man sich an diesen fünf Erfolgsfaktoren orientieren:

1. **Suchen Sie das „richtige" Projekt aus.**
   Suchen Sie das Projekt mit den besten Erfolgsaussichten aus, wo die Daten verfügbar sind, die Komplexität niedrig und die Kompetenz vorhanden ist. Später, mit ein paar Siegen im Rücken, kann man die Lösung strategisch und mit voller Unterstützung der Interessengruppen ausrollen.
   Das Ziel ist es, einen Erfolg zu verzeichnen, um die Akzeptanz auf allen Ebenen im Unternehmen zu schaffen. Ganz einfach: Es geht darum, einen schnellen ersten Erfolg zu sichern, der aber auch einen klaren Mehrwert von KI aufzeigt.
2. **Sorgen Sie für die „richtige" Zielsetzung.**
   Definieren Sie die kurz-, mittel- und langfristigen Ziele und klären Sie die Erwartungshaltung in Bezug auf Zeit, Ressourcen und Ergebnisse. Denken Sie hier beim ersten Projekt nicht zu groß. Das Ziel ist es, sicherzustellen, dass das Projekt erfolgreich ist und spannende Möglichkeiten der KI aufzeigt. Denn der Erfolg des Projekts wird die Vertriebsorganisation und den Rest des Unternehmens beeinflussen.
   Das Ziel ist es nicht, KI zu implementieren! Es geht uns nicht um die Technologie an sich, sondern um den Mehrwert, den sie in die Organisation hineinbringt. Ziel beim ersten Projekt ist es, die übrigen Zweifel auszuräumen und die notwendige Überzeugung für den KI-Mehrwert zu schaffen. Außerdem geht es darum, den Wissensstand innerhalb des Unternehmens zu sichern, mit dem übergreifenden Ziel, eine gute Basis für den Aufbau zukünftiger Projekte zu bilden.

3. **Stellen Sie das „richtige" Team zusammen.**
   Sie brauchen ein Team, das Fach- und Business-Kompetenz kombiniert. Sie brauchen neben den IT- und KI Experten vor allem Geschäftsintelligenz im Team, um den Mehrwert von KI richtig herauszustreichen. Übergeben Sie die Leitung jemandem, der funktionsübergreifend arbeiten und die KI-Expertise mit der Branchen-Expertise im Team zusammenbringen kann. Beginnen Sie mit einem kleinen und dynamischen Team. Pilotprojekte müssen agil und flexibel sein und nicht in eigenen Strukturen ersticken. *Der Erfolg des Projekts wird von den Beteiligten abhängen.* Sorgen Sie für den richtigen Qualifikationsmix. Sie brauchen kein komplettes Team, um anzufangen. Je nach Anwendungsfall werden Sie unterschiedliche Kompetenzen benötigen, aber was viel wichtiger ist: die *richtige* Einstellung der Beteiligten, denn sie wird den Fortlauf des Projekts bestimmen. In erster Linie brauchen Sie Menschen, die bereit sind, sich mit den grundlegenden KI-Best-Practice-Beispielen auseinanderzusetzen, anstatt Experten, die dazu tendieren, eine zu hohe Komplexität hineinzubringen und das Projekt zu verlangsamen.

4. **Definieren Sie genügend Ressourcen.**
   Wenn Sie wollen, dass KI einen festen Platz in Ihrer Organisation einnimmt, müssen Sie die notwendigen Budgets, die Zeit und auch die Menschen bereitstellen. Das heißt nicht, dass man mit Geld um sich werfen soll, aber man darf hier auch nicht sparen. Ein kostenoptimierter Ansatz ist durchaus legitim, aber wir wollen mit einer Einspar-Einstellung der guten Intention nicht den Wind aus den Segeln nehmen. *Nicht an der falschen Stelle sparen, denn das Ziel ist es, das Projekt umzusetzen.* Wenn Sie das Projekt initiieren und nicht genügend Ressourcen zur Verfügung stellen, wird das Projekt entweder zu langsam oder zu mühsam und frustrierend ablaufen, folglich wird auch das Ergebnis sub-optimal.

5. **Sorgen Sie für „ausreichende" Kommunikation.**
   Wenn das Projekt wichtige Meilensteine erreicht und vor allem, wenn es ein erfolgreiches Ergebnis liefert, achten Sie darauf, darüber zu kommunizieren. Der Erfolg muss ausgezeichnet und innerhalb des Unternehmens bekannt werden. Die Anerkennung des Projektteams durch die Geschäftsleitung und der sichtbare Erfolg des Pilotprojekts werden eine Schlüsselrolle für weitere Maßnahmen spielen. *Das Ziel ist es, die Motivation zu steigern und Unterstützung innerhalb der Organisation zu sichern.* Unterstützen Sie das Team, erlauben Sie Fehler, belohnen Sie und feiern Sie die Erfolge. Die Anerkennung und die Belohnungen für den Erfolg werden den Rest der Organisation dazu ermutigen, sich ebenfalls mit dem Thema zu beschäftigen, wodurch die Akzeptanz von KI gesteigert wird.

▶   Um den Erfolg des ersten Projekts sicherzustellen brauchen wir die
„richtigen Fünf": Zielsetzung, **Projekt, Team, Ressourcen und
Kommunikation**. Das Übergreifende Ziel ist es, den Mehrwert der
KI-Technologie für das Unternehmen zu „beweisen".

6.6.2   Drei Umsetzungsfallen beim ersten KI-Projekt, die Sie vermeiden können

Wie bei vielen anderen strategischen Unternehmungen gibt es auch bei KI typische Fallen bzw. Irrglauben, die für gewöhnlich die Umsetzung von Projekten
hindern. Die drei gängigsten Irrglauben sind folgende:

1. **Die Experten-Falle: Um mit KI zu starten, braucht man KI-Expertise.**
   Die Mehrheit der Unternehmen denkt immer noch, sie müssen KI-Systeme
   selbst entwickeln. Dieses Buch hat dieses Missverständnis hoffentlich aufgeklärt, denn der Markt verändert sich schnell und man kann auf Anbieter
   von KI-Lösungen zugreifen und muss die Technologie nicht selbst entwickeln.
   Technologie ist heute einfach in der Anwendung und zugänglich für jeden.
   Man muss kein KI-Experte sein, und nicht einmal das Verständnis über ihre
   Funktionsweise ist notwendig, um mit KI zu beginnen, sie einzusetzen und
   davon zu profitieren.
   Wichtig ist es zu verstehen, was KI für das Unternehmen tun kann.
2. **Die Daten-Falle: Ohne eigene Daten kann man KI nicht einsetzen.**
   Daten sind fester Bestandteil jeder KI-Anwendung, das ist Fakt. Aber das heißt
   nicht, dass Daten im eigenen Unternehmen vor der Implementierung einer
   KI vorhanden sein müssen. Nicht alle KI-Anwendungen erfordern das Vor-
   handensein von Daten, und es gibt einige Anwendungsbereiche, wo sie auch
   ohne eigene Daten beginnen können. Manche Tools verwenden Algorithmen,
   die schon ausreichend mit anderen Daten trainiert wurden. Darüber hinaus
   stellen Technologie-Giganten ihre Plattformen vermehrt open source zur Verfügung, inklusive Entwicklungswerkzeuge und Datasets, mit denen man die
   Algorithmen trainieren kann.
   *KI kann auch auf Basis externer Daten beginnen und notwendige eigene
   Daten im Laufe des Prozesses aufbauen.*
3. **Die Projekt-Falle: KI-Projekte sind IT-Projekte.**
   Eines der Hauptprobleme besteht darin, dass Unternehmen oft die Technologie implementieren und dann nach Problemen suchen, die sie lösen kann,

anstatt von dem geschäftlichen Mehrwert auszugehen. IT allein, ohne Business Intelligence, wird für den Erfolg eines KI-Projekts nicht ausreichend sein. Die Geschäftsperspektive ist der größte Erfolgsfaktor bei der Implementierung von KI und nicht die Software an sich. *KI-Projekte sind vor allem Business-Projekte.*

Hoffentlich werden diese Anregungen Sie dabei unterstützen, die Potenziale von KI für Ihre Organisation schnell zu entdecken und zu realisieren, auch wenn es anfangs in kleinen Schritten erfolgen wird. Das Ziel ist es, dass diese kleinen Fortschritte eine gute Basis für eine prozess-übergreifende Implementierung in den Vertriebsabläufen schaffen. Sobald Sie mehrere, wenn auch kleinere Erfolge schaffen, werden Sie die Akzeptanz und die Voraussetzungen dafür schaffen, dass KI irgendwann Ihren Vertrieb tatkräftig unterstützt und aus einem Schlagwort greifbare Realität wird.

Literatur

IDC (2019) IDC Survey Finds Artificial Intelligence to be a Priority for Organizations But Few Have Implemented an Enterprise-Wide Strategy https://www.idc.com/getdoc.jsp?containerId=prUS45344519. Zugegriffen: 04. Aug. 2020

Khodabandeh S, Fehling R, LaFountain B, Duranton S, Paetsch A, Reeves M, Gerbert P (2019) How to Win with Artificial Intelligence. https://www.bcg.com/publications/2019/how-to-win-with-artificial-intelligence-ai. Zugegriffen: 04. Aug. 2020

Schluss: Die neue Intelligenz

Danke, dass Sie bis zum Ende unserer gemeinsamen KI-Reise geblieben sind. Hoffentlich haben Sie viele Möglichkeiten entdeckt und Ideen generiert, wie KI Ihren Vertrieb dabei unterstützen kann, besser und schneller Ihre Unternehmensziele zu erreichen. Ich habe in diesem Buch versucht, Ihnen ein besseres Verständnis darüber zu bieten, was KI für Sie tun kann und wie Sie dieses Thema angehen können. Mein primäres Ziel dabei war, den Begriff Künstliche Intelligenz zu entmystifizieren und für Sie greifbar zu machen.

Der Anfang ist oft der schwierigste Schritt und ich hoffe, dieses Buch konnte Ihnen bei der Bewältigung dieser größten Hürde helfen. Möglicherweise haben Sie jetzt eine konkrete Idee, was Sie tun werden, und können sich nun auf Ihre individuelle KI-Reise begeben.

Ihre KI-Reise wird sich mit hoher Wahrscheinlichkeit nicht genau so entwickeln, wie geplant. Es wird notwendig sein, immer wieder die Richtung anzupassen und sich mit den Gegebenheiten und neuen Erkenntnissen auseinander zu setzen. Sie werden erleben, so wie Alice im Wunderland auch, wie sich Annahmen verändern und Ausgangsparameter wandeln. So wie sich der Schläger beim Cricket plötzlich in ein Flamingo verwandelt und einrollt, wenn man den Igelball treffen will, werden auch bei KI-Projekten getroffene Annahmen sich oft als verkehrt erweisen und die Volatilität der Märkte im Zusammenhang mit der sich rasant entwickelnden Technologie immer wieder die Bedingungen und die Parameter in den Projekten verändern. Gehen Sie davon aus, dass sich die Schachfiguren immer wieder neu ordnen werden.

Man sollte sich all der möglichen Herausforderungen bei der Implementierung von KI bewusst sein, aber man sollte sich dadurch keinesfalls entmutigen

L. Rainsberger, *KI – die neue Intelligenz im Vertrieb*, https://doi.org/10.1007/978-3-658-31773-7

lassen. Die Alice-Einstellung ist hier von großem Nutzen: Offenheit, Neugier, Aufgeschlossenheit, Vorsicht und Mut.

▶   Die KI-Chancen sind größer als ihre Herausforderungen.

KI hat das Potenzial und wird auch den Vertriebsbereich revolutionieren, mit dem einen großen zusammenfassenden Mehrwert: Sie bringt eine neue und größere Intelligenz in den Vertrieb.

So wie die Elektrizität unsere Sicht bei Nacht verbesserte und die Flugtechnologie uns die Überwindung von unvorstellbaren Entfernungen ermöglichte, wird KI eine neue Dimension in unser Leben hineinbringen. Elektrizität hat unsere Sehkraft nicht ersetzt, sondern sie erweitert. Die Flugtechnologie hat unsere Beine nicht unnütz gemacht, sondern unsere Bewegungsgrenzen überwunden. So wird auch KI Menschen im Vertrieb nicht ersetzen, sondern ihre Intelligenz verstärken. Davon können wir nur profitieren, wenn man weiß, wie.

Hoffentlich ermöglichen Ihnen die Anregungen in diesem Buch, Ihre Vertriebsorganisation auf das nächste Entwicklungslevel zu bringen und mehr Intelligenz in Ihren Prozessen, Aktivitäten und Ansätzen zu schaffen. Dabei wünsche ich Ihnen viel Erfolg.

Bitte teilen Sie Ihren Erfolg – groß und klein – und Ihre Erfahrungen – positiv und negativ – auf Ihrer KI-Reise mit mir. Darüber freue ich mich besonders.

Herzlichen Dank im Voraus
Ihre
Livia Rainsberger

Literatur

7LYTIX (2020) Artificial intelligence for real business cases. https://www.7lytix.com/en. Zugegriffen: 27. Juli 2020

99Firms (2020) Sales statistics. https://99firms.com/blog/sales-statistics/#gref. Zugegriffen: 24. Juli 2020

Aaron Mandelbaum, SMB Advisors (2019) Chatbot use cases: what does a successful bot look like. https://www.smbadvisors.com/capabilities/customer-marketing/insights/chatbot-use-cases-what-does-a-successful-bot-look-like. Zugegriffen: 2. Aug. 2020

Accent (2020) AI-driven guided selling. https://accent-technologies.com/accent-crm-superc harger/. Zugegriffen: 31. Juli 2020

AdvantageCommunication (2020) Artificial intelligence in customer service...your questions answered. https://www.advantagecall.com/customer-service-and-ai-advantage-com munications. Zugegriffen: 27. Juli 2020

Affinity (2020) Relationships are your most powerful asset. https://www.affinity.co/pro duct. Zugegriffen: 2. Aug. 2020

Agencia Espanola Proteccion Datos (2020) RGPD compliance of processings that embed artificial intelligence an introduction. https://www.aepd.es/sites/default/files/2020-07/adecuacion-rgpd-ia-en.pdf. Zugegriffen: 6. Aug. 2020

AI Multiple (2020) 15 AI applications/use cases transforming sales in 2020. https://res earch.aimultiple.com/sales-ai/. Zugegriffen: 22. Juli 2020

AI Multiple (2020) Artificial intelligence is transforming B2B sales! https://research.aim ultiple.com/b2b-sales/. Zugegriffen: 7. Aug. 2020

AI Multiple (2020) Predictive lead scoring in sales: in-depth guide [2020 update]. https://research.aimultiple.com/predictive-sales-lead-scoring/. Zugegriffen: 2. Aug. 2020

AI Multiple (2020) The ultimate guide to sales analytics in 2020. https://research.aimult iple.com/sales-analytics/. Zugegriffen: 27. Juli. 2020

AI Multiple (2020) Top 5 chatbot ecosystem maps compared. https://research.aimultiple.com/chatbot-ecosystem/. Zugegriffen: 31. Juli 2020

AITHORITY (2018) Exari advances big data contract analytics. https://aithority.com/saas/exari-advances-big-data-contract-analytics/. Zugegriffen: 28. Juli 2020

AJ Agrawal, Startupgrind (2020) The power of AI in lead generation. https://www.startu pgrind.com/blog/the-power-of-ai-in-lead-generation/. Zugegriffen: 31. Juli 2020

© Der/die Herausgeber bzw. der/die Autor(en), exklusiv lizenziert durch Springer Fachmedien Wiesbaden GmbH, ein Teil von Springer Nature 2021
L. Rainsberger, *KI – die neue Intelligenz im Vertrieb*,
https://doi.org/10.1007/978-3-658-31773-7

151

AJCO (2020) KI und CRM erfolgsfaktoren für die einführung. https://www.ajco.de/crm/weiterfuehrende_infos/ki_und_crm.html. Zugegriffen: 30. Juli. 2020

Alan Dunne , PhocusWire (2019) Dynamic pricing for airlines. https://www.phocuswire.com/Dynamic-pricing-for-airlines. Zugegriffen: 27. Juli 2020

Alex Hillsberg, Saleshacker (2017) Artificial intelligence: the sales renaissance is here. https://www.saleshacker.com/artificial-intelligence-sales/. Zugegriffen: 24. Juli 2020

Alex Sword, Internet Retailing (2018) Zalando launches virtual stylist based on machine learning. https://internetretailing.net/strategy-and-innovation/strategy-and-innovation/zalando-launches-virtual-stylist-based-on-machine-learning-18618. Zugegriffen: 31. Juli 2020

Alexander Felfernig, Encoway (2014) New AI technologies to support the existing AI technology "Product Configuration". https://www.encoway.de/en/magazine/intelligent-knowledge-sharing. Zugegriffen: 28. Juli 2020

Alexandr Galkin, Forbes (2019) How AI can help with your price optimization. https://www.forbes.com/sites/forbestechcouncil/2019/08/05/how-ai-can-help-with-your-price-optimization/#:~:text=Price%20optimization%20can%20be%20an%20approach%20that%20helps%20your%20company%20grow.&text=Artificial%20intelligence%20(AI)%20can%20help,you%20to%20get%20incremental%20profit. Zugegriffen: 24. Juli 2020

Allan Stormon, Chatbots Magazine (2016) 5 chatbot challenges and how to overcome them. https://chatbotsmagazine.com/5-chatbot-challenges-and-how-to-overcome-them-caccc3a26d7c. Zugegriffen: 31.Juli 2020

Alpana, Medium (2017) Challenges with chatbots – not just technical. https://chatbotslife.com/challenges-with-chatbots-not-just-technical-ecb39612422f. Zugegriffen: 31. Juli 2020

AMÉLIE DELTOMBE, Sketchfab (2019) Everything you need to know about 3D product configurators. https://sketchfab.com/blogs/enterprise/3d-product-configurators. Zugegriffen: 28. Juli 2020

Amit Agrawal, Appfutura (2019) How artificial intelligence will impact B2B sales in 2019?. https://www.appfutura.com/blog/how-artificial-intelligence-will-impact-b2b-sales-in-2019/. Zugegriffen: 22. Juli 2020

Amit Pande, Aviso (2020) CRO Insights with Ken Laversin: how to drive business outcomes with AI. https://www.aviso.com/blog/cro-insights-how-to-drive-business-outcomes-with-ai/. Zugegriffen: 28. Juli 2020

Amulya Dutta, ContractPodAi (2019) Artificial intelligence is transforming the contract management process. https://contractpodai.com/news/artificial-intelligence-transforming-contract-management-process/. Zugegriffen: 24. Juli 2020

Analytics India Magazine (2017) Understanding the difference between symbolic AI & non symbolic AI. https://analyticsindiamag.com/understanding-difference-symbolic-ai-non-symbolic-ai/. Zugegriffen: 21. Juli 2020

Andrej Kovačević, G2 (2019) How AI can enhance business lead generation efforts. https://learn.g2.com/ai-for-business-lead-generation. Zugegriffen: 2. Aug. 2020

Andrew Mort, TechSee (2020) 16 examples of AI in customer service. https://techsee.me/blog/ai-customer-service/. Zugegriffen: 27. Juli 2020

Andrew Ng, Harvard Business Review (2019) How to choose your first AI project. https://hbr.org/2019/02/how-to-choose-your-first-ai-project. Zugegriffen: 7. Aug. 2020

Andrew Stephen, Forbes (2017) AI Is changing marketing as we know it, and that's a good thing. https://www.forbes.com/sites/andrewstephen/2017/10/30/ai-is-changing-marketing-as-we-know-it-and-thats-a-good-thing/. Zugegriffen: 3. Aug. 2020

Angela HENGSBERGER, Lead Innovation Management (2019) Artificial intelligence: potenzials and application in B2B sales. https://www.lead-innovation.com/english-blog/artificial-intelligence-Potenzials. Zugegriffen: 24. Juli 2020

Anodot (2020) AI for business forecasting. https://www.anodot.com/learning-center/bus iness-forecasting/. Zugegriffen: 29. Juli 2020

Anodot (2020) Case studies. https://www.anodot.com/case-studies/. Zugegriffen: 2. Aug. 2020

Anthony Macciola, The enterprisers project (2017) 5 AI assumptions and truths. https://enterprisersproject.com/article/2017/12/5-ai-assumptions-and-truths?sc_cid=70160000000h0aXAAQ. Zugegriffen: 24. Juli 2020

Anurag, Newgenapps (2020) Why business development needs artificial intelligence. https://www.newgenapps.com/blog/why-business-development-needs-artificial-intelligence/. Zugegriffen: 2. Aug. 2020

Aparna Pal, Lambdabot (2020) All about chatbots: work function & application. https://blog.mylambdabot.com/all-about-chatbots-work-function-application-area/. Zugegriffen: 31. Juli 2020

Apttus (2020) AV flexologic case study. https://apttus.com/wp-content/uploads/case-stu dies/AV_Flexologic_Case_Study.pdf. Zugegriffen: 28. Juli 2020

Apttus (2020) Der ultimative leitfaden zu configure price quote. https://2wyzqu1t50vr 2esar426fpzd-wpengine.netdna-ssl.com/wp-content/uploads/2020/04/Apttus-CPQ-Lei tfaden-CPQ.pdf. Zugegriffen: 28. Juli 2020

Artificial Intelligence (AI), Social media monitoring. https://www.mentionlytics.com/blog/how-artificial-intelligence-can-optimize-competitors-monitoring/. Zugegriffen: 29. Juli 2020

Artificial Solutions (2020) Chatbots: the definitive guide (2020). https://www.artificial-sol utions.com/chatbots. Zugegriffen: 24. Juli 20

Artificial Solutions (2020) Conversational AI case studies. https://www.artificial-solutions. com/conversational-ai-case-studies. Zugegriffen: 2. Aug. 2020

Arun Lal, Sales Hacker (2020) The benefits of AI in sales (& AI-based tools you didn't know you need). https://www.saleshacker.com/benefits-ai-sales/. Zugegriffen: 22. Juli 2020

Arvind Chaurasiya, AVI LOGIC INC (2019) How salesforce Einstein helps to empower your sales Reps, service agents and marketers? https://www.avilogicinc.com/salesforce-einstein-empower-your-sales-reps/. Zugegriffen: 30. Juli 2020

Atos (2020) A brief history of artificial intelligence. https://atos.net/en/artificial-intell igence. Zugegriffen: 20. Juli 2020

Auris (2019) Social listening, artificial intelligence, and chatbots. https://genylabs.io/soc ial-listening-artificial-intelligence-and-chatbots/

Auris (2020) Automated influencer marketing. https://genylabs.io/automated-influencer-marketing/. Zugegriffen: 29. Juli 2020

Austrian (2016) Austrian startet virtuellen Assistenten – myAustrian Messen-ger Service. https://www.austrianairlines.ag/Press/PressReleases/Press/2016/10/073. aspx?sc_lang=de. Zugegriffen: 31. Juli 2020

Automation Hero (2020) 50+ Sales AI statistics. https://automationhero.ai/resources/sales-ai-statistics/. Zugegriffen: 7. Aug. 2020

Automation hero (2020) Everything you need to know about sales automation. https://automationhero.ai/blog/sales-ai-automation-101/. Zugegriffen: 29. Juli 2020

AVAAMO (2020) AI-powered ivr for genuine customer engagement. https://avaamo.ai/conversational-ivr/. Zugegriffen: 27. Juli 2020

Avaamo (2020) Optimizing the automotive special order parts supply chain using conversational AI. https://avaamo.ai/supply-chain-optimization-for-special-order-parts/. Zugegriffen: 30. Juli 2020

AVAAMO (2020) The rise of the automated insurance agent. https://avaamo.ai/wp-content/uploads/2020/06/casestudy-insurance-adityabirla.pdf. Zugegriffen: 27. Juli 2020

Avaya Staff, Avaya (2019) Quantifying the value of contact center AI. https://www.avaya.com/2019/07/quantifying-value-contact-center-ai/. Zugegriffen: 27. Juli 2020

AVOCET Communicsations (2019) Conversational artificial intelligence: getting your brand voice – and A.I.- ready in 2019. https://blog.avocetcommunications.com/conversational-artificial-intelligence-getting-your-brand-voice-and-a-i-ready-in-2019/. Zugegriffen: 28. Juli 2020

Ayn de Jesus, Emero (2019) AI for pricing – comparing 5 current applications. https://emerj.com/ai-sector-overviews/ai-for-pricing-comparing-5-current-applications/. Zugegriffen: 27. Juli 2020

Beqom (2019) Big Bucks: The promise of AI for sales performance management. https://www.beqom.com/blog/the-promise-of-ai-for-sales-performance-management. Zugegriffen: 27. Juli 2020

Bernard Marr, Forbes (2019) How To Develop An Artificial Intelligence Strategy: 9 Things Every Business Must Include. https://www.forbes.com/sites/bernardmarr/2019/03/19/how-to-develop-an-artificial-intelligence-strategy-9-things-every-business-must-include/. Zugegriffen: 4. Aug. 2020

Bernard Marr, Forbes (2019)The 4 Biggest Barriers To AI Adoption Every Business Needs To Tackle. https://www.forbes.com/sites/bernardmarr/2019/02/25/the-4-biggest-barriers-to-ai-adoption-every-business-needs-to-tackle/#8a6ec1627310. Zugegriffen: 20. Juli 2020

BERNIE BORGES, Vengreso (2017)How AI Will Make the B2B Salesperson More Productive. https://vengreso.com/blog/how-ai-will-make-the-b2b-salesperson-more-productive. Zugegriffen: 24. Juli 2020

Birbahadur Singh Kathayat, StartUp Grid (2020) How AI Will Shift Customer Experience to the Next Level. https://www.startupgrind.com/blog/how-ai-will-shift-customer-experience-to-the-next-level/. Zugegriffen: 3. Aug. 2020

Błażej Osiński, Konrad Budek, Deepsence AI (2018) What is reinforcement learning? The complete guide. https://deepsense.ai/what-is-reinforcement-learning-the-complete-guide/. Zugegriffen: 21. Juli 2020

BLUE TECH (2015) FUTURE OF MOORE'S, KYDER'S, AND ROBERT'S LAWS. https://zeekintouch.blogspot.com/2015/10/future-of-moores-kyders-and-roberts-laws.html. Zugegriffen: 20. Juli 2020

Bob Violino, Search Enterprise AI (2018) Designing and building artificial intelligence infrastructure. https://searchenterpriseai.techtarget.com/feature/Designing-and-building-artificial-intelligence-infrastructure. Zugegriffen:6. Aug. 2020

Bostrom, Nick, Eliezer Yudkowsky, MACHINE INTELLIGENCE RESEARCH INSTI-TUTE "The Ethics of Artificial Intelligence.". https://intelligence.org/files/EthicsofAI. pdf. Zugegriffen: 6. Aug. 2020

Brad Power, Harvard Business Review (2017) How Harley-Davidson Used Artificial Intelligence to Increase New York Sales Leads by 2,930%. https://hbr.org/2017/05/ how-harley-davidson-used-predictive-analytics-to-increase-new-york-sales-leads-by-2930. Zugegriffen: 31. Juli 2020

Branko Primetica, Forbes (2019) Five Ways You Can Use AI To Support Business Development. https://www.forbes.com/sites/forbesbusinessdevelopmentcouncil/2019/07/02/ five-ways-you-can-use-ai-to-support-business-development/. Zugegriffen: 2. Aug. 2020

Bret Greenstein, Venture Beat (2020) AI is not just another technology project. https:// venturebeat.com/2020/02/23/ai-is-not-just-another-technology-project/. Zugegriffen: 7. Aug. 2020

Brett Grossfeld, Zendesk (2020) Deep learning vs machine learning: a simple way to understand the difference. https://www.zendesk.com/blog/machine-learning-and-deep-learning/. Zugegriffen: 21. Juli 2020

Brian Westfall, Capterra (2020) How to Prepare Employees for AI in the Workplace. https://blog.capterra.com/how-to-prepare-employees-for-ai-in-the-workplace/. Zugegriffen: 7. Aug. 2020

Britain News (2019) 5 Ways AI Will Affect B2B Sales (And Why It's a Good Thing). https://www.britainnews.net/newsr/9545. Zugegriffen: 24. Juli 2020

Brodie O'Carroll, Codebots (2020) What are the 3 types of AI? A guide to narrow, general, and super artificial intelligence. https://codebots.com/artificial-intelligence/the-3-types-of-ai-is-the-third-even-possible. Zugegriffen: 7. Aug. 2020

Callminer (2020) Intelligence from customer interactions. https://callminer.com/. Zugegriffen: 30. Juli 2020

Capterra (2020) Pricing Optimization Software. https://www.capterra.com/pricing-optimi zation-software/. Zugegriffen: 27. Juli 2020

Centre for Information Policy Leadership (CIPL) (2020) Artificial Intelligence and Data Protection How the GDPR Regulates AI. https://www.informationpolicycentre.com/upl oads/5/7/1/0/57104281/cipl-hunton_andrews_kurth_legal_note_-_how_gdpr_regulates_ ai__12_march_2020_.pdf. Zugegriffen: 6. Aug. 2020

Chatbot Guide (2020) Domino's Pizza Bot – Chatbot Guide. https://www.chatbotguide. org/dominospizza-bot. Zugegriffen: 31. Juli 2020

Chris Reaburn, Nextiva (2020) How to Use NLP in Customer Service & Why It's Import-ant. https://www.nextiva.com/blog/nlp-in-customer-service.html. Zugegriffen: 28. Juli 2020

Christina D. Warner, Thrive Global (2019) Big Ideas: "AI-powered dynamic pricing that shifts in real-time to changes in supply and demand". https://thriveglobal.com/ stories/big-ideas-ai-powered-dynamic-pricing-that-shifts-in-real-time-to-changes-in-sup ply-and-demand-with-alex-shartsis-ceo-of-perfect-price/. Zugegriffen: 27. Juli 2020

Ciara O'Brien, The irisch times (2019) AI faces its biggest challenge: how to build trust. https://www.irishtimes.com/business/technology/ai-faces-its-biggest-challe nge-how-to-build-trust-1.3883694. Zugegriffen: 20. Juli 2020

Ciarán Daly, AI Business (2019) AI Affects Dynamic Retail Pricing – Here's Why. https://aibusiness.com/document.asp?doc_id=760822&site=aibusiness. Zugegriffen: 27. Juli 2020

Cien (2020) You can't win if you don't keep score. https://www.cien.ai/. Zugegriffen: 30. Juli 2020

Clari (2020) ACTIVITY INTELLIGENCE. https://www.clari.com/product/activity-intell igence. Zugegriffen: 28. Juli 2020

Clari (2020) OPPORTUNITY MANAGEMENT. https://www.clari.com/product/opport unity-management. Zugegriffen: 28. Juli 2020

Clari (2020) PIPELINE INSPECTION. https://www.clari.com/product/pipeline-inspection. Zugegriffen: 28. Juli 2020

Clement Vouillon, Medium (2015) Software Bots. https://medium.com/point-nine-news/sof tware-bots-c56aeedcfec3. Zugegriffen: 31. Juli 2020

Clickatell (2020) How AI can help with B2B marketing and lead generation. https:// www.clickatell.com/articles/digital-marketing/ai-b2b-marketing-lead-generation/. Zuge-griffen: 31. Juli 2020

Clickatell (2020) How AI is helping marketing and sales teams to streamline data analysis. https://www.clickatell.com/articles/technology/ai-marketing-sales-data-analysis/. Zuge-griffen: 27. Juli 2020

Cogito (2019) CASE STUDY Elevating Customer Experience with Cogito. https://www. cogitocorp.com/wp-content/uploads/2019/09/CaseStudy_Elevating-Customer-Experi ence-with-Cogito.pdf. Zugegriffen: 30. Juli 2020

Colin Barker, ZDNet (2018) Can AI help improve your sales pipeline?. https://www.zdnet. com/article/can-ai-help-improve-your-sales-pipeline/. Zugegriffen: 28. Juli 2020

Collin Couey, Software Advice (2019) An Overview of Artificial Intelligence in Salesforce Einstein. https://www.softwareadvice.com/resources/salesforce-einstein-ai-primer/. Zugegriffen: 27. Juli 2020

Commbox (2020) The Power of AI in Customer Service. https://www.commbox.io/the-power-of-ai-in-customer-service/. Zugegriffen: 27. Juli 2020

Commercient (2020) WHY ARTIFICIAL INTELLIGENCE INTEGRATION IN CRM IS THE FUTURE FOR YOUR BUSINESS. https://www.commercient.com/why-art ificial-intelligence-integration-in-crm-is-the-future-for-your-business/. Zugegriffen: 30. Juli 2020

Contractlogix (2020) Artificial Intelligence in Contract Management: Should Your Enter-prise Jump on the Bandwagon?. https://www.contractlogix.com/contract-management/ artificial-intelligence-in-contract-management-should-your-enterprise-jump-on-the-ban dwagon/. Zugegriffen: 28. Juli 2020

Contractworks (2020) Artificial Intelligence. https://www.contractworks.com/artifical-intell igence. Zugegriffen: 28. Juli 2020

Conversica (2015) Study Finds Sales and Marketing Wasting 50% of Time and Money on Leads. https://www.conversica.com/study-finds-sales-and-marketing-wasting-50-of-time-and-money-on-leads/. Zugegriffen: 31. Juli 2020

COURTNEY DANYEL, Quanticmind (2019) Everything You Need to Know About AI-Powered Bidding Algorithms. https://quanticmind.com/blog/ai-powered-bidding-algori thms/. Zugegriffen: 29. Juli 2020

Daniel Eiduzzis, Computerwoche (2018) Predictive Analytics in der Praxis. https://www.computerwoche.de/a/auf-der-suche-nach-dem-use-case,3544628. Zugegriffen: 22. Juli 2020

Daniel Greenberg, Excella (2019) What Skills Do You Need on an AI Project?. https://www.excella.com/insights/what-skills-do-you-need-on-an-ai-project. Zugegriffen: 6. Aug. 2020

Datenschutzexperte (2019) Künstliche Intelligenz und Datenschutz. https://www.datenschutzexperte.de/blog/datenschutz-im-internet/kuenstliche-intelligenz-und-datenschutz-welche-huerden-kuenftig-zu-erwarten-sind/. Zugegriffen: 6. Aug. 2020

Dave Aron, WHICH-50 (2018) Isn't Artificial Intelligence (AI) Just Software?. https://which-50.com/isnt-artificial-intelligence-ai-just-software/. Zugegriffen: 7. Aug. 2020

David Dinh, WOVEON (2020) 5 Lead Generation Software Using AI and How They Differ clickathttps://www.woveon.com/5-lead-generation-software-using-ai-and-how-they-differ/. Zugegriffen: 31. Juli 2020

David Reed, AP Central (2020) Paper Folding and Exponential Growth. https://apcentral.collegeboard.org/series/strategies-for-teaching-ap-computer-science/paper-folding-and-exponential-growth. Zugegriffen: 20. Juli 2020

DemandGen Report, Conversica (2018) USE CASES IN LEAD CONVERSION OPTIMIZATION. https://e61c88871f1fbaa6388d-c1e3bb10b0333d7ff7aa972d61f8c669.r29.cf1.rackcdn.com/Conversica_CV001_CSP_AISolution_Feb_2018_Final.pdf. Zugegriffen: 3. Aug. 2020

Digital Deliverance (2014) Expertise About Why Individuated Media is already superseding Mass Media. https://www.digitaldeliverance.com/the-rise/butters-law/. Zugegriffen: 20. Juli 2020

Dr. Carsten Bange, BI Scout (2018) So kann Business Intelligence von KI profitieren. https://www.bi-scout.com/so-kann-business-intelligence-von-ki-profitieren. Zugegriffen: 27. Juli 2020

Editorial Team, Inside Big Data (2018) AI Is Taking Over Lead Generation in the Nearest Future. https://insidebigdata.com/2018/08/31/ai-taking-lead-generation-nearest-future/. Zugegriffen: 31. Juli 2020

Edunbox (2019) 12 Revealed Ways AI Revolutionizes Lead Generation in near Future. https://www.edunbox.com/ai-sales-lead-generation/. Zugegriffen: 31. Juli 2020

Elizabeth Cutright, contractworks (2018) AI for Contract Management: Understanding Potenzial and Limits. https://www.contractworks.com/blog/ai-for-contract-management-understanding-Potenzial-and-limits. Zugegriffen: 28. Juli 2020

Elizaveta Varakina, Pushwoosh (2019) Upsell and Cross-Sell with AI-Powered Product Recommendations. https://www.pushwoosh.com/blog/powering-your-marketing-with-artificial-intelligence/. Zugegriffen: 24. Juli 2020

Elliott Smith, Jeff Bullas (2020) How Artificial Intelligence Is Changing Social Media Marketing. https://www.jeffbullas.com/artificial-intelligence-in-social-media-marketing/. Zugegriffen: 29. Juli 2020

Erika Granath, VAINU (2017) 9 Types of Sales Automation Your Sales Team Should Be Using. https://www.vainu.com/blog/sales-automation-your-team-should-be-using/. Zugegriffen: 29. Juli 2020

Erlin Gulbenkoglu, Silo AI (2018) GDPR & AI: GDPR & AI: Privacy by design in artificial intelligence. https://silo.ai/gdpr-ai-privacy-by-design-in-artificial-intelligence/. Zugegriffen: 6. Aug. 2020

ERP Solutions oodles, Medium (2019) Enhancing customer relationships with AI and CRM. https://medium.com/@erpsolutionsoodles/enhancing-customer-relationships-with-ai-and-crm-75ec432db3e2. Zugegriffen: 30. Juli 2020

Etech (2020) Case studies. https://www.etechgs.com/case-studies/. Zugegriffen: 27. Juli 2020

Etech (2020) Etech insights – call center quality monitoring. https://www.etechgs.com/etech-insights/. Zugegriffen: 27. Juli 2020

Everstring (2020) AI assisted prospecting for sales and prioritization. https://www.everstring.com/sales/. Zugegriffen: 30. Juli 2020

Evisort (2020) How artificial intelligence will force the legal industry to change. https://www.evisort.com/how-ai-will-force-legal-industry-to-change/. Zugegriffen: 28. Juli 2020

Ewan Maalerud, SAP Analytics Cloud (2020) How predictive forecasting can benefit your business. https://www.sapanalytics.cloud/resources-predictive-forecasting/. Zugegriffen: 29. Juli 2020

Exalt Solutions (2020) 7 reasons why AI advisors will replace traditional Configure Price Quote (CPQ). https://www.exaltsolutions.com/blog/7-reasons-why-ai-advisors-will-replace-traditional-configure-price-quote-cpq. Zugegriffen: 28. Juli 2020

Exceed.AI (2020) Grow revenue faster with conversational marketing & sales. https://exceed.ai/. Zugegriffen: 24. Juli 2020

Expert Comentator, Smart Insights (2019) Role of AI in enhancing the deal management process. https://www.smartinsights.com/lead-generation/role-of-ai-in-enhancing-the-deal-management-process/. Zugegriffen: 30. Juli 2020

Fabio Ciucci, KDnuggets (2017) Deep learning is not the AI future. https://www.kdnuggets.com/2017/08/deep-learning-not-ai-future.html. Zugegriffen: 21. Juli 2020

Falon Fatemi, Forbes (2019) 5 ways artificial intelligence Is transforming CRMs. https://www.forbes.com/sites/falonfatemi/2019/08/10/5-ways-artificial-intelligence-is-transforming-crms/. Zugegriffen: 30. Juli 2020

Finances Online (2020) 50+ vital artificial intelligence statistics: 2020 data analysis & market share. https://financesonline.com/artificial-intelligence-statistics/. Zugegriffen: 21. Juli 2020

Finbarr Toesland, Raconteur (2017) How AI will change buyer behaviour. https://www.raconteur.net/digital-transformation/digital-economy-2017/how-ai-will-change-buyer-behaviour. Zugegriffen: 3. Aug. 2020

Focus online (2014) Erstaunliche Mathematik: Wenn Sie ein Blatt Papier 103-mal falten, wird es so dick wie das Universum. https://www.focus.de/wissen/weltraum/erstaunliche-mathematik-wenn-sie-ein-blatt-papier-103-mal-falten-wird-es-so-dick-wie-das-universum_id_4046938.html. Zugegriffen: 20. Juli 2020

Freshsales (2020) How UK-based family business, Finders International improved customer targeting with Freshsales CRM. https://www.freshworks.com/freshsales-crm/lp/resources/case-study/finders-international/. Zugegriffen: 3. Aug. 2020

Freshworks (2020) Sales force automation. https://www.freshworks.com/freshsales-crm/sales-force-automation/. Zugegriffen: 29. Juli 2020

FRUX (2020) Gezielte B2B-Leads ohne Aufwand finden. www.frux.io. Zugegriffen: 24. Juli 2020

G2 (2020) Best AI sales assistant software. https://www.g2.com/categories/ai-sales-ass istant. Zugegriffen: 29. Juli 2020

Gartner (2019) Critical capabilities for configure, price and quote application suites. https:// www.gartner.com/doc/reprints?id=1-1XP4RKLU&ct=191030&st=sb. Zugegriffen: 28. Juli 2020

Gartner Glossary, Gartner (2020) Descriptive analytics. https://www.gartner.com/en/inform ation-technology/glossary/descriptive-analytics. Zugegriffen: 22. Juli 2020

Genesys (2020) Intelligentes, automatisiertes Routing ist für herausragende Kundener-fahrungen unerlässlich. https://www.genesys.com/de-de/capabilities/automated-routing. Zugegriffen: 27. Juli 2020

Georgian Partners (2018) Conversational AI: a market overview. https://georgianpartners. com/wp-content/uploads/2018/06/CEOs-Guide-to-Conversational-AI-v7.pdf. Zugegrif-fen: 31. Juli 2020

Georgian Partners (2020) An Overview of conversational AI. https://georgianpartners.com/ investment-thesis-areas/overview-conversational-ai/. Zugegriffen: 31. Juli 2020

Gil Press, Forbes (2019) AI stats news: chatbots lead To 80 % sales decline, satisfied customers and fewer employees. https://www.forbes.com/sites/gilpress/2019/09/25/ai-stats-news-chatbots-lead-to-80-sales-decline-satisfied-customers-and-fewer-employees/. Zugegriffen: 31. Juli 2020

Greg McBeth, Sales Hacker (2019) The future of AI for sales (And how to prepare for it). https://www.saleshacker.com/ai-for-sales/. Zugegriffen: 7. Aug. 2020

Guru99 (2020) Supervised vs unsupervised learning: key differences. https://www.guru99. com/supervised-vs-unsupervised-learning.html. Zugegriffen: 7. Aug. 2020

Hans-Arthur Marsiske, Heise Online (2019) KI 2019: Argument Mining – Compu-tern das Widersprechen beibringen. https://www.heise.de/newsticker/meldung/KI-2019-Argument-Mining-Computern-das-Widersprechen-beibringen-4540182.html. Zugegrif-fen: 27. Juli 2020

Hansen (2019) 5 ways AI is disrupting contract management. https://www.hansen.co.uk/ 5-ways-ai-is-disrupting-contract-management/. Zugegriffen: 28. Juli 2020

Harvard Business Review (2019) Accelerating sales and marketing efforts through artificial intelligence. https://hello.people.ai/rs/009-WSR-714/images/HBR_Pulse%20S urvey_People.ai.pdf. Zugegriffen: 3. Aug. 2020

Henry Lim, Ople (2020) 7 reasons why AI projects fail. https://ople.ai/ai-blog/7-reasons-why-ai-projects-fail/. Zugegriffen: 7. Aug. 2020

HERNÁN ASOREY, Salesforce (2020) How AI is transforming forecasting for the bet-ter. https://www.salesforce.com/quotable/articles/how-AI-is-transforming-forecasting-for-the-better/#:~:text=In%20terms%20of%20forecasting%2C%20AI,data%20for% 20and%20from%20sales.&text=AI%20is%20without%20emotion%20and,data%20it% 20has%20been%20given.. Zugegriffen: 289 Juli 2020

Hostingtribunal (2020) 77+ big data stats for the big future aheadIupdated 2020. https:// hostingtribunal.com/blog/big-data-stats/. Zugegriffen: 21. Juli 2020

Hunter Heidenreich, Towards Data Science (2018) What are the types of machine learning? https://towardsdatascience.com/what-are-the-types-of-machine-lea rning-e2b9e5d1756f. Zugegriffen: 21. Juli 2020

IBM (2020) 1–800-flowers. https://www.ibm.com/services/ibmix/case-studies/1-800-flo wers.html. Zugegriffen: 31. Juli 2020

Icertis (2017) World wide technology deploys icertis to manage contracts across the enterprise. https://www.icertis.com/news/world-wide-technology-deploys-icertis/. Zugegriffen: 28. Juli 2020

Icertis (2020) ICM artificial intelligence applications. https://www.icertis.com/contract-man agement-software/ai-applications/. Zugegriffen: 28. Juli 2020

Ideamotive (2020) Implementing artificial intelligence in your business. https://www.ide amotive.co/ai-in-business-guide#benefits-of-artificial-intelligence-in-business. Zugegrif fen: 4. Aug. 2020

IGI Global (2020) What is symbolic AI. https://www.igi-global.com/dictionary/symbolic-ai/35993. Zugegriffen: 21. Juli 2020

Ilan Kasan, Medium (2020) Conversational AI can supercharge your lead conversion process: here's how. https://medium.com/swlh/conversational-ai-can-supercharge-your-lead-conversion-process-heres-how-79c91b41e9ce. Zugegriffen: 2. Aug. 2020

InsideSales.com (2020) AI-based, growth acceleration platform for sales. https://www.wel come.ai/tech/data-science/insidesales-com. Zugegriffen: 24. Juli 2020

Insight Squared (2019) How AI is changing the sales process. https://www.insightsquared. com/blog/how-ai-is-changing-the-sales-process/. Zugegriffen: 22. Juli 2020

Interactions (2020) Conversational AI. https://www.interactions.com/conversational-ai/. Zugegriffen: 24. Juli 2020

Introv (2020) How AI works in CRM?. https://introv.com/insights/how-ai-works-in-crm/. Zugegriffen: 30. Juli 2020

Ira Cohen, Anodot (2020) In the automation age: Use AI analytics to escape 'Busi ness KPI Dashboard Hell'. https://www.anodot.com/blog/ai-analytics-will-replace-kpi-dashboards/. Zugegriffen: 30. Juli 2020

Ira Cohen, Anodot (2020) KPI analysis: the secret to tracking and monitoring your goals lies in AI anomaly detection. https://www.anodot.com/blog/kpi-monitoring-wit h-ai/. Zugegriffen: 30. Juli 2020

ISHA SALIAN, Nvidia (2018) SuperVize Me: What's the difference between supervi sed, unsupervised, semi-supervised and reinforcement learning? https://blogs.nvidia. com/blog/2018/08/02/supervised-unsupervised-learning/. Zugegriffen: 21. Juli 2020

Jagdip Singh, Karen Flaherty, Ravipreet S. Sohi, Dawn Deeter-Schmelz, Johannes Habel, Kenneth Le Meunier-FitzHugh, Avinash Malshe, Ryan Mullins & Vincent Onyemah (2019): Sales profession and professionals in the age of digitization and artifi cial intelligence technologies. https://faculty.weatherhead.case.edu/jxs16/docs/SINGH-2019-JPSSM-SALES%20DIGITIZATION%20AND%20AI.pdf. Zugegriffen: 29. Juli 2020

Jan Schulte, Transformation Beats (2019) Mit KI im CRM die Verkaufszahlen erhö- hen. https://www.transformationbeats.com/de/transformation/mit-ki-im-crm-die-verkau fszahlen-erhoehen/. Zugegriffen: 30. Juli 2020

Jan Zawadzki, Towards Data Science (2019) The secrets to a successful AI strategy. https://towardsdatascience.com/the-secrets-to-a-successful-ai-strategy-d241ad da5832. Zugegriffen: 5. Aug. 2020

Jason Gabbard, Conga (2020) How machine learning and AI are empowering CRM software. https://conga.com/blog/how-ai-is-empowering-crm. Zugegriffen: 30. Juli 2020

Javier Couto, Tryo Labs (2020) How machine learning is reshaping price optimization. https://tryolabs.com/blog/price-optimization-machine-learning/. Zugegriffen: 27. Juli 2020

Jennifer Preston, SalesDirector.ai (2020) Educing data entry for your sales reps. https://www.salesdirector.ai/blog/2020/04/09/reducing-data-entry-for-your-sales-reps/. Zugegriffen: 29. Juli 2020

Jerry Kaplan, Washingtonpost (2018) Why your AI might be racist. https://www.washin gtonpost.com/opinions/2018/12/17/why-your-ai-might-be-racist/. Zugegriffen: 6. Aug. 2020

Jessica Munday, Automation hero (2020) Everything you need to know about sales automation. https://automationhero.ai/blog/sales-ai-automation-101/. Zugegriffen: 24. Juli 2020

John Chan, ISM (2018) Key 2018 CRM trend: artificial intelligence. https://ismguide.com/crm-trend-artificial-intelligence/. Zugegriffen: 30. Juli 2020

John Kopanakis, Mentionlytics (2019) How artificial intelligence can optimize competitors monitoring

Jon Walker, EMERJ (2019) CRM artificial intelligence trends across salesforce, oracle, SAP, and more. https://emerj.com/ai-sector-overviews/crm-artificial-intelligence-trends-across-salesforce-oracle-sap/. Zugegriffen: 30. Juli 2020

Jonny Williamson, The Manufacturer (2019) Are 3D configuration tools the key to increased sales and customer delight?. https://www.themanufacturer.com/articles/are-3d-con figuration-tools-the-key-to-increased-sales-and-customer-delight/. Zugegriffen: 28. Juli 2020

Josh Crittenden, Business Impact (2019) A tour of artificial intelligence features in power BI. https://www.blue-granite.com/blog/artificial-intelligence-features-in-pow er-bi. Zugegriffen: 27. Juli 2020

Jovan Milenkovic, Kommandotech (2019) 30 eye-opening big data statistics for 2020: patterns are everywhere. https://kommandotech.com/statistics/big-data-statistics/. Zuge griffen: 21. Juli 2020

Jürgen Mauerer, Computerwoche (2017) Big-Data-Trends im Überblick. https://www.com puterwoche.de/a/was-ist-was-bei-predictive-analytics,3098583,4. Zugegriffen: 22. Juli 2020

Kapil Khangaonkar, clodura.AI (2020) How to leverage the infinite power of AI for B2B Lead Generation. https://clodura.ai/blog/how-to-leverage-the-infinite-power-of-ai-for-b2b-lead-generation/. Zugegriffen: 31. Juli 2020

Kas Szatylowicz, Crobox (2019) 5 ways retail ai will influence consumer behavior. https://blog.crobox.com/article/ai-consumer-behavior. Zugegriffen: 3. Aug. 2020

Kazabyte (2011) We don't understand exponentials. https://www.kazabyte.com/2011/12/we-dont-understand-exponential-functions.html. Zugegriffen: 20.02.20

Kelsey Jones, Salesforce (20209 The basic science behind lead scoring. https://www.salesforce.com/products/marketing-cloud/best-practices/basic-science-behind-lead-sco ring/. Zugegriffen: 24. Juli 2020

Ken Krogue, Forbes (2018) Why sales reps spend less than 36% of time selling (And less than 18% In CRM). https://www.forbes.com/sites/kenkrogue/2018/01/10/why-sales-reps-spend-less-than-36-of-time-selling-and-less-than-18-in-crm/. Zugegriffen: 24. Juli 2020

162 Literatur

Kevin Hurley, Nudge (2020) 10 artificial intelligence tools transforming the B2B sales world. https://nudge.ai/artificial-intelligence-sales-tools/. Zugegriffen: 30. Juli 2020

Konrad Budek, Deepsence.ai (2018) Powering up demand forecasting with machine learning. https://deepsense.ai/powering-up-demand-forecasting-with-machine-learning/. Zugegriffen: 29. Juli 2020

Konrad Budek, Piotr Tarasiewicz, Deepsence.ai (2019) A comprehensive guide to demand forecasting. https://deepsense.ai/a-comprehensive-guide-to-demand-forecasting/. Zugegriffen: 29. Juli 2020

Kyle Porter, Entrepreneur (2017) Why AI won't replace (Great) sales people. https://www.entrepreneur.com/article/292162. Zugegriffen: 3. Aug. 2020

Kyle Wiggers, Venturebeat (2020) Blue Prism raises over $120 million to bolster its robotic process automation suite. https://venturebeat.com/2020/04/21/blue-prism-raises-over-120-million-to-bolster-its-robotic-process-automation-suite/. Zugegriffen: 29. Juli 2020

Laduram Vishnoi, Acquire (2020) How AI improves customer experience: 6 use cases. https://acquire.io/blog/ai-customer-experience/. Zugegriffen: 22. Juli 2020

Lakshmi Nanduri, Yash Technologies (2019) Gamification in saleslupside of motivation & growth. https://www.yash.com/blog/gamification-in-sales/. Zugegriffen: 30. Juli 2020

Laura Hautala, Cnet (2019) Google tool lets any AI app learn without taking all your data. https://www.cnet.com/news/google-ai-tool-lets-outside-apps-get-smart-without-taking-all-your-data/. Zugegriffen: 7. Aug. 2020

LEADFUZE (2020) Find fresh leads, instantly. https://www.leadfuze.com/. Zugegriffen: 24. Juli 2020

LeadSift (2018) Will automation and A.I. One day replace the salesperson? https://leadsift.com/will-sales-ai-automation-replace-salesperson/. Zugegriffen: 3. Aug. 2020

Leah, Userlike (2020) 5 common chatbot fails and how to prevent them. https://www.userlike.com/en/blog/chatbot-fails. Zugegriffen: 31. Juli 2020

Leftshift One (2020) Kunden: Diese Unternehmen und Institutionen vertrauen bereits auf das AIOS für ihre KI-Anwendungen. https://www.leftshiftone.com/customers/. Zugegriffen: 31. Juli 2020

LIISI RUUSE, Scoro (2020) Artificial intelligence: everything you want to know. https://www.scoro.com/blog/artificial-intelligence-everything-you-want-to-know/. Zugegriffen: 20. Juli 2020

LINKEDIN Sales Solutions (2020) LinkedIn sales navigator. https://business.linkedin.com/de-de/sales-solutions/sales-navigator. Zugegriffen: 24. Juli 2020

Louis Columbus, Forbes (2019) 10 charts that will change your perspective of AI in marketing. https://www.forbes.com/sites/louiscolumbus/2019/07/07/10-charts-that-will-change-your-perspective-of-ai-in-marketing/. Zugegriffen: 24. Juli 2020

Louis Columbus, Forbes (2020) How to drive more CPQ sales with AI In 2020. https://www.forbes.com/sites/louiscolumbus/2020/02/06/how-to-drive-more-cpq-sales-with-ai-in-2020/. Zugegriffen: 24. Juli 2020

Luis Rodriguez, Strands (2016) Pain in the bot? Artificial intelligence in banking. https://blog.strands.com/chatbot-banking-ai-financial-services. Zugegriffen: 31.07.10

Luke White, Force Manager (2020) How does artificial intelligence and automation improve sales team performance? https://www.forcemanager.com/blog/artificial-intelligence-and-automation/. Zugegriffen: 29. Juli 2020

Manasi Sakpal, Gartner (2020) 3 budget planning hacks for AI projects. https://www.gar tner.com/smarterwithgartner/3-budget-planning-hacks-for-ai-projects/. Zugegriffen: 5. Aug. 2020

Maria Averina, Society 3.0 (2019) How artificial intelligence can impact your consumer habits. https://society30.com/how-artificial-intelligence-can-impact-your-consumer-hab its/#:~:text=The%20idea%20behind%20this%20change,techniques%20to%20target% 20the%20consumers.. Zugegriffen: 3. Aug. 2020

Mark D. Hall, Smart Insights (2019) How AI-based chat is transforming lead gene- ration. https://www.smartinsights.com/lead-generation/marketing-automation/hai-based- chat-transforming-lead-generation/. Zugegriffen: 31. Juli 2020

Martin Lundborg, Christian Märkel, Karin Wagner, Mittelstand Digital (2019) Künstliche Intelligenz im Mittelstand. https://www.mittelstand-digital.de/MD/Redaktion/DE/Publik ationen/kuenstliche-intelligenz-im-mittelstand.pdf?__blob=publicationFile&v=5. Zuge- griffen: 7. Aug. 2020

Mathias Avocats (2017) Artificial intelligence and the GDPR: how do they interact? https:// www.avocats-mathias.com/technologies-avancees/artificial-intelligence-gdpr. Zugegrif- fen: 6. Aug. 2020

McKinsey (2015) Four fundamentals of workplace automation. https://www.mckinsey. com/business-functions/mckinsey-digital/our-insights/four-fundamentals-of-workplace- automation. Zugegriffen: 3. Aug. 2020

McKinsey (2018) AI adoption advances, but foundational barriers remain. https://www. mckinsey.com/featured-insights/artificial-intelligence/ai-adoption-advances-but-founda tional-barriers-remain#. Zugegriffen: 21. Juli 2020

Meltwater (2020) Sodastream. https://www.meltwater.com/en/customer-stories/sodastream. Zugegriffen: 29. Juli 2020

Michael Brenner, Marketing Insider Group (2019) 6 Examples of AI in Email Marketing. https://marketinginsidergroup.com/artificial-intelligence/6-examples- of-ai-in-email-marketing/. Zugegriffen: 2. Aug. 2020

Michael Brenner, Marketing Insider Group (2020) Top benefits & uses of AI in digital marketing. https://marketinginsidergroup.com/artificial-intelligence/5-benefits-of-ai-for- digital-marketers/. Zugegriffen: 22. Juli 2020

Michael Chui, Bryce Hall, Harvard Business Review (2020) How high-performing com- panies develop and scale AI. https://hbr.org/2020/03/how-high-performing-companies- develop-and-scale-ai. Zugegriffen: 24. Juli 2020

Michael Gilfix, IBM (2019) How to remove the top 3 barriers to AI adoption in busi- ness automation. https://www.ibm.com/blogs/cloud-computing/2019/02/27/barriers-ai- adoption-business-automation-2/. Zugegriffen: 21. Juli 2020

Michael Lyam , Hackeroon (2019) AI and dynamic pricing – secret weapon of tech giants today. https://hackernoon.com/ai-and-dynamic-pricing-secret-weapon-of-tech-gia nts-today-yln32ut. Zugegriffen: 27. Juli 2020

MICHAEL MACHADO, Salesforce (2019) Why we're bringing voice to CRM. https:// www.salesforce.com/blog/2019/11/voice-AI-future-of-business.html. Zugegriffen: 30. Juli 2020

Michele McGovern, Resourcefullselling (2020) 16 ways AI is changing sales – and how you can adapt. https://www.resourcefulselling.com/ai-is-changing-sales/. Zugegriffen: 24. Juli 2020

Microsoft (2020) Driving sales efficiency with Dynamics 365 and Microsoft AI. https://www.microsoft.com/en-us/itshowcase/driving-sales-efficiency-with-dynamics-365-and-microsoft-ai. Zugegriffen: 30. Juli 2020

Microsoft Power BI, Youtube (2019) Microsoft power BI: AI powered analytics – BRK2015. https://www.youtube.com/watch?v=crqZyv1wtV4. Zugegriffen: 27. Juli 2020

MicroStrategy (2020) Predictive modeling: the only guide you'll need. https://www.microstrategy.com/us/resources/introductory-guides/predictive-modeling-the-only-guide-you-need. Zugegriffen: 29. Juli 2020

MightyCall, AIMultiple (2020) Intelligent call routing in 2020: in-depth guide. https://research.aimultiple.com/intelligent-call-routing/. Zugegriffen: 27. Juli 2020

Miguel Escobar, Powered Solutions (2019) New artificial intelligence features in power BI/power query. https://www.poweredsolutions.co/2019/11/25/new-artificial-intelligence-features-in-power-bi-power-query/. Zugegriffen: 27. Juli 2020

Mike DeLeonardis, Destination CRM (2019) How analytics and AI make efficient sales Reps. https://www.destinationcrm.com/Articles/Web-Exclusives/Viewpoints/How-Analytics-and-AI-Make-Efficient-Sales-Reps--130708.aspx. Zugegriffen: 27. Juli 2020

Mike Kaput, Marketing Artificial Intelligence Institute (2020) AI for sales: what you need to know. https://www.marketingaiinstitute.com/blog/ai-for-sales. Zugegriffen: 22. Juli 2020

Mike Kaput, Unbounce (2019) How marketing AI will transform your lead generation (and conversion). https://unbounce.com/marketing-ai/how-ai-will-transform-your-lead-gen/. Zugegriffen: 31. Juli 2020

Miller Heiman Group (2018) Study: Half of B2B buyers make up their minds before talking to sales reps. https://www.millerheimangroup.com/resources/news/study-half-of-b2b-buyers-make-up-their-minds-before-talking-to-sales-reps/. Zugegriffen: 3. Aug. 2020

Minderest (2020) Competitor price monitoring. https://www.minderest.com/competitor-price-monitoring. Zugegriffen: 27. Juli 2020

Molly Raycraft, B2B Marketing (2017) 5 ways AI can be incorporated into your account-based marketing (ABM) plan. https://www.b2bmarketing.net/en-gb/resources/blog/5-ways-ai-can-be-incorporated-your-account-based-marketing-abm-plan. Zugegriffen: 31. Juli 2020

Momentum Data (2019) 6 artificial intelligence use cases in B2B sales. https://momentumdata.com/6-artificial-intelligence-use-cases-in-b2b-sales/. Zugegriffen: 22. Juli 2020

Nadav Gur, German Autolabs (2017) Why (most) bots and voice assistants are dumb... ...and how to build a smart one. https://www.germanautolabs.com/blog/why-most-bots-and-voice-assistants-are-dumb. Zugegriffen: 31. Juli 2020

Nakala Analytics (2020) Natural language processing in customer service. https://nakala-analytics.co.ke/blog-list/nlp/natural-language-processing-in-customer-service. Zugegriffen: 28. Juli 2020

Neeraj Saksena, Apttus (2020) 3D product configuration – the future of sales tools. https://apttus.com/blog/3d-product-configuration/. Zugegriffen: 28. Juli 2020

Neil Patel (2020) 10 ways AI is going to rule lead generation in the near future. https://neilpatel.com/blog/ai-future-lead-generation/. Zugegriffen: 31. Juli 2020

Nilam Oswal, Dataconomy (2018) How AI is transforming business intelligence. https://dataconomy.com/2018/02/ai-transforming-business-intelligence/. Zugegriffen: 27. Juli 2020

Nils-Erik Jansson, Precisely (2019) Legal AI — going beyond the buzzwords. https://precisely.se/2019/08/26/legal-ai-beyond-the-buzzwords/. Zugegriffen: 28. Juli 2020

Node (2020) Predict the future. https://hello.node.io/. Zugegriffen: 2. Aug. 2020

Nudge (2020) Sales forecasting models – a modern approach to accuracy. https://nudge.ai/sales-forecasting-models/. Zugegriffen: 29. Juli 2020

Oleg Rogynskyy, people.ai (2020) Understanding sales analytics. https://people.ai/glossary/sales-analytics/. Zugegriffen: 24. Juli 2020

Olin Hyde, LeadCrunch (2017) 10 ways AI revolutionizes lead generation. https://leadcrunch.com/articles/10-ways-ai-revolutionizes-lead-generation/. Zugegriffen: 31. Juli 2020

Omnia (2020) Customer success case decathlon. https://www.omniaretail.com/decathlon-case-study. Zugegriffen: 27. Juli 2020

Omnia (2020) Instant competitor pricing data and market insights. https://www.omniaretail.com/pricewatch. Zugegriffen: 27. Juli 2020

Ondewo (2020) Natural Language Understanding (NLU) For Enterprise. https://www.ondewo.com/. Zugegriffen: 28. Juli 2020

Outwork AI (2020) AI is transforming Sales. https://outwork.ai/ai-is-transforming-sales/. Zugegriffen: 30. Juli 2020

Pandorabots (2020) Meet Kuki! https://www.pandorabots.com/mitsuku/. Zugegriffen: 31. Juli 2020

Parul Pandey, Towards Data Science (2019) How to effectively employ an AI strategy in your business. https://towardsdatascience.com/how-to-effectively-employ-an-ai-strategy-in-your-business-d43f41aa3b04. Zugegriffen: 5. Aug. 2020

PAT RESEARCH (2020) Top 10 predictive lead scoring software. https://www.predictiveanalyticstoday.com/predictive-lead-scoring-software/. Zugegriffen: 24. Juli 2020

PatResearch (2020) Top 18 artificial intelligence platforms. https://www.predictiveanalyticstoday.com/artificial-intelligence-platforms/. Zugegriffen: 29. Juli 2020

Patricia Jones, Customer Think (2020) Great ways to improve sales performance with AI In 2020. https://customerthink.com/great-ways-to-improve-sales-performance-with-ai-in-2020/. Zugegriffen: 30. Juli 2020

Paul Hudson, Flex MR (2020) The impact of artificial intelligence on consumer behaviour. https://blog.flexmr.net/ai-consumer-behaviour. Zugegriffen: 3. Aug. 2020

Pauline Farris, Email Overload Solutions (2020) How artificial intelligence can solve email overload. https://www.emailoverloadsolutions.com/blog/artificial-intelligence-email-overload. Zugegriffen: 30. Juli 2020

Pega (2020) AI-powered sales automation. https://www.pega.com/insights/resources/ai-powered-sales-automation. Zugegriffen: 29. Juli 2020

PEGA (2020) Next best action. https://www.pega.com/technology/next-best-action?&utm_source=google&utm_medium=cpc&utm_campaign=Global_NonBrand_Broad&utm_term=%2Bai&gloc=1000997&utm_content=pcrid%7c414232971767%7cpkw%7cbd%7c&gclid=EAIaIQobChMItu_Vq5yJ6gIVS8-yCh2WrwEIEAAYAiAAEgL-kvD_BwE&gclsrc=aw.ds#p-37752622-9dec-4ee9-84af-8f210ce32438. Zugegriffen: 28. Juli 2020

People AI (2020) How gainsight scales their sales process. https://people.ai/resources/how-gainsight-scales-their-sales-process/. Zugegriffen: 30. Juli 2020

Phrasee (2020) 5 ways phrasee's AI optimises your brand voice. https://phrasee.co/5-ways-phrasees-ai-optimises-your-brand-voice/. Zugegriffen: 28. Juli 2020

Phrasee (2020) Case studies. https://phrasee.co/case-studies/. Zugegriffen: 28. Juli 2020

Phrasee (2020) Gumtree boosts conversion rates and drives 44% email click uplift with Phrasee. https://phrasee.co/casestudy/gumtree/. Zugegriffen: 28. Juli 2020

Pipedrive (2020) Sales AI: How to use a mix of bots and humans in sales. https://www.pipedrive.com/en/blog/ai-bots-people-sales-process. Zugegriffen: 31. Juli 2020

Playbook AI (2020) Untap the full potenzial of your people, product & processes with playbook AI. https://playbook.ai/features. Zugegriffen: 28. Juli 2020

Precisely (2020) Contract management for sales teams. https://precisely.se/sales-contract-management/. Zugegriffen: 28. Juli 2020

PRZEMYSŁAW MAJEWSK, DLabs (2020) How to implement artificial intelligence in your company?. https://dlabs.ai/blog/how-to-implement-ai-in-your-company/. Zugegriffen: 6. Aug. 2020

PWC (2018) Prepare for the voice revolution. https://www.pwc.com/us/en/services/consulting/library/consumer-intelligence-series/voice-assistants.html. Zugegriffen: 31. Juli 2020

Qualification, and conversion. https://www.marketingaiinstitute.com/blog/artificial-intellige nce-for-lead-generation-qualification-and-conversion. Zugegriffen: 31. Juli 2020

Qualifier.ai (2020) The perfect B2B sales assistant. https://qualifier.ai/product. Zugegriffen: 24. Juli 2020

Qymatix (2020) B2B predictive sales analytics software solutions. https://qymatix.de/de/vertriebsanalyse/. Zugegriffen: 27. Juli 2020

Qymatix (2020) B2B start-up improves account management skills with Qymatix smart CRM. https://qymatix.de/en/crm-account-management-b2b/. Zugegriffen: 29. Juli 2020

Qymatix (2020) Customer Churn prediction software to increase retention. https://qymatix.de/en/churn-prevention-software-example/. Zugegriffen: 27. Juli 2020

Qymatix (2020) Predictive analytics example for B2B manufacturing. https://qymatix.de/en/predictive-analytics-example/. Zugegriffen: 28. Juli 2020

Qymatix (2020) Predictive sales analytics use cases with qymatix. https://qymatix.de/en/predictive-sales-analytics-use-cases/. Zugegriffen: 28. Juli 2020

Rachit Agarwal, Beebom (2020) 15 examples of artificial intelligence you're using in daily life. https://beebom.com/examples-of-artificial-intelligence/. Zugegriffen: 21. Juli 2020

Rebecca Hinds, Affinity ((2020) How natural language processing is shaping the future of communication. https://www.affinity.co/blog/natural-language-processing. Zugegriffen: 28. Juli 2020

Rebecca Reynoso, Hushly (2020) AI and marketing: how to further your lead generation. https://www.hushly.com/blog/ai-and-marketing-how-to-further-your-lead-generation/. Zugegriffen: 31. Juli 2020

Remi (2020) Delivering product matching through image recognition for a Japanese Retailer. https://www.remi.ai/casestudyproductmatching. Zugegriffen: 28. Juli 2020

Remi (2020) Demand forecasting for an Australian consumer wholesaler. https://www.remi.ai/case-study-demand-forecast-consumer. Zugegriffen: 29. Juli 2020

Remi (2020) Demand forecasting for the retail arm of a fortune 100 manufacturer. https://www.remi.ai/case-study-demand-forecasting-retai. Zugegriffen: 29. Juli 2020

Remi (2020) Explore our work. https://www.remi.ai/casestudies. Zugegriffen: 27. Juli 2020

Reuben Yonatan, Saaslist (2018) 15 ways companies use ai to enhance their CRMs. https://saaslist.com/blog/ai-enhance-crm/. Zugegriffen: 30. Juli 2020

Ric Ratkowski, TopOPPS (2019) AI for sales – sales pipeline management and sales rep coaching. https://blog.topopps.com/ai-for-sales-sales-pipeline-management-and-sales-rep-coaching. Zugegriffen: 28. Juli 2020

Richard Carufel, Agility PR Solutions (2016) 9 of 10 consumers want to text message with brands—but most businesses can't support that experience. https://www.agilitypr.com/pr-news/retail/consumers-want-to-text-with-brands/. Zugegriffen: 31. Juli 2020

Riley Hawkins, Memme Onwudiwe, Evisort (2020) How AI is revolutionizing contract management and the legal industry. https://www.evisort.com/wp-content/uploads/2020/07/Evisort-WP%E2%80%94How-AI-Revolutionizing-Contract-Mngmnt-Download.pdf. Zugegriffen: 28. Juli 2020

ROB MARVIN, PCMag UK (2017) SMB toolkit: how chatbots can transform your business. https://uk.pcmag.com/it-devops/90794/smb-toolkit-how-chatbots-can-tra nsform-your-business. Zugegriffen: 2. Aug. 2020

Robert Schanze, GIGA (2016) Mooresches Gesetz: Definition und Ende von Moore's Law – Einfach erklärt. https://www.giga.de/ratgeber/specials/mooresches-gesetz-defint ion-und-ende-von-moore-s-law-einfach-erklaert/. Zugegriffen: 20.02.20

ROHIT CHATTERJEE, Analytics India Magazine (2020) Top 10 tools for no-code AI & ML. https://analyticsindiamag.com/top-10-tools-for-no-code-ai-ml/. Zugegriffen: 7. Aug. 2020

Rollio (2020) Capture accurate CRM data faster than ever. https://www.rollio.ai/. Zugegriffen: 30. Juli 2020

Roman Erohin, Itransition (2020) This salesforce case study review proves the benefits of customer-centricity. https://www.itransition.com/blog/salesforce-case-study. Zugegriffen: 30. Juli 2020

Ron Schmelzer, Forbes (2019) How AI enhances sales. https://www.forbes.com/sites/cognitiveworld/2019/08/02/how-ai-enhances-sales/#56e545c112f1. Zugegriffen: 21. Juli 2020

Rosponse AI (2020) Case studies. https://www.rosponseai.com/case-studies/. Zugegriffen: 27. Juli 2020

S. Ransbotham, S. Khodabandeh, R. Fehling, B. LaFountain, and D. Kiron, MIT Sloan Management Review and Boston Consulting Group (2019) Winning with AI. https://image-src.bcg.com/Images/Final-Final-Report-Winning-With-AI-R_tcm9-231660.pdf. Zugegriffen: 4. Aug. 2020

Sabrina Ferraioli, Marketo (2020) How to pair AI with inside sales to grow your business. https://blog.marketo.com/2019/06/how-to-pair-ai-with-inside-sales-to-grow-your-business.html#:~:text=AI%20does%20more%20than%20identify,springboard%20for%20a%20business%20relationship.. Zugegriffen: 30. Juli 2020

SalesDirector.ai (2020) AI based sales coaching. https://www.salesdirector.ai/sales-coa ching/. Zugegriffen: 29. Juli 2020

SalesDirector.ai (2020) CRM data capture automation. https://www.salesdirector.ai/sol ution-crm-data-entry/. Zugegriffen: 29. Juli 2020

Salesforce (2019) It's time to put AI to work on lead generation. https://www.salesforce.com/ca/blog/2019/09/its-time-to-put-ai-i-to-work-on-lead-generation.html. Zugegriffen: 31. Juli 2020

Salesforce (2020) Discover how black diamond elevates personalized commerce experiences. https://www.salesforce.com/customer-success-stories/black-diamond/. Zugegriffen: 30. Juli 2020

Salesforce (2020) How AI boosts lead generation, nurture and conversion. https://www.salesforce.com/au/blog/2020/01/how-ai-boosts-lead-generation--nurture-and-conversion.html. Zugegriffen: 2. Aug. 2020

Salesforce UK (2018) The marriage of AI and sales: how AI software benefits sales teams. https://www.salesforce.com/uk/blog/2018/10/ai-and-sales-how-ai-software-benefits-sales-teams.html. Zugegriffen: 22. Juli 2020

SalesLoft (2019) The sales coaching network: AI in salesloft. https://salesloft.com/resources/news/sales-coaching-network/. Zugegriffen: 29. Juli 2020

SalesLoft (2020) Alteryx drives pipeline and generates growth by switching to salesloft. https://salesloft.com/resources/case-study/alteryx-drives-pipeline-growth/. Zugegriffen: 28. Juli 2020

SalesLoft (2020) Qualia incorporates data-driven approach to coaching, reduces turnover. https://salesloft.com/resources/case-study/data-driven-sales-coaching/. Zugegriffen: 29. Juli 2020

Sam Suthar, Acquire (2020) Sales automation: a guide to a more efficient sales process. https://acquire.io/blog/sales-automation/. Zugegriffen: 29. Juli 2020

SAP (2019) Why AI is the future of CPQ. https://www.sap.com/documents/2019/05/fce24507-4c7d-0010-87a3-c30de2ffd8ff.html. Zugegriffen: 28. Juli 2020

SAS (2020) Natural Language Processing: Was es ist und was man darüber wissen sollte. https://www.sas.com/de_ch/insights/analytics/what-is-natural-language-processing-nlp.html. Zugegriffen: 28. Juli 2020

Saskia Grote, Meltwater (2020) Warum KI-gestützte Insights für das Marketing im Jahr 2020 wichtig sind. https://www.meltwater.com/de/blog/ki-insights-marketing. Zugegriffen: 29. Juli 2020

Sawaram Suthar, Hackernoon (2020) 4 ways AI will transform lead generation in the near future. https://hackernoon.com/4-ways-ai-will-transform-lead-generation-in-the-near-future-tr2z323c. Zugegriffen: 31. Juli 2020

Sawaram Suthar, The next scoop (2020) Top 10 AI-powered chatbots to skyrocket your sales. https://thenextscoop.com/ai-powered-chatbots-to-skyrocket-sales/. Zugegriffen: 31. Juli 2020

Seamless.AI (2020) The world's best sales leads. https://www.seamless.ai/. Zugegriffen: 24. Juli 2020

SearchEnterpriseAI (2020) Predictive modeling. https://searchenterpriseai.techtarget.com/definition/predictive-modeling. Zugegriffen: 29. Juli 2020

Sebastian Kellner, Mesaic (2018) #3 messaging services: natural language processing in customer service. https://www.mesaic.co/en/blog/natural-language-processing-in-customer-service/. Zugegriffen: 28. Juli 2020

Seth Grimes, Alta Plana Corporation, Venturebeat (2017) 4 AI startups that analyze customer reviews. https://venturebeat.com/2017/01/27/4-ai-startups-that-analyze-customer-reviews/. Zugegriffen: 29. Juli 2020

Shanawaz sheriff, Acuvate (2020) Power BI: 5 key AI features you should start using. https://acuvate.com/blog/power-bi-5-key-ai-features-you-should-start-using/. Zugegriffen: 27. Juli 2020

ShaneBarker (2020) Top challenges and benefits of AI chatbots (Infographic). https://sha nebarker.com/blog/challenges-and-benefits-of-ai-chatbots/. Zugegriffen: 31. Juli 2020

Singular Intelligence (2017) The artificially intelligent shelf edge. https://www.singulari ntelligence.com/post/2017/04/27/the-artificially-intelligent-shelf-edge. Zugegriffen: 27. Juli 2020

SmartAction (2020) Call center AI will transform self-service. https://www.smartaction.ai/ call-center-ai/. Zugegriffen: 27. Juli 2020

Snigdha Patel, REVE Chat (2020) 9 excellent benefits of using chatbots in your business. https://www.revechat.com/blog/chatbot-business-benefits/. Zugegriffen: 31. Juli 2020

Software Advice (2015) The impact of demographics on live chat customer service. https://www.softwareadvice.com/resources/demographics-impact-live-chat-cus tomer-service/. Zugegriffen: 31. Juli 2020

Sourcetech (2020) Engineering "Laws" – moore's, rock's, butter's and others. https://source tech411.com/amp/engineering-laws-moores-rocks-butters-and-others/. Zugegriffen: 20. Juli 2020

STACIA DAMRON, OneModel (2020) AI academy: what's the difference between forecasting and predictive modeling? https://www.onemodel.co/blog/ai-academy-foreca sting-vs-predictive-modeling. Zugegriffen: 29. Juli 2020

Stefan Luber, Nico Litzel, Big Data Insider (2016) Was ist Natural Language Pro cessing? https://www.bigdata-insider.de/was-ist-natural-language-processing-a-590102/. Zugegriffen: 28. Juli 2020

Stephanie Miles, Street Fight (2019) 5 platforms using AI to analyze custo mer reviews. https://streetfightmag.com/2019/02/26/5-platforms-using-ai-to-analyze-cus tomer-reviews/#.XyGMLlpxdaQ. Zugegriffen: 29. Juli 2020

Steve Woods, Nudge (2020) The future of sales and artificial intelligence. https://nudge. ai/sales-artificial-intelligence/. Zugegriffen: 3. Aug. 2020

Suzie Blaszkiewicz, GetApp (2018) The 4 sales tasks that AI will take off your plate in 2019. https://lab.getapp.com/use-of-artificial-intelligence-in-sales/. Zugegriffen: 24. Juli 2020

Svenja Szillat, Qymatix (2019) 5 ways AI and machine learning is revolutionizing Sales. https://qymatix.de/en/how-ai-and-machine-learning-is-revolutionizing-sales/. Zugegrif fen: 27. Juli 2020

Symphony Retail (2020) Demand forecasting AI. https://www.symphonyretailai.com/sup ply-chain/demand-forecasting-ai/. Zugegriffen: 29. Juli 2020

Tableau (2020) 8 common examples of natural language processing and their impact on communication. https://www.tableau.com/learn/articles/natural-language-processing-examples. Zugegriffen: 28. Juli 2020

Tacton (2020) Tacton löst Konfigurationsherausforderungen mit künstlicher Intelligenz (AI). https://www.tacton.com/loesungen/tacton-cpq/?lang=de. Zugegriffen: 18.06.20

Tarry Singh, Forbes (2019) Software ate the world, now AI is eating soft ware. https://www.forbes.com/sites/cognitiveworld/2019/08/29/software-ate-the-world-now-ai-is-eating-software/. Zugegriffen: 7. Aug. 2020

Taylor Leikness, Boberdoo (2019) 4 ways artificial intelligence can help generate and nurture leads. https://www.boberdoo.com/news/generate-and-nurture-more-leads-with-artificial-intelligence. Zugegriffen: 31. Juli 2020

Techopedia (2020) Artificial intelligence. https://www.techopedia.com/definition/190/artificial-intelligence-ai. Zugegriffen: 20. Juli 2020

TED (2020) How folding paper can get you to the moon – Adrian Paenza. https://ed.ted.com/lessons/how-folding-paper-can-get-you-to-the-moon. Zugegriffen: 20. Juli 2020

Theodore (Tad) Travis, Ilona Hansen, Melissa Hilbert, Adnan Zijadic, Gartner (2019) Critical Capabilities for Sales Force Automation. https://www.gartner.com/doc/reprints?id=1-1X9L7P5W&ct=191018&st=sb. Zugegriffen: 29. Juli 2020

Thijs Algra, Omnia (2019) 4 categories where dynamic pricing is on the rise. https://www.omniaretail.com/blog/4-categories-where-dynamic-pricing-is-on-the-rise. Zugegriffen: 27. Juli 2020

Thomas Baumgartner, Homayoun Hatami, Maria Valdivieso, Harvard Business Review (2016) Why salespeople need to develop "Machine Intelligence". https://hbr.org/2016/06/why-salespeople-need-to-develop-machine-intelligence. Zugegriffen: 24. Juli 2020

Tobias Tretzmüller, Digital Recht (2019) DSGVO und Künstliche Intelligenz. https://www.digital-recht.at/dsgvo-und-kuenstliche-intelligenz/. Zugegriffen: 6. Aug. 2020

Tobias Tretzmüller, Port 41 (2020) Künstliche Intelligenz und DSGVO: Wann Geschäftsideen rechtlich halten. https://www.port41.at/artikel/kuenstliche-intelligenz-und-dsgvo-wann-geschaeftsideen-rechtlich-halten. Zugegriffen: 6. Aug. 2020

Tom Castley, ITProPortal (2020) AI in sales: the misleading fear of technology taking over jobs. https://www.itproportal.com/features/ai-in-sales-the-misleading-fear-of-technology-taking-over-jobs/. Zugegriffen: 24. Juli 2020

TopOPPS (2020) AI for sales forecasting and pipeline management. https://topopps.com/product/. Zugegriffen: 28. Juli 2020

TrustRadius (2020) Best AI virtual sales assistant software. https://www.trustradius.com/ai-virtual-sales-assistant#:~:text=What%20is%20an%20AI%20Virtual,entry%2C%20pipeline%20management%2C%20etc.. Zugegriffen: 29. Juli 2020

TrustRadius (2020) CPQ software. https://www.trustradius.com/cpq. Zugegriffen: 28. Juli 2020

TrustRadius (2020) Sales forecasting software. https://www.trustradius.com/forecasting-analytics. Zugegriffen: 29. Juli 2020

Vaishali Advani, Greatlearning (2020) What is artificial intelligence? How does AI work, types and future of it?. https://www.mygreatlearning.com/blog/what-is-artificial-intelligence/. Zugegriffen: 21. Juli 2020

Victor Antonio, Harvard Business Review (2018). https://hbr.org/2018/07/how-ai-is-changing-sales. Zugegriffen: 21. Juli 2020

Vincenzo Pallotta, Rodolfo Delmonte, Lammert Vrieling, David Walker, Department of computational linguistics, interanalytics, university 'Ca Foscari, interaction mining: the new frontier of call center analytics. https://ceur-ws.org/Vol-771/paper5.pdf. Zugegriffen: 27. Juli 2020

Virtual Q (2020) Marktführer für Service-Center Optimierung. https://virtualq.io/. Zugegriffen: 27. Juli 2020

VOCA AI (2020) Automate & scale customer conversations with friendly, voice AI agents. https://voca.ai/. Zugegriffen: 27. Juli 2020

VOICE BRANDING (2020) Branding as we speak. https://voicebranding.nl/. Zugegriffen: 28. Juli 2020

Voximplant (2020) Future-proof cloud contact center. https://voximplant.com/solutions/cloud-call-center?roistat=google1_g_104943508487_435513580934_%2Bai%20%2Bc all%20%2Bcenter&roistat_referrer=&roistat_pos=&utm_medium=cpc&utm_source= google&utm_campaign=cloud_contact_center&utm_term=%2Bai%20%2Bcall%20% 2Bcenter&utm_content=&gclid=EAIaIQobChMIu9ro5qSu6gIVkNwYCh3NPwc9EAA YAyAAEgLd9vD_BwE. Zugegriffen: 27. Juli 2020

Wikipedia (2020) Big tech. https://en.wikipedia.org/wiki/Big_Tech. Zugegriffen: 20. Juli 2020

Wikipedia (2020) Configure price quote. https://de.wikipedia.org/wiki/Configure_Price_Quote#:~:text=Configure%20Price%20Quote%20(CPQ)%20ist,die%20vor%20dem% 20Verkauf%20bzw.. Zugegriffen: 28. Juli 2020

Wikipedia (2020) Dark fibre. https://en.wikipedia.org/wiki/Dark_fibre. Zugegriffen: 20. Juli 2020

Wikipedia (2020) Geschichte der künstlichen Intelligenz. https://de.wikipedia.org/wiki/Geschichte_der_k%C3%BCnstlichen_Intelligenz. Zugegriffen: 20. Juli 2020

Wikipedia (2020) Knowledge-based configuration. https://en.wikipedia.org/wiki/Knowledge-based_configuration. Zugegriffen: 28. Juli 2020

Wikipedia (2020) Mark Kryder. https://en.wikipedia.org/wiki/Mark_Kryder. Zugegriffen: 20. Juli 2020

Wikipedia (2020) Moore's law. https://en.wikipedia.org/wiki/Moore%27s_law. Zugegriffen: 20. Juli 2020

Wikipedia (2020) Mooresches Gesetz. https://de.wikipedia.org/wiki/Mooresches_Gesetz. Zugegriffen: 20. Juli 2020

Wikipedia (2020) Symbolic artificial intelligence. https://en.wikipedia.org/wiki/Symbolic_artificial_intelligence. Zugegriffen: 21. Juli 2020

Wikipedia (2020) Zettabyte. https://en.wikipedia.org/wiki/Zettabyte. Zugegriffen: 20. Juli 2020

Winimy AI, Medium (2019) Practical AI agent assistance defines the future of call centers. https://becominghuman.ai/practical-ai-agent-assistance-defines-the-future-of-call-centers-28f4765db50. Zugegriffen: 27. Juli 2020

Wired (2014) Data is the new oil of the digital economy. https://www.wired.com/insights/2014/07/data-new-oil-digital-economy/. Zugegriffen: 20. Juli 2020

Wired (2014) Digital darwinism: how disruptive technology is changing business for good. https://www.wired.com/insights/2014/04/digital-darwinism-disruptive-technology-changing-business-good/. Zugegriffen: 20. Juli 2020

Workstreams.ai (2020) Task management tools for the communication age. https://www.workstreams.ai/features/task-management.html. Zugegriffen: 2. Aug. 2020

Xactly (2019) The impact of AI on sales planning. https://www.xactlycorp.com/blog/the-impact-of-ai-on-sales-planning. Zugegriffen: 22. Juli 2020

Xant (2018) Xant unveils new Ai account management solution. https://www.xant.ai/blog/unveils-new-ai-account-management-solution/. Zugegriffen: 2. Aug. 2020

XANT (2020) Solutions for sales. https://www.xant.ai/solutions-sales/. Zugegriffen: 24. Juli 2020

XenonStack, Youtube (2019) Social media analytics with AI. https://www.youtube.com/watch?v=gn62TB0sz8Y. Zugegriffen: 29. Juli 2020

Yannick de Jong, IThappens (2019) Levels of data analytics. https://www.ithappens.nu/levels-of-data-analytics/. Zugegriffen: 22. Juli 2020

Yulia Gavrilova, Serokell (2020) Artificial intelligence vs. machine learning vs. Deep Learning: Essentials. https://serokell.io/blog/ai-ml-dl-difference. Zugegriffen: 21. Juli 2020

Zeitonline (2016) Künstliche Intelligenz: die Suche nach dem Babelfisch,. https://www.zeit.de/digital/internet/2016-08/kuenstliche-intelligenz-geschichte-neuronale-netze-deep-learning/seite-3. Zugegriffen: 20. Juli 2020

Zendesk (2020) AI ticketing. https://www.zendesk.de/support/features/ai-ticketing__tra shed/. Zugegriffen: 28. Juli 2020

Zendesk (2020) Know-how nutzen. https://www.zendesk.de/guide/. Zugegriffen: 28. Juli 2020

Zeus Kerravala, Networkworld (2018) Want to use AI and machine learning? You need the right infrastructure. https://www.networkworld.com/article/3329861/want-to-use-ai-and-machine-learning-you-need-the-right-infrastructure.html. Zugegriffen: 5. Aug. 2020

The manufacturer's authorised representative in the EU is Springer
Nature Customer Service Centre GmbH, Europaplatz 3, 69115 Heidelberg,
Germany. If you have any concerns regarding our products, please
contact ProductSafety@springernature.com

Printed and bound by CPI Group (UK) Ltd, Croydon, CR0 4YY
24/04/2026
02096335-0001